예수 이름의 비밀

JESUS
CHRIST
LORD
THE VINE
THE LAMB
IMMANUEL
SOVEREIGN
THE SON OF GOD
THE SON OF MAN
ALPHA AND OMEGA
THE KING OF KINGS
THE PRINCE OF PEACE
THE GOOD SHEPHERD
THE WORD INCARNATE
THE GREAT HIGH PRIEST

J

예수
이름의
비밀

한홍

규장

가장 빛나는 이름

우리는 '유명한 사람'이라는 말을 자주 씁니다. '유명'은 한자 '있을 유'(有)에 '이름 명'(名) 자를 사용하여, 문자 그대로 해석하면 '이름 있는 사람'을 뜻합니다. 이름 없는 사람이 누가 있겠습니까마는 우리가 흔히 말하는 '유명한 사람'이란 이름이 널리 알려진 사람을 뜻합니다.

정치인, 재벌, 연예인, 스포츠 스타 등 여러 분야에서 유명한 국내외 인물들의 이름을 우리는 각종 매스컴과 SNS를 통해서 많이 접하고 있습니다. 선거철이 되면 수많은 정치인이 자기 이름을 조금이라도 더 알리려고 온갖 노력을 기울이며, 장사하는 사람들은 자기 가게나 업체 이름을 홍보하기 위해 수단과 방법을 가리지 않습니다. 이와 반대로 이름이 나쁘게 알려지는 것은 모두가 극도로 경계합니다. 문제 있는 사람이나 업체로 그 이름이 한번 사람들 뇌리에 각인되면, 나쁜 이미지를 지우기가 어렵기 때문입니다.

약삭빠른 사람들은 유명한 사람이나 업체와 돈독한 관계에 있는 것처럼 보이기 위해 남의 이름을 팔기도 합니다. 유명 연예인 이름이나 검찰 같은 권력기관을 사칭한 사기 사건이 끊임없이 일어나는 이유도 그 이름에 담긴 힘이 크기 때문입니다.

그러나 세상의 유명세는 참으로 허무하기도 합니다. 시간이 가면 금방 잊히기 때문입니다. 예를 들어, 10년 전 우리나라 중앙행정기관의 장관이 누구였는지 기억하는 사람이 얼마나 되겠습니까? 한 세대 전의 스포츠 스타나 유명 배우, 재력가의 이름을 기억하는 사람이 몇이나 될까요? 세상에서 제아무리 유명한 이름이라도 몇십 년의 세월이 흐르고 나면 역사책이나 기념비에서나 찾아볼 수 있는 이름이 됩니다.

　또 한때 존경받고 칭찬받던 이름이 한순간에 모두가 욕하고 피하는 이름으로 전락하는 사례도 많습니다. 우리나라에서는 유명한 이름이라도 다른 나라, 다른 문화권으로 가면 사람들이 별로 알아주지 않는 경우도 많습니다. 그래서 세상의 유명세는 허무하다는 것입니다.

　그러나 세월이 흐를수록 더욱 빛을 발하는 이름, 어느 나라, 어느 문화권으로 가도 모두가 고개를 끄덕이는 이름이 있습니다. 바로 '예수 그리스도'입니다. 그분은 이 땅에 계실 때 베들레헴에서 500킬로미터 밖으로는 나가보신 적이 한 번도 없습니다. 그러나 지금은 오대양 육대주, 세계 어디를 가도 '예수' 이름을 모르는 곳이 없습니다. 예수님은 이 땅에 계시면서 책 한 권 쓰신 적 없지만, 세상에는 이 땅의 어떤 인물보다 예수님에 관해 쓰인 책들이 많습니다. 그분은 노래 한 곡 짓지 않으셨지만, 이 땅의 어떤 주제보다 예수님을 주제로 불린 노래가 더 많습니다.

세계의 역사는 예수님의 탄생을 기점으로 B.C.(기원전)와 A.D.(기원후)로 나뉘어졌습니다. 언어가 다르고 문화가 달라도 예수님의 이름을 통해 전 세계의 형제자매들이 함께 모여 예배할 수 있습니다. 그래서 예수님의 이름이야말로 '모든 이름 위에 뛰어난 이름'인 것입니다.

우리가 무슨 기도를 하든지 기도를 끝낼 때는 반드시 '예수님의 이름으로' 기도를 마칩니다. 옛날에 집에서 가정예배를 드릴 때, 기도를 길게 하는 부모님들이 많았는데, 그래서 자녀들은 '예수님의 이름으로'만 나오면 너무나 기뻐했다고 합니다. 기도가 곧 끝날 거였기 때문입니다.

위급 상황에서 특별한 기도를 할 때도 많은 목회자들이 '예수님의 이름'을 선포합니다. 어렸을 때 기도원에서 본 목사님들은 아픈 사람에게 안수할 때면 꼭 "나사렛 예수의 이름으로 치유를 받을지어다"라고 했고, 귀신을 쫓아낼 때도 "나사렛 예수의 이름으로 마귀는 물러갈지어다"라고 선포했습니다. 상황이 절박할수록 "예.쑤.의 이름으로"라고 악센트를 넣어서 세게 발음했던 것이 기억납니다.

이것은 괜히 만들어진 전통이 아닙니다. 예수님의 이름에는 그만큼 하나님이 약속하신 능력이 있기 때문입니다. 성경에는 예수님의 여러 가지 이름이 소개됩니다. 예수, 그리스도, 주(主), 임마누엘, 어린양, 인자(人子), 알파와 오메가 등입니다.

이 책에서 우리는 예수님의 이름 하나하나에 담긴 영적 메시지를 묵상해나갈 것입니다. 예수님의 이름 하나하나에는 주님의 인격과 비전과 능력과 가치관이 담겨 있습니다. 하나님이 그분의 이름을 주실 때는 거기에 담긴 하나님의 새로운 축복도 함께 주시는 것입니다. 우리가 그 이름의 영적 의미를 잘 알아서, 겸손하고 진실한 믿음으로 그 이름을 사용하면 그 이름에 담긴 축복을 누릴 수 있습니다.

3년 전에 미국에서 안식월을 보내던 중 기독교 서점에 들렀던 적이 있습니다. 그때 제가 평소 존경하던 토니 에반스(Tony Evans) 목사님의 신간을 발견하고 눈이 번쩍 뜨였습니다. 《예수님의 이름들의 능력》(The Power of Jesus' Names)이란 책이었습니다. 즉시 그 책을 구입하여 정독하며 정말 큰 은혜와 가르침을 받았습니다. 그리고 그 책의 내용에 저의 신학적, 성경적 연구를 덧붙여서 반드시 주일 강단에서 설교해야겠다고 결심했습니다. 한국교회의 성도들이 "예수 이름으로"라는 말을 그렇게 많이, 자주 사용하면서도 그분의 이름에 담긴 깊은 영적 비밀을 완전히 다 알지 못하고 있다는 생각이 들었기 때문입니다.

또한 예수님의 이름들에 담긴 성경적 의미를 하나하나 다루다 보니, 오래전 기독교 핵심 교리를 다룬 저의 책 《기독교 에센스》의 내용과 중첩되는 부분이 많은 것에 대해 미리 양해를 구합니다. 특히, 원죄와 구원에 대해 다룰 때와 성자 예수 그리스도의 인성과 신성에 관한 주제를 다

룰 때 더욱 그러할 것입니다.

'예수님의 이름'을 주제로 시리즈 설교를 하기 위해 반년이 넘도록 기도하고 연구하며 준비했는데, 공교롭게도 이 시리즈 설교를 주일 강단에서 선포하게 된 시점이 코로나19 사태가 터진 직후였습니다. 대부분의 한국교회처럼 새로운교회도 모든 예배를 온라인 비대면 예배로 전환한 직후였기 때문에, 저는 한동안 성도들이 없는 텅 빈 성전에서 카메라만 보며 이 설교를 해야만 했었습니다.

정말 절망스럽고 불안한 때였고, 설교자로서 최악의 환경에서 설교해야 하는 때였습니다. 그러나 오히려 그런 캄캄하고 힘든 때였기 때문에 '예수님 이름' 시리즈 설교는 설교하는 제게 힘을 주었습니다. 밤이 어두울수록 별이 빛을 발하듯이, 너무나 힘든 시대였기 때문에 오직 예수 이름의 능력만 붙잡아야 살 수 있었습니다.

코로나19 사태가 터진 지 1년이 넘는 시간이 지난 지금까지도 우리는 사회적 거리두기와 마스크에서 벗어나지 못했습니다. 성도들이나 목회자들의 이야기를 들어보면 힘들지 않은 인생이 하나도 없습니다. 그래서 우리에게는 세상 밖의 힘이 필요합니다. 예수 이름에는 죽은 자를 살리고, 절망하는 자를 다시 일으키는 신비한 힘이 있습니다. 모든 이름 위에 뛰어난 이름, 예수 이름을 사랑하고 그 이름을 높이며 삽시다. 우리 모두 예수 이름으로 승리합시다.

부족한 저의 원고를 기다려주고 정성껏 작업해준 규장 편집팀에 감사를 표하며, 특별히 지구촌 곳곳에서 예수님의 이름을 전하기 위해 지금이 순간에도 목숨을 걸고 사역하는 선교사님들께 이 책을 헌정하고 싶습니다.

부족한 하나님의 종
한 홍

차례

에필로그

1

※

예수

JESUS
CHRIST
LORD
IMMANUEL
THE LAMB
THE KING OF KINGS
SOVEREIGN
THE SON OF GOD
THE SON OF MAN
ALPHA AND OMEGA
THE WORD INCARNATE
THE PRINCE OF PEACE
THE GREAT HIGH PRIEST
THE VINE
THE GOOD SHEPHERD

J ESUS

마 1:21

아들을 낳으리니 이름을 예수라 하라 이는 그가 자기 백성을 그들의 죄에서 구원할 자이심이라 하니라

요일 2:12

자녀들아 내가 너희에게 쓰는 것은 너희 죄가 그의 이름으로 말미암아 사함을 받았음이요

고전 6:11

너희 중에 이와 같은 자들이 있더니 주 예수 그리스도의 이름과 우리 하나님의 성령 안에서 씻음과 거룩함과 의롭다 하심을 받았느니라

자기 백성을 죄에서 구원할 자

아들을 낳으리니 이름을 예수라 하라 이는 그가 자기 백성을 그들의 죄에서 구원
할 자이심이라 하니라 마 1:21

이 말씀은 예수님이 아직 마리아의 태중에 있을 때, 천사가 마리아의 약
혼자 요셉의 꿈에 나타나서 들려준 메시지다. 하나님께서는 '예수'라는
이름을 주시면서, 그 이름에 담긴 예수님 인생의 핵심 사명을 알려주셨
다. 그것은 '자기 백성을 그들의 죄에서 구원하는 것'이었다. 이 사실을
오늘날 모든 크리스천과 모든 교회가 다시 한번 확실히 인식할 필요가
있다.

예수님의 핵심 사명은 '자기 백성을 죄에서 구원하는 것'인데, 이 사실
을 확실하게 인지하지 못하니까 자꾸 예수님에게 엉뚱한 기대를 한다.
사람들은 예수님이 자신의 병을 고쳐주시길 원하고, 쌓인 빚을 갚아주
시길 원한다. 부부 관계 문제를 상담해주시길 원하고, 자식을 좋은 대학
에 보낼 수 있도록 컨설팅해주시길 원한다. 좋은 직장을 알선해주시거나
장사나 사업이 잘되게 해주시기를 원한다. 빈부 격차 문제를 해결해주

시기를 원하고 환경을 보호해주시길 원한다.

물론 예수님은 그 모든 문제를 다 해결해주실 수 있다. 그러나 중요한 것은 그것이 예수님의 핵심 사명이 아니라는 데 있다. 예수님의 핵심 사명은 우리를 죄에서 구원해주시는 것이다.

가장 시급하고 가장 중요한 일

마가복음 2장에 보면 사람들이 중풍 병자 한 사람을 예수님에게 데리고 와서 고쳐주시기를 청하는 장면이 나온다. 그러나 예수님은 그 사람의 병을 고치시기 전에 "네 죄사함을 받았느니라"(막 2:5)라고 하셨다. 중풍 병자는 육체의 병의 치유가 급했는데, 예수님은 죄 문제를 해결하는 것이 더 시급하고 중요한 일이라고 보셨다.

많은 사람이 이 중풍 병자처럼 죄 문제를 해결하지 않고 바로 자신에게 급한 문제를 해결하는 데 예수님을 끌고 가려고 한다. 그것은 마치 예수님을 축복 자판기로 취급하는 것과 같다. 그러나 예수님은 우리의 죄 문제를 다루지 않고서는 우리 인생의 어떤 문제에도 개입하지 않으실 것이다. 예수님은 우리 삶에 일어나는 여러 문제의 현상이 아닌 뿌리를 가장 먼저 다루기 원하시는데, 그것이 바로 죄 문제다.

우리가 인생에서 겪고 있는 모든 나쁜 일들은 죄에서 비롯된 것이다. 인간의 모든 문제가 죄에서 파생했다. 죽음의 문제, 테러와 전쟁의 문제, 고통의 문제, 갈등과 미움의 문제, 환경 파괴의 문제 등 모든 문제가 죄에서 시작됐다. 우리는 지금 우리 자신이 저지른 죄의 대가를 치르고 있거나 다른 사람이 저지른 죄의 대가를 함께 치르고 있는 것이다. 미세먼지 가득한 도시에서는 할 수 없이 나쁜 공기를 마시며 살아야 하듯이, 죄로 가득한 세상에서 우리는 할 수 없이 죄의 먼지를 마시면서 살아야 한다.

죄는 우리를 마귀의 노예가 되게 한다. 죄는 우리의 힘으로 저항할 수 없는, 보이지 않는 무서운 힘이다. 도박으로 집안이 망한 사람이 도박을 끊어보려고 오른손을 상하게 했는데, 다음날 왼손으로 화투장을 잡고 있는 자신을 보고 절망했더라는 얘기가 있다. 도박만 그런가? 음란 사이트에 중독된 사람, 습관적으로 거짓말하고 남을 해코지하던 사람들은 아무리 끊으려 해도 안 되는 자신의 모습에 절망한다. 몰라서 못 끊는 게 아니다. 죄 뒤에는 마귀의 권세가 역사한다. 한 번 걸리면 절대 우리를 놓아주지 않고 두고두고 수갑을 채워버린다.

죄에는 근본적인 죄(Sin)와 실제적인 죄들(sins)이 있다. 실제적인 죄는 물건을 훔치고, 거짓말하고, 남을 해코지하는 등 겉으로 드러난 우리 각자의 죄의 행위들을 말한다. 그러나 근본적인 죄는 인간 속에 내재되어 있는 죄를 의미한다. 하나님이 아닌 자신이 자기 인생의 주인이 되려는 마음, 하나님의 말씀에 불순종하고 자기 욕심을 따라 자기 마음대로 살아가려는 마음. 그 죄로부터 세상의 모든 실제적인 죄들이 쏟아져나오게 되었다.

쉽게 말해서 근본적인 죄는 지시를 내리는 대장이고, 실제적인 죄들은 그것을 행동으로 옮기는 부하들이다. 그러므로 이 근본적인 죄가 일만 악의 뿌리다. 근본적인 죄의 뿌리를 뽑아야 죄 문제가 해결된다. 이 근본적인 죄를 '원죄'(Original Sin)라고 한다.

성경은 모든 인간에게는 태어날 때부터 가지고 있는 원죄가 있다고 가르친다.

기록된 바 의인은 없나니 하나도 없으며 롬 3:10

우리는 모두 죄 가운데 태어나서 영원한 지옥으로 가게 되어 있었다. 죄는 중력과도 같아서 우리 힘으로는 절대 벗어날 수 없다. 죄의 바이러스는 우리의 영혼을 너무 철저하게 전염시켰다. 불교나 유교에서는 선한 업(業)을 쌓으라고 하지만, 죄로 물든 인간은 마치 망가진 기계와 같아서 선을 행할 수 있는 능력이 없다. 인간은 자신을 구원할 수 없는 무기력한 존재다.

그래서 하나님은 예수님을 보내셔서 하나님의 백성을 죄에서 구원하기를 원하셨다. 하나님이 보시는 인간의 핵심 문제, 모든 문제의 뿌리는 바로 죄 문제였다. 그렇기 때문에 하나님께서는 하나님의 아들 예수 그리스도를 보내시기까지 하셔서 이 죄 문제를 확실히 해결하고자 하신 것이다.

그런데 오늘날 사람들은 '죄'라는 단어를 쓰는 것을 불편해한다. 그래서 자꾸 다른 표현을 쓴다. 실수, 상처, 성격 차이, 취향의 차이, 문화적 편견 같은 말들을 더 선호한다. 특히 현대인들이 죄 대신 잘 쓰는 말은 '정신적으로 병을 앓고 있다'는 표현이다.

몇 년 전, 나는 로널드 레이건 전 미국 대통령을 저격한 존 힝클리가

35년 만에 영구 석방되었다는 뉴스를 접하고 충격을 받았다. 1981년 당시 그는 대통령에게 총을 쏴 상처를 입히고, 백악관 대변인, 경호원, 경찰에게도 총격을 가했다. 그런데도 그는 정신이상 판정을 받아 무죄를 선고받고 교도소가 아닌 병원에서 생활하다가 마침내 석방되었다는 것이다.

아니, 사람을 죽이려고 총을 쏴서 몇 명이나 되는 사람들에게 대수술을 받고 간신히 살아날 정도의 총상을 입혔으면 당연히 죄에 상응하는 벌을 받아야 할 것 아닌가? 어떻게 '정신병이 있으니 이해해줘야 한다'라고 할 수 있는가! 죄의 개념을 희석해버리니 피해자 인권보다 가해자 인권을 더 배려하는 이상한 세상이 되고 말았다.

성도들이 '죄'라는 말을 싫어하니까 자연스럽게 교회들이 회개를 강조하지 않는다. 미국의 많은 교회가 '죄 문제'를 정확히 다루며 회개를 설교하기보다는 적극적 사고방식, 자기 계발, 치유와 상담 쪽으로 설교하거나 목회 방향을 잡는다.

희한하게도 그렇게 할수록 목회는 점점 힘을 잃어가고, 교회들도 점점 위축되어간다. 그렇게 될 수밖에 없는 것이, 죄 문제를 확실히 다루지 않는 것은 복음에 물을 타는 것과 같기 때문이다. 자신의 죄를 확실히 인정하고 회개하지 않는 자에게는 예수 이름의 용서가 주어질 수 없고, 용서받지 못한 심령은 무기력해질 수밖에 없다.

하나님은 죄를 죄로 보신다. 하나님의 자녀 된 우리도 죄를 죄로 봐야 한다.

상처니, 실수니, 취향이니, 정신병이니 하는 말로 죄를 미화하거나 정당화하지 말아야 한다. 예수의 이름이 "자기 백성을 그들의 죄에서 구원할 자"인데, 죄를 죄로 보지 않는 사람에게 예수의 이름이 무슨 능력이 있겠는가?

아이가 밖에서 놀다가 넘어져서 다리가 까지고 피가 났다. 울면서 집에 돌아온 아이에게 엄마는 무조건 약부터 발라주지 않는다. 일단 더러운 흙을 아이 다리에서 씻어내고 소독을 한 뒤에 약을 발라준다. 마찬가지로 하나님께서도 먼저 우리의 죄를 씻어내시고 나서 우리 인생의 여러 문제를 치유하신다. 정결하게 되지 않고는 치유가 있을 수 없다. 그래서 죄 문제의 해결이 가장 시급하고 가장 중요한 것이다.

죄 문제를 해결하는 유일한 방법

죄 문제는 우리의 결심으로 해결하지 못한다. 교육으로도 해결하지 못한다. 20세기에 벌어진 끔찍한 제1차, 제2차 세계대전은 많이 배웠다는 서구 선진국들이 저지른 죄악이다. 또 죄 문제는 시간이 지난다고 해결되는 것이 아니며, 좋은 일을 많이 한다고 해결되는 것도 아니다. 착하게 살려고 노력해서 해결되는 것이 아니란 말이다.

죄는 그냥 없어지는 게 아니다. 누군가 값을 치러야 없어진다. 그리고 그 값은 엄청나다. '죗값을 치른다'라는 말을 자주 쓰는데, 사람들이 생각하는 것보다 죄의 값은 훨씬 크다. 성경은 '죄의 값은 사망'이라고 했다. 죽음으로야 죄의 값을 치를 수 있다는 이야기다.

하나님은 죄를 죄로 보신다.

하나님의 자녀 된 우리도 죄를 죄로 봐야 한다.

그렇다고 아무나 죗값을 치를 수 있는 것도 아니다. 인간은 다른 인간을 위하여 죗값을 치를 수 없다. 살인범이 다른 살인범을 위해 대신 죽어줄 수 없듯이, 인간은 다 죄인이기 때문에 자기 죄를 감당하기도 벅차다. 죗값을 치르려면 그 자신은 아무 죄가 없는 존재여야 한다. 동시에 누구도 반론을 제기하지 못할 만큼 고귀한 존재여야 한다.

그래서 하나님은 우리의 죗값을 죄가 없으신 하나님의 아들, 예수 그리스도의 생명으로 치르신 것이다. 그렇지 않고서는 죄 문제가 해결되지 않는다.

자녀들아 내가 너희에게 쓰는 것은 너희 죄가 그의 이름으로 말미암아 사함을 받았음이요 요일 2:12

우리의 힘만으로는 죄 문제를 해결할 수 없고, 죄 문제를 해결하지 못하면 우리는 영원히 죽을 수밖에 없다. 하나님의 아들 예수님의 생명이 아니고서는 죄 문제가 해결되지 않는다. 그러니 '죄'라는 것이 얼마나 무서운 것인가? 그리고 우리의 죄를 씻기 위해서 아들의 생명을 내놓으신 하나님의 사랑은 얼마나 엄청난 것인가?

예수님은 자신의 생명으로 우리의 죗값을 치르셨다. 죗값을 치러주신 그분만이 우리 죄를 용서하실 수 있다. 죄는 감춰질 수 있는 게 아니다. 반드시 용서받아야만 한다. 우리가 예수님을 믿는 그 순간부터, 죄에서 자유하게 된다.

마태복음 1장 21절에 "그가 자기 백성을 죄에서 구원할 자"라고 했는데, 여기서 "죄에서 구원할 자"가 미래형 동사로 되어 있다. 이제 곧 태어나실 아기 예수가 성장해서 33년 후에 십자가에서 우리 죄를 위하여 돌아가시는 사건을 말씀하신 것이다. 즉, 예수님이 태어나기도 전에 하나님께서는 예수님의 십자가 죽음의 미래를 말씀해주셨다. 모든 사람은 다 살려고 세상에 태어난다. 그러나 2천 년 전 이 세상에 오신 하나님의 아들 예수님만은 죽으려고 세상에 태어나셨다.

자녀를 잉태하면 부모들은 아기의 태명도 지어주고, 아이를 어떻게 키울까, 아이가 어떻게 살았으면 좋겠다는 꿈을 꾼다. 그런데 예수님이 태중에 있을 때 하나님께서는 우리를 죄에서 구원하시기 위한 예수님의 십자가 사건을 말씀하셨다. 이 얼마나 엄청난 사랑인가!

예수의 이름을 주시면서 하나님께서는 십자가 죽음을 말씀해주셨다. 예수님의 이름에는 십자가 보혈의 사랑이 담겨 있다. 우리는 예수님의 이름을 결코 함부로 대해선 안 된다.

예수님의 이름을 부를 때마다 우리를 위해 흘려주신 주님의 고귀한 십자가 사랑을 생각하라! 그 사랑을 결코 헛되이 하지 않겠다고 결심하라! 그 십자가 보혈의 능력 앞에 모든 어둠의 권세가 물러간다는 사실을 믿어라! 예수의 이름은 십자가 보혈의 은혜로 가득하다!

예수님은 자기 백성을 죄에서 구원하러 오셨다

예수님이 모든 사람의 죄 문제를 해결해주시는 것이 아니라, "자기 백성을 그들의 죄에서 구원할 자"라고 했다. 우리가 쉽게 예수 믿고 구원받은 것 같지만 결코 그렇지 않다. 영적인 세계에서는 엄청난 준비가 있었다.

> 곧 창세전에 그리스도 안에서 우리를 택하사 우리로 사랑 안에서 그 앞에 거룩하고 흠이 없게 하시려고 그 기쁘신 뜻대로 우리를 예정하사 예수 그리스도로 말미암아 자기의 아들들이 되게 하셨으니 엡 1:4,5

에베소서 1장 5절에 보면 "우리를 예정하사"(predestinated us)라고 했다. 세상 모든 사람이 구원받는 게 아니라 하나님이 예정하신 사람들만 구원받고 하나님의 백성이 된다. 하나님이 어느 날 갑자기, 아무렇게나 나를 선택하기로 결정하신 게 아니다. 하나님은 "창세전에" 우리를 택하셨다. 이 말은 우리를 위해 축복된 운명을 정해놓으셨다는 뜻이다. 하나님께서는 아주 오래전부터 이미 우리를 선택하시고 그분의 백성으로 삼으셨다는 것이다.

천지만물이 생기기 전, 우리가 태어나기도 전부터 하나님은 우리를 하나님의 백성으로 선택하셨다. 내가 하나님을 몰랐을 때도 하나님은 나를 사랑하고 계셨다. 내가 세상에 태어나면서부터, 내가 하나님을 믿지도 않고 감사하지도 않을 때부터, 하나님을 믿으라는 사람을 핍박하던 때에도 하나님은 나를 기다리고 계셨다. 내게 끝없이 프러포즈 하고 계셨다. 얼마나 감사하고 얼마나 황송한 일인가!

도대체 하나님은 우리의 무엇을 보고 우리를 선택하셨을까? 솔직히 하나님 안 믿는 사람들 중에 우리보다 인간적으로 더 착하고 예의바르고 훌륭한 사람이 많은데, 왜 우리를 선택하셨을까? 그것이 하나님의 선택의 미스터리다. "하나님, 왜 절 선택하셨어요?"라고 물어보면 하나님의 대답은 간단하실 것이다.

"그냥!"

우리는 사랑받을 자격이 없는데도, 하나님이 그냥 사랑해주셨다. 이 조건 없는 사랑을 우리는 '은혜'라고 한다.

구원의 이름 예수는 은혜의 이름이다. 그 이름으로 인하여 죄 많은 우리가 황송하게도 '하나님의 백성'이 되었다. 하나님나라의 백성은 모두 보혈의 은혜를 통과하여 예수 이름의 은혜 아래 있는 사람들이다.

예수 이름의 권세를 주장할 수 있는 조건

예수의 이름이 귀중한 만큼, 예수의 이름처럼 함부로 남용되는 것도 없다. 특히 크리스천들이 너무나 쉽게 예수 이름을 남발하는 것 같다. 모든 기도의 끝에 "예수님의 이름으로 기도합니다"라는 말을 붙이는 습관이 배어 있고, 많은 목사님이 강단에서 "예수의 이름으로 질병은 치유될지어다"라고 선포하면 성도들은 열화와 같이 "아멘!" 하면서 반응한다. 그러면 예수 이름의 능력과 은혜를 다 누릴 수 있다고 생각한다.

그러나 성경에 보면 예수님의 이름을 함부로 들먹이다가 큰코다친 사람들이 나온다. 사도행전 19장에서 제사장 스게와의 아들들은 예수의 이름으로 귀신을 쫓아내다가 오히려 귀신 들린 사람에게 "내가 예수는 아는데 너희는 누구냐"라며 욕먹고 흠씬 얻어맞는다. 자신의 죄 문제를 예수님의 보혈로 확실히 해결하지 않은 사람들이 함부로 예수 이름의 권세를 주장하려고 하니까 그런 망신을 당하는 것이다.

예수 이름에는 능력이 있다. 마귀를 쫓아내고, 병을 치유하고, 하늘 천사들의 도움을 끌어오고, 하나님의 마음을 움직여서 치유와 기적과 회복과 부흥을 가져오게 하는 힘이 있다. 그러나 예수 이름의 그 모든 능력을 누리려면 조건이 있다.

우리가 그 능력을 누리기 위해서는 반드시 하나님이 정하신 방법으로 우리의 죄를 고백하고 예수 보혈의 은혜로 용서받음으로써 죄 문제를 해결해야 한다. 그리고 남은 생애를 우리의 죄를 사하신 주님의 은혜 안에서 살아야 한다. 그래야만 예수 이름의 권세를 주장할 수 있다.

우리를 거룩하게 하는 이름

너희 중에 이와 같은 자들이 있더니 주 예수 그리스도의 이름과 우리 하나님의 성령 안에서 씻음과 거룩함과 의롭다 하심을 받았느니라 고전 6:11

이 말씀에서 중요한 포인트는 예수의 이름은 우리를 거룩케 하는 이름 이라는 사실이다. 크리스천에게 거룩은 옵션이 아니다. 거룩은 죽느냐

사느냐의 문제다. 거룩은 생명이다.

코로나바이러스 사태로 인해 사람들이 얼마나 청결에 신경을 쓰게 되었는가? 몸에 바이러스가 들어오면 치명적이라는 것을 아니까, 모두 습관적으로 하루에 몇 번씩 손을 씻고, 마스크를 쓰고, 소독을 하며, 청소하게 되었다. 어느 나라건 출입국 할 때 발열 감지기로 체온을 측정한다. 코로나19로 전 세계가 얼어붙은 지금, 그 누구도 그 모습을 보며 "너무 오버하는 것 아니냐"라고 말하지 않는다. 소독과 방역이 생명과 직결되어 있다는 것을 모두가 체감하고 있기 때문이다.

아프리카에서는 지금도 수많은 사람이 크고 작은 병으로 죽어가고 있는데, 사람들에게 기본적으로 더러운 물만 정수하여 먹게 하여도 엄청난 사망률을 절반 이하로 줄일 수 있다고 한다. 청결이 생명과 직결되어 있는 것이다.

거룩은 생명이다. 살고 싶으면 영적으로 정결해져야 한다. '죄'라는 바이러스에 오염되면 영혼이 병들고, 죽을 수도 있다. 목숨을 걸고 싸워서 죄를 몰아내야 한다. 그러나 죄는 인간의 노력으로 싸워 퇴치할 수 있는 것이 아니다. 오직 예수 그리스도의 보혈로만 가능하다. 예수의 이름은 그 이름에 담긴 십자가 보혈의 능력으로 우리를 정결하게 한다.

거룩은 생명의 문제인 동시에 능력의 문제다. 거룩해야 영적인 능력이 생긴다. 하나님이 우리를 구원하신 것은, 단순히 우리로 지옥에 가지 않게 하기 위해서가 아니다. 하나님이 우리를 구원하신 것은, 우리를 통해 하나님의 일을 하시기 위함이다. 하나님의 나라를 확장하게 하고, 거룩한 영향력을 펼침으로 하나님의 영광을 드러내려 하심이다. 어둠의 세력을 몰아내는 강하고 아름다운 그리스도의 군대로 세우려 하심이다.

이를 위해서는 강한 능력이 필요한데, 교회의 능력은 거룩에서 온다. 거룩을 잃으면 시도 때도 없이 사탄에게 밀린다. 자꾸 불안하고 답답하며, 아무리 기도해도 무기력하다.

교회는 그리스도의 신부라고 했다. 신부는 목숨을 걸고 순결을 지켜야 하고, 교회는 목숨을 걸고 거룩을 지켜야 한다. 우리는 예수의 이름 안에 담긴 십자가 은혜로 정결케 됨을 체험해야 한다. 예수님의 이름을 통해 성령께서 우리 삶의 모든 영역 속으로 거룩을 부어주시길 기도해야 한다. 그래야 영적 능력이 회복된다.

거룩은 하나님의 임재 앞으로 우리를 데려다주는 통로다. 죄는 하나님과 우리 사이에 틈을 만들었다. 태양으로부터 멀리 떨어질수록 춥고 어둡듯이, 하나님으로부터 떨어질수록 우리 인생이 비참해진다. 그러나 예수님의 십자가 은혜가 그 틈을 메워주었다.

이제 우리는 예수 이름의 은혜로 날마다 하나님께 더 가까이 가야 한다. 하나님은 거룩하시기 때문에 하나님께 가까이 가려면 우리도 거룩해져야 한다. 왜 하나님께 가까이 가는 것이 중요한가? 하나님의 임재 앞으로 가까이 가야 하나님과 깊은 교제를 나누게 되기 때문이다. 그래야 폭풍 가운데서도 마음이 평안하고, 미래에 대해 불안해하지 않는다. 하나님의 음성을 들어야 마귀의 속삭임을 떨쳐버릴 수 있고, 영적 담대함과 평안함을 누릴 수 있다. 하나님의 임재 앞에 모든 축복과 능력과 응답이 가득하기에 우리는 예수의 이름으로 항상 그 임재 앞으로 가까이 가야 한다.

코로나19 같은 병에 일단 걸리고 나면 치료하는 것이 너무 힘들다. 그래서 의학자들은 한결같이 예방의 중요성을 강조하고 있으며, 이를 위해서는 면역력을 키워야 한다고 말한다.

죄가 바이러스라면 죄로부터 우리를 지키는 면역력은 바로 예수의 이름이다. 그 이름에 담긴 십자가 보혈의 은혜다. 우리는 항상 그 은혜 안에 잠겨 살아야 한다. 그것이 가장 안전해지는 길이고, 그것이 가장 강해지는 길이다.

—

우리가 예수의 이름을 부를 때마다
우리를 죄에서 구하기 위해 이 세상에 오신
그 지고한 사랑을 기억하며 감격합니다.
주홍같이 붉은 우리의 죄는
예수님이 아니면 결코 해결될 수 없었습니다.
우리를 자유케 하며 우리를 거룩하게 하는 이름 예수!
모든 이름 위에 뛰어난 그 이름을 사랑합니다.

2

*

그리스도

JESUS
CHRIST
LORD
IMMANUEL
THE LAMB
THE KING OF KINGS
SOVEREIGN
THE SON OF GOD
THE SON OF MAN
ALPHA AND OMEGA
THE WORD INCARNATE
THE PRINCE OF PEACE
THE GREAT HIGH PRIEST
THE VINE
THE GOOD SHEPHERD

요 1:41

그가 먼저 자기의 형제 시몬을 찾아 말하되 우리가 메시아를 만났다 하고 (메시아는 번역하면 그리스도라)

마 16:16

시몬 베드로가 대답하여 이르되 주는 그리스도시요 살아 계신 하나님의 아들이시니이다

눅 24:26,27

그리스도가 이런 고난을 받고 자기의 영광에 들어가야 할 것이 아니냐 하시고 이에 모세와 모든 선지자의 글로 시작하여 모든 성경에 쓴 바 자기에 관한 것을 자세히 설명하시니라

그리스도, 메시아, 기름 부으심 받은 자

우리는 보통 '예수'와 '그리스도' 두 이름을 붙여서 '예수 그리스도'라고 많이 사용한다. 그래서 그 의미가 하나라고 착각하는 경우가 많다. 영어권에서는 사람의 이름을 부를 때, 보통 이름을 먼저 부르고 성을 뒤에 붙인다. 예를 들어 '제임스 김'(James Kim)은 성이 '김'이고 이름이 '제임스'이다. 그래서 어떤 사람들은 '그리스도'가 예수님의 성이라고 착각하기도 한다.

그러나 '그리스도'(Christ)는 예수님을 지칭하는 또 하나의 분명한 이름이다. 신약성경에 무려 5백 번이나 예수님의 이름으로 나올 정도니, 그 이름이 가지고 있는 영적 무게가 얼마나 무거운지를 알 수 있다.

> 그가 먼저 자기의 형제 시몬을 찾아 말하되 우리가 메시아를 만났다 하고 (메시아
> 는 번역하면 그리스도라) 요 1:41

요한복음 1장 41절은 예수님이 세상에 모습을 막 드러내시고 본격적인 사역을 시작하려 하시던 사역 초창기에 예수님을 만난 안드레가 자기 형제 시몬을 찾아가서 한 말이다.

성경에서 밝힌 대로 '그리스도'는 히브리어 '메시아'(messiah)의 헬라어 번역이다. 따라서 '그리스도'란 말을 이해하기 위해서는 '메시아'란 말을 이해하면 된다. 한마디로 '기름 부으심을 받은 자'라는 뜻이다. 즉, '그리스도 = 메시아 = 기름 부으심을 받은 자'이다. 이는 어떤 특별한 목적을 위해서 하나님이 직접 세우신 사람으로, 그 사명을 감당할 만한 능력과 권위를 부어주신다.

한국어 성경에서는 "우리가 메시아를 만났다"로 번역했지만, 영어 성경에는 "우리가 메시아를 발견했다"(We have found the Messiah)라고 되어 있다. 이 말은 안드레는 그동안 메시아를 찾으려고 애썼다는 얘기다.

안드레만 그랬던 것이 아니다. 그 당시 모든 유대인들이 메시아를 간절히 기다리고 있었다. 구약성경 곳곳에서 다윗의 가문에서 메시아가 나실 것을 예언했기 때문이다. 특히 그들은 '다윗의 가문에서 메시아가 나실 것'이란 예언을 중시했다. 왜냐하면 그들은 오실 메시아가 그 옛날 다윗 왕처럼 위대한 정복자의 칼을 들고 로마의 압제를 몰아내고 강한 이스라엘 왕국을 회복시킬 것을 꿈꿨기 때문이다.

이런 정치적 구세주가 되어줄 메시아를 향한 대중적 기대는 그들의 비참한 현실로 인해 더욱 강렬해졌다. 바벨론에 포로로 끌려갔다가 귀환한 후에도 수많은 외세의 침략에 유린당하다가 이제는 로마의 식민지가 된 나라의 삶이 너무나 고통스러웠던 까닭이다.

그러나 예수님은 당시 유대인들이 기대하던 정치적, 군사적 영웅이 아닌 훨씬 높은 차원의 메시아로 오셨다. 사람들은 땅의 제국을 바꿀 정치적 메시아를 기다렸지만, 주님의 초점은 하나님나라에 있었다. 예수님은 자신의 이름이 '그리스도'라는 사실을 밝히신 순간부터 결정적인 순간마다 제자들에게 예수 그리스도가 어떤 메시아이신지를 정확하게 알려주셨다.

그리스도의 세 가지 역할

그리스도는 '기름 부으심을 받은 자'라고 했다. 구약성경에서 '기름 부음'의 의식은 실제로 사람 위에 기름을 붓는 것으로 행해졌다. 그것은 영적인 기름 부으심의 상징으로, 하나님의 성령이 부어진다는 뜻이다. 하나님이 기름 부으신다는 것은 어떤 특별한 사명을 위하여 따로 떼어 성별하시는 것이다.

구약성경에서 하나님이 어떤 사람을 기름 부어 세우실 때는 주로 다음 세 가지 역할 중 하나를 맡기셨음을 의미했다. 그것은 선지자, 제사장, 왕이었다. 하나님이 기름 부어 세우셔서 크게 사용하신 대표적인 선지자로는 엘리야가 있었고, 제사장 중에는 아론이 있었으며, 왕으로는 다윗을 들 수 있다.

그러나 예수님의 경우, 다른 기름 부으심 받은 자들과는 확연히 달랐다. 본문을 영어성경으로 보면 '메시아'(Messiah)라는 단어 앞에 정관사 'the'가 붙어 있음을 알 수 있다. 즉, 예수님은 '기름 부으심을 받은 이들 중에서도 최고의 분, 절대자'라는 뜻이다. 그분이 받으신 사명은 구약시대의 어떤 하나님의 종들이 받았던 사명보다 더 크고 절대적이었다. 예수님은 구약시대 때 기름 부으심을 받았던 종들과 크게 두 가지로 달랐다.

먼저, 예수님은 완전하신 분이었다. 예수님 이전에 하나님이 기름 부어 세우신 사람들은 훌륭했지만, 다 인간적인 약점이 있었다. 엘리야 선지자는 하늘에서 불을 내리는 기도를 했지만 이사벨의 협박 한마디에 덜덜 떨며 도망갔으며, 깊은 영적 침체에 빠지는 나약함을 보였다. 제사장 아론은 이스라엘 백성의 압박에 못 이겨 황금송아지 우상을 만들었으며, 하나님의 마음에 합한 사람이라는 다윗 왕은 밧세바와 불륜을 저질러 가정과 나라를 위기에 빠뜨렸다. 이렇듯 하나님의 기름 부으심을 받은 사람들도 각기 불완전한 구석들이 있었다. 그러나 예수님은 완전한 메시아셨다.

또 하나, 구약시대에 기름 부음 받은 자들은 선지자든지, 제사장이든지, 왕이든지 어느 한 가지 역할만 감당했지, 세 가지 역할을 다 감당한 사람은 없었다. 그러나 예수님은 세 가지 역할을 다 감당하시도록 기름 부으심을 받으셨다.

그래서 우리가 예수님을 '그리스도', 즉 기름 부으심 받은 자로 선포할 때, 우리는 그분이 우리 삶의 선지자요 왕이요 제사장임을 받아들이는 것이다.

이제 예수님을 우리 인생에 하나님이 보내주신 최고의 선지자이자 왕이시자 제사장으로 받아들이는 것이 어떤 의미인지를 생각해보자.

첫째, 그리스도는 선지자이시다

선지자란 히브리어로 '하나님의 입'을 의미한다. 예수님은 우리에게 하나님의 말씀이 성육신 된 분으로 오셨다. 이는 구약의 선지자들과 무엇이 다른가? 구약의 선지자들은 하나님의 음성을 백성들에게 전하는 메신저였다. 그래서 그들은 항상 "하나님께서 말씀하시기를…"라는 말을 시작으로 메시지를 전했다. 그러나 예수님은 "내가 진실로 너희에게 말하노니…"라고 하셨다. 예수님 자신이 하나님이셨기 때문에 대변인처럼 말씀하실 필요가 없었다.

왜 많은 성경책이 예수님이 하신 말씀을 붉은색으로 표시하는가? 예수님의 말씀이 곧 하나님의 말씀이니, 어떤 인간의 말보다 주목해서 보라는 뜻이다. 예수님은 하나님의 권위로 바로 말씀하셨다. 예수님이 말씀하시면 물이 변하여 포도주가 되었고, 거친 바다가 잠잠해졌다. 예수님이 말씀하시면 악한 귀신들이 떠났고, 죽은 나사로가 살아났다.

예수님의 말씀으로 모든 것이 결정된다. 예수님의 말씀이 마침표다. 그러므로 우리 삶에 예수님을 선지자로 받아들인다는 것은 예수님의 말씀이 모든 것을 결정하게 한다는 것이다.

그러나 사람들의 문제는 예수님의 말씀으로 모든 것을 결정하지 않는데 있다. 크리스천들 역시 자기 뜻과 맞지 않으면 예수님의 말씀이라 해도 무시하고 거부하는 경향이 있다. 그러나 우리가 예수를 그리스도라 고백한다면, 예수님의 말씀이 내 인생의 마침표임을 선언하고 그대로 받아들여야 한다. 그분의 말씀을 묵상하고 그 말씀에 순종해야 한다.

둘째, 그리스도는 우리의 왕이시다

우리가 예수님을 믿고 구원받을 때, 우리는 하나님나라의 시민이 되었다. 예수님은 하나님나라의 왕이시다. 그러니 이제 우리는 하나님나라의 법대로, 그 왕의 다스림을 받으며 살아야 한다. 예수를 그리스도라 고백할 때, 우리는 그분에게 우리 삶의 모든 영역의 왕좌를 내어드리는 것이다. 부부 관계에서, 자녀 교육에서, 재정에서, 사업에서, 모든 영역에서 예수님의 다스림을 받아야 한다. 그렇지 않으면 왕이신 예수 그리스도로 말미암아 약속된 모든 축복과 보호하심과 은혜를 다 잃어버리게 된다.

특별히 왕이신 그리스도는 교회의 머리가 되신다.

오직 사랑 안에서 참된 것을 하여 범사에 그에게까지 자랄지라 그는 머리니 곧 그리스도라 그에게서 온몸이 각 마디를 통하여 도움을 받음으로 연결되고 결합되어 각 지체의 분량대로 역사하여 그 몸을 자라게 하며 사랑 안에서 스스로 세우느니라 엡 4:15,16

교회가 건강하게 성장하려면 왕이신 예수님의 다스림 아래에 있어야 한다. 목사도, 장로도, 교사들도, 리더들도 다 예수님의 다스림을 받아야 한다. 교회의 모든 구석구석이 예수님의 다스리심을 받는 것, 그것이 우리가 예수를 그리스도로 선포하는 의미다.

셋째, 그리스도는 우리의 제사장이시다

제사장은 하나님과 사람 사이를 연결해주는 중보자이다. 예수님은 "내가 곧 길이요 진리요 생명이니 나로 말미암지 않고는 아버지께로 올 자가 없느니라"(요 14:6)라고 하셨다. 그리스도이신 예수님은 우리의 제사장이 되신다. 죄 많은 인간이 거룩한 하나님께로 갈 수 있는 유일한 길은 제사장이신 예수님을 통하는 것뿐이다.

구약시대의 제사장은 항상 백성을 대표해서 어린 양을 죽여 희생제사를 지냈다. 예수님은 제사장이시면서 직접 희생제물이 되셔서 십자가에서 우리를 위해 대신 죽으심으로 우리의 죗값을 치러주셨다. 그 십자가 보혈의 은혜로 하나님과 우리 사이의 관계가 회복되었다.

앞 장에서 우리는 '예수'의 이름이 '자기 백성을 죄에서 구원할 자'임을 배웠다. 그리고 예수님이 그것을 십자가에서 이루셨음을 배웠다. '예수' 이름이 십자가 보혈의 은혜와 능력으로 가득 찬 이름임을 배웠다. 따라서 우리가 그 이름을 선포할 때, 십자가 보혈의 은혜와 그 보혈의 권세를 선포하는 것이다. '그리스도'란 이름도 마찬가지다. 우리가 예수님을 '그리스도'라 고백할 때, 우리는 우리의 대제사장 되신 예수님의 보혈의 은혜를 고백하는 것이다. 그 능력을 믿는 것이다. 그 은혜로 인해 우리가 구원받고 하나님 아버지 앞으로 갈 수 있음을 고백하는 것이다.

너희는 나를 누구라 하느냐?

기름 부음 받으신 그리스도께서는 우리의 선지자이시며, 왕이시며, 또한 제사장이 되신다. 그중에서도 우리의 죗값을 치러주신 중보자요, 제사장 되신 세 번째 사명이 가장 중요하다. 예수님이 친히 말씀해주셨다. 마태복음 16장 15절에서 예수님이 물으셨다.

"너희는 나를 누구라 하느냐?"

바로 앞에서 살펴본 요한복음 1장 41절의 말씀이 예수님이 사역을 막 시작하시던 때의 일이라면, 마태복음 16장 15절의 질문은 예수님의 3차 갈릴리 사역이 한창일 때, 가이사랴 빌립보 지방에서 예수님이 제자들과 나누신 대화의 한 부분이다. 이때는 예수님의 설교와 사역이 절정에 달했을 때이다. 듣지 못하던 자의 귀가 열리고, 말 못 하던 자가 말하게 되며, 보지 못하던 자가 눈을 뜨고, 귀신이 쫓겨 나가고, 오병이어로 오천 명을 먹이신 기적을 모든 사람이 보고, 듣고, 알고 있었다. 또 산상수훈 같은 놀라운 설교로 수많은 사람의 마음을 흔들어놓기도 하셨다. 따라서 주님은 당시 온 유대 땅에서 화제의 중심이었다.

그럴 때 예수님이 숨을 고르시며 제자들에게 "사람들이 나를 누구라고 하느냐?"라고 질문하셨다. 예수님이 이 질문을 하신 데는 다 이유가 있다. 예수님을 누구라고 보느냐에 따라서 우리 신앙의 방향이 정해지기 때문이다. 예수님에 관한 생각이 우리가 어떻게 그분에게 접근할 것인지를 결정한다.

예수님을 선생님이라고 생각한다면 정보를 원할 것이고, 의사라고 생각하면 병 고침을 원할 것이고, 비즈니스 컨설턴트라고 생각하면 내 사업을 성공시켜줄 것을 기대할 것이며, 교육 컨설턴트라고 생각하면 내 자식 잘되게 해달라고 할 것이며, 정치 지도자라고 생각하면 권력을 얻게 해달라고 할 것이다. 교회에 처음 나올 때부터 갖게 되는 예수님에 대한 이런 생각들은 잘못된 기대를 하게 하고, 그것은 신앙을 병들게 한다. "나를 누구라 하느냐"라는 예수님의 질문은 "나의 핵심 사명이 무엇인지 아느냐"라는 질문이기도 하다.

"사람들이 나를 누구라 하느냐"라는 예수님의 질문에, 제자들은 그 당시 사람들이 가장 많이 가지고 있던 의견을 정리해서 전해드렸다.

"어떤 사람은 예수님을 세례 요한이라고 합니다."

사회의 병폐와 부조리를 고발하고 하나님의 정의와 심판을 무섭게 선포한 세례 요한. 사람들은 이런 정의와 심판자의 이미지를 갖고 예수님을 봤다.

"어떤 사람은 엘리야라고 합니다."

하늘에서 불을 내리게 하고, 비를 내리게 하고, 불병거를 타고 하늘로 올라간 기적의 사람 엘리야. 사람들은 예수님의 수많은 기적을 보면서 엘리야 같은 기적을 일으키는 존재로 봤다.

"어떤 사람은 옛 선지자 중에 한 사람이 되살아났다고 합니다."

하나님께서 하나님의 음성을 들려주시기 위해 세우신 대변인인 선지자. 구약시대 때는 어렵고 힘든 시절마다 하나님이 선지자를 보내주셨다. 선지자를 통해 전해주시는 하나님의 말씀으로 사람들은 회개할 것은 회개하고, 위로와 격려와 희망의 메시지를 들었다. 그래서 사람들은 예수님을 그들의 시대에 보내주신 또 한 명의 선지자로 생각했다.

그러자 예수님은 제자들의 눈을 보면서 "그러면 너희는 나를 누구라고 하느냐?"라고 물어보셨다. 순간, 제자들은 당황했다.

예수님이 먼저 "사람들이 나를 누구라고 하느냐"라고 물어보시고 난 뒤, 연이어서 제자들에게 "너희는 나를 누구라 하느냐"라고 물어보신 까닭이 무엇이겠는가? "너희들도 사람들이 이 말 저 말 하듯이 나에 대해서 정확히 모르고 있는 것이 아니냐"라고 하신 것이다.

일반 대중이 예수님에 대해 이러쿵저러쿵하는 것은 예수님에게 중요하지 않았다. 문제는 주님을 따르는 제자들이었다. 그들은 예수님이 누구신지 정확히 알아야 했다. 왜냐하면 그들은 멀리서 예수님을 지켜본 대중과는 달리 예수님 바로 곁에서 예수님의 설교와 기적과 삶을 체험했기 때문이다. 2년 이상 예수님과 가까이에서 함께한 제자들이라면 예수님이 누구신지, 그분의 핵심 사명이 무엇인지를 정확히 알 만하다고 판단하신 것이다. 그리고 장차 교회의 지도자가 될 그들이 그리스도의 핵심 사명을 정확히 깨닫는 것은 너무나도 중요했다. 그래야 세상이 뭐라고 하든 흔들리지 않고 교회를 올바로 이끌 수 있기 때문이다.

주는 그리스도시요 살아 계신 하나님의 아들

제자들이 예수님의 질문에 대답을 못 하고 머뭇거리고 있을 때, 나서기 좋아하는 베드로가 확 뛰어나왔다. 그 대답이 바로 유명한 마태복음 16장 16절 말씀이다.

"주는 그리스도시요 살아 계신 하나님의 아들이시니이다."

이것이야말로 영혼을 구원하고 교회의 초석을 놓는 역사적인 고백이다. 그리스도는 '하나님의 기름 부음을 받은 자'란 뜻이다. 물론, 하나님은 과거 솔로몬이나 다윗 같은 사람에게도 기름을 부으셨다. 그러나 예수님은 하나님이 기름 부으신 모든 사람 중에 최고의 분이시다.

"You are the Christ"(당신이 바로 그리스도이십니다).

앞에서 말했듯이, 정관사 'the'가 붙었다는 것은 절대적 존재인 바로 그분을 가리킨다. 즉, 예수님은 모든 예언의 완성이며, 모든 약속의 성취셨다. 이때까지 있었던 모든 기름 부은 자들도 그분이 오시는 길을 예비했을 뿐이다. 예수 그리스도! 그분은 열방을 발아래에 두신 전능자요 기묘자라 모사라 영광의 주님, 하나님의 아들이셨다.

이 사실을 깨닫고 고백하는 것은 보통 일이 아니다. 예수님은 이 같은 고백을 한 베드로를 칭찬하시면서 "이를 네게 알게 한 이는 하늘에 계신 내 아버지시니라"(마 16:17)라고 하셨다.

그렇다. 예수님을 그리스도로 고백할 수 있는 것은 하나님의 은혜다. 하나님이 우리의 마음을 움직이신 것이다. 예수님을 그리스도요 하나님의 아들로 정확히 알게 되면 거룩한 충격이 온 영혼을 뒤흔든다. 그분 앞에 무릎 꿇고 울며 내 삶을 그분께 드리게 된다. 그렇게 할 수 있는 것이 은혜다.

하지만 예수님은 제자들에게 자기가 그리스도인 것을 아무에게도 이르지 말라고 단단히 경고하셨다. 안 그래도 예수님의 여러 가지 기적으로 흥분해 있는 군중들이 예수님을 그들이 기대하는 정치적 메시아로 착각하고, 로마에 항거하는 폭동을 일으킬 수 있었기 때문이다. 영적인 깨달음이 없는 사람들은 보이는 현상에만 흥분한다. 인간적인 본능으로 반응한다. 그러나 하나님의 뜻은 그게 아니었다. 그래서 때가 올 때까지 예수님은 자신의 정확한 정체에 대해 함구령을 내리셨다.

자신이 하나님의 아들이신 예수 그리스도, 이스라엘 백성이 그토록 염원해오던 구세주 메시아임을 확인해주신 예수님이 제자들에게 하신 그 다음 말씀이 중요하다.

> 이때로부터 예수 그리스도께서 자기가 예루살렘에 올라가 장로들과 대제사장들
> 과 서기관들에게 많은 고난을 받고 죽임을 당하고 제삼일에 살아나야 할 것을 제
> 자들에게 비로소 나타내시니 마 16:21

예수님의 이름이 '예수 그리스도'로 소개된 이때부터 예수님은 십자가 사건을 본격적으로 예언하기 시작하셨다. 앞 장에서도 이야기했듯이, 예수 그리스도의 핵심 사명은 십자가였다. 십자가에서 죽으시고 부활하심으로 우리의 구원을 이루시는 것이었다. 십자가의 예수님을 믿는 모든 자는 하나님나라의 백성이 되어 영원토록 영광을 누릴 것이다.

그리스도의 핵심 사명, 십자가

시간이 흘러 예수님이 실제로 십자가에서 죽으시고 부활하셨다. 부활하신 주님은 엠마오로 가는 제자들과 함께 걸으시며 똑같은 말씀을 주신다.

그리스도가 이런 고난을 받고 자기의 영광에 들어가야 할 것이 아니냐 하시고

눅 24:26

'그리스도'의 핵심 사명은 십자가 부활 사건임을 확실히 해주신 것이다. 우리는 앞 장에서 예수란 이름의 뜻이 '자기 백성을 죄에서 구원할 자'임을 살펴보았다. 즉, 예수님의 핵심 사명은 죄 문제를 십자가에서 해결하는 것이었다. 그런데 자신이 그리스도이심을 알려주신 예수님은 바로 십자가 부활 이야기를 하셨다. 그리스도란 이름에도 역시 자기 백성을 죄에서 구원하시는 예수의 핵심 사명이 담겨 있다는 것이다.

사람들은 주님이 행하신 수많은 기적을 바라보고 여러 가지 다른 기대를 예수님께 걸었지만, 예수 그리스도의 핵심 사명은 십자가 구원이었다. 우리가 '예수'의 이름을 부를 때 십자가를 생각하듯이, '그리스도'의 이름을 부를 때도 십자가 구원의 은혜를 생각해야 한다.

그때까지만 해도 제자들 역시 그 시대의 수많은 유대인과 똑같은 메시아관을 가지고 있었다. 오실 메시아는 다윗처럼 강력한 군사적 힘으로 로마를 몰아내고 새 유대왕국을 세워 사람들을 하나님께 복종시키리라 생각했다. 그들은 예수님의 나라가 그들이 생각하는 세상의 왕국과 전혀 다른 차원의 영적 세계임을 알지 못했다. 그래서 예수님은 십자가 부활 사건이 그리스도의 핵심 사명임을 말씀하심으로써 그들의 기대를 산산이 깨버리셨다.

그리스도에 대한 우리의 인간적 기대도 깨어져야 한다. 그리스도는 우리가 함부로 이용할 수 있는 도깨비방망이 같은 분이 아니시다. 물론

그분은 우리의 병을 고쳐주시고, 자녀 양육에 지혜를 주시며, 우리의 사업에 조언도 해주신다. 하지만 그리스도의 핵심 사명은 우리의 죄 문제를 십자가에서 해결하시는 것이다. 다른 모든 것은 그다음 문제이다.

우리가 즐겨 부르는 〈그리스도의 계절〉이라는 찬양 중에 이런 가사가 있다.

"민족의 가슴마다 피 묻은 그리스도를 심어 이 땅에 푸르고 푸른 그리스도의 계절이 오게 하소서."

왜 '피 묻은 그리스도'라고 했겠는가? 예수라는 이름처럼 그리스도란 이름에도 십자가 보혈의 은혜가 가득 담겨 있기 때문이다. 예수 그리스도의 십자가 복음을 제대로 전할 때 사람들이 구원받고, 가정과 나라가 변하게 될 것이다.

그리스도와 성령의 기름 부으심

그리스도라는 이름을 다루면서 빼놓을 수 없는 것이 '성령'이다. 지금까지 살펴보았듯이 그리스도란 이름은 '기름 부으심을 받은 자'란 뜻이다. 성경에서 기름 부으심을 이야기할 때 꼭 성령의 임재를 붙여서 이야기한다. 성령이 우리에게 임하신다는 말을 '성령의 기름 부으심'이라는 말로 표현하기도 한다. 하나님이 기름 부으신 예수 그리스도의 설교와 사역에는 항상 성령의 기름 부으심이 충만했다.

하나님이 나사렛 예수에게 성령과 능력을 기름 붓듯 하셨으매 그가 두루 다니시

며 선한 일을 행하시고 마귀에게 눌린 모든 사람을 고치셨으니 이는 하나님이 함께 하셨음이라 행 10:38

이는 예수님을 모시고 다녔던 수제자 베드로의 증언이다.

"하나님이 나사렛 예수에게 성령과 능력을 기름 붓듯 하셨으며."

베드로가 예수님을 3년간 바로 옆에서 따라다니면서 보니 예수님의 능력의 근원은 성령님이셨다. 하나님께서 성령과 능력을 끊임없이 예수님 위에 부어주셨기에 예수님은 그 엄청난 일들을 하실 수 있었다. 수제자 베드로는 예수님에게 기름 부어주시는 성령의 능력이 얼마나 엄청난 것인가를 현장에서 3년 내내 목격한 것이다.

하나님은 기름 부으신 자에게 하늘의 능력을 부어주신다. 예수님은 인간의 육체를 입고 계셨지만, 하늘의 능력이 가득했던 분이다. 예수님은 하늘의 능력이 충만하셨기 때문에 이 땅에서 어떤 힘들고 어려운 문제 앞에서도 당황하지 않으셨다. 어떤 도전 앞에서도 물러서지 않으셨다.

누가복음은 예수님이 '성령의 능력으로 충만하셨다'는 사실을 강조하고 있다. 하나님이 인류의 구세주로 기름 부으심을 받은 예수님에게 성령의 능력을 끊임없이 부어주셨다. 우리가 예수를 그리스도로 고백할 때, 성령의 기름 부으심을 선포하는 것이다.

예수 그리스도의 피로 거듭난 우리에게도 주님은 성령으로 기름 부으신다. 하나님이 기름 부으셔서 일을 맡긴 사람에게는 하나님의 능력도 부어진다. 그러니 내가 능력이 없어서 하나님께 순종하지 못하겠다고 말하지 말라. 내게 능력 없는 것을 하나님도 아시며, 그래서 우리에게 사명을 맡기실 때는 하늘의 능력도 함께 주시겠다고 마음먹고 계시기 때문이다.

그러므로 새로운 사명이 올 때는 '성령의 새로운 능력을 기름 부어주시겠구나'라고 기대하고 흥분해도 좋다. 중요한 것은 자신의 힘을 의지하지 말고, 오직 겸손한 심령으로 기도하며 성령의 기름 부으심을 간구하는 것이다. 그러면 주님이 채워주실 것이다. 감당해야 할 사명이 막중할수록 더욱 겸손히 기도하여 성령으로 충만해야 한다.

성령의 능력으로 충만하셨던 예수님은 두루 다니시면서 선한 일을 행하셨다.

"그가 두루 다니시며 선한 일을 행하시고 마귀에게 눌린 모든 사람을 고치셨으니."

특별히 주님은 마귀에게 눌린 모든 사람을 고치셨다. 예수 그리스도의 이름은 마귀가 두려워하는 능력의 이름이다. 그리스도께서 이 땅에 육체를 입고 오셨다는 것 자체가 영적 전쟁의 선포였다. 예수님이 가시는 곳마다 마귀들이 비명을 지르며 도망갔다.

육체의 병, 정신적 질병, 삶의 태도…. 이 모든 것에 마귀의 영향력이 미치고 있다. 그것이 죄로 인해 타락한 세상의 실체이다. 이런 마귀의 영향력은 사람의 힘으로 도저히 물리칠 수 없다. 오직 예수 그리스도의 보혈 권세로 물리칠 수 있다.

마귀는 예수 그리스도의 임재와 함께 물러간다. 그리스도를 믿는 우리도 가는 곳마다 예수의 이름으로 마귀의 권세를 물리치고, 마귀에게 눌린 사람들을 자유케 한다.

예수 그리스도가 행하신 모든 기적과 영적인 승리의 비결은 하나님의 동행하심이었다. 그것이 성령과 능력으로 기름 부으심 받은 자의 특징이다.

"이는 하나님이 함께 하셨음이라."

하나님과 동행하면 무슨 일이든 불가능이 없다. 그리스도의 자녀 된 우리도 항상 하나님과 교제하며, 하나님과 동행하는 삶을 살아야 한다. 어디에 가든, 무엇을 하든 하나님과 함께하라. 그러면 어떤 장애물도 극복할 수 있을 것이며, 어떤 어둠의 권세도 물리칠 수 있을 것이다.

기름 부으심 받은 그리스도의 풍성한 사역

예수 그리스도께서 이 땅에 계셨을 때 성령의 기름 부으심이 충만한 메시아로서 얼마나 풍성한 사역을 행하셨는지 모른다.

> 선지자 이사야의 글을 드리거늘 책을 펴서 이렇게 기록된 데를 찾으시니 곧 주의 성령이 내게 임하셨으니 이는 가난한 자에게 복음을 전하게 하시려고 내게 기름을 부으시고 나를 보내사 포로 된 자에게 자유를, 눈먼 자에게 다시 보게 함을 전파하며 눌린 자를 자유롭게 하고 주의 은혜의 해를 전파하게 하려 하심이라 하였더라 눅 4:17-19

이 말씀은 예수님이 공생애 사역을 본격적으로 시작하시기 전, 자신이 나고 자라신 나사렛의 회당에 들르셔서 읽으신 구약의 이사야서 말씀이다. 이는 기름 부으심 받은 예수 그리스도께서 자신이 이 예언의 말씀을 실현할 메시아이심을 선언하시며, 이 말씀 그대로 얼마나 능력 있는 사역을 하게 될 것인지를 미리 선포하신 예수님의 출사표 같은 말씀이다.

첫째로 예수님의 사역은 가난한 자에게 복음을 전하는 것이었다. 여기서 가난한 자란, 하나님의 은혜를 받으려고 마음이 활짝 열려 있는 준비된 영혼을 가리킨다. 그들은 마음이 가난하고 겸손하여 복음에 목말라하는 자들이다. 예수님은 하늘나라가 바로 이런 심령이 가난한 사람들의 것이라고 말씀하셨다.

예수님은 그런 사람들에게 찾아가서 복음을 전하기 위해 이 땅에 오셨다. 이제부터는 유대인, 이방인으로 구별되는 것이 아니라 심령이 가난한 자와 강퍅한 자로 구별될 것이다. 자신의 영적 파산을 인정하고 겸손히 말씀 앞에 회개하는 자, 영적으로 가난한 자에게 예수님은 복음을 주신다. 그를 구원하시고 은혜를 주실 것이다.

둘째로 예수님의 사역은 포로 된 자에게 자유를 주고 눌린 자를 자유케 하는 것이다. 다시 말해, 영적인 자유를 주시는 것이다. 빛이 들어오면 어둠이 물러가듯이, 예수님이 오시면 마귀가 떠나간다. 그것은 우리를 억누르고 있던 죄의 권세가 떠나감을 뜻한다. 예수님은 죄의 압박에 눌려 있던 우리에게 영적 자유를 주기 위해 오셨다. 그렇게 하심으로 우리에게 기쁨과 평화를 회복시켜주신다. 예수 그리스도를 믿는 믿음이 깊어질수록 우리는 영적 자유함을 체험하게 될 것이다.

셋째로 주님의 사역은 병든 자를 치유하시는 것이다. 눈먼 자가 눈을 뜨고, 벙어리가 말하게 되고, 듣지 못하는 자의 귀가 열리는 이적은 메시아가 오실 때 일어날 기적이라고 구약성경에 예언된 바 있다.

요즘도 그렇지만 당시에는 병든 사람이 많았다. 가난해서 병원도 못 가고 약도 쓰지 못하는 병자들로 넘쳤다. 예수님은 그들의 병든 몸을 낫게 해주셨을 뿐 아니라 마음까지도 치유하셨다. 실제로 예수님이 오셔서 행하신 기적들은 사람들 앞에서 화려한 힘을 과시하기 위함이 아니라 주로 아픈 사람들에 대한 사랑으로 베풀어주신 치유의 기적들이었다.

예수 그리스도께서는 오늘도 우리에게 기름 부으시며 치유해주실 것이다. 오늘 예수 그리스도의 이름으로 우리 몸과 마음의 병이 치유 받는 기적들이 일어나길 바란다.

넷째로 예수님의 사역은 주의 은혜의 해를 전파하는 것, 즉 영원한 안식과 기쁨을 주시는 것이었다. '주의 은혜의 해'란 유대인 달력에서 50년마다 돌아오는 희년(Year of Jubilee)을 가리킨다. 이때가 되면 가난으로 팔린 땅은 다 원주인에게 돌아가며, 종들은 해방되었다. 그래서 희년이 선포된다는 것은 메시아가 오셔서 모든 인류를 죄에서 해방시킨다는 뜻으로 구약성경 예언서에서 사용되었다.

그리스도, 기름 부으심을 받은 메시아가 오시면 영적 희년이 선포되는 것이다. 희년은 승리와 안식, 영원한 기쁨을 상징한다. 예수님은 우리에게 영원한 기쁨과 찬양이시다. 우리가 예수 그리스도를 만나게 되면 주님의 기쁨이 넘치게 된다. 아직 눈에 보이는 상황은 하나도 개선된 것이 없지만, 설명할 수 없는 하늘의 기쁨과 평안이 우리 안에 가득하게 된다. 주님이 우리 안에 계시면 샘솟는 기쁨이 내게서 솟아난다. 교회가 예수 그리스를 높이고, 그분만 꽉 붙잡고 있으면 세상이 알 수 없는 기쁨이 넘쳐날 것이다.

그리스도라는 이름에는 십자가 보혈의 은혜가 담겨 있으면서, 성령의 기름 부으심이 가득하다. 우리가 예수 그리스도의 이름을 부를 때 십자가의 은혜와 성령의 능력을 선포하는 것이다. 나와 가정과 교회를 살릴 이름, 나라와 민족을 살릴 이름, 예수 그리스도! 그 이름을 높이고, 그 이름을 사랑하자!

—

우리가 주님을 그리스도라고 고백할 때,
하나님께서 주님을 세상을 구원할 메시아로
기름 부으셨음을 기억합니다.
주님은 우리의 왕이시요, 선지자요, 제사장이십니다.
무엇보다 그리스도라는 이름에는 십자가 보혈의 은혜와 함께
성령의 기름 부으신 능력이 가득함을 믿습니다.
그리스도이신 주님이 나와 가정과 교회와
나라와 민족을 살리실 줄 믿습니다.

3

✳

주

J ESUS

롬 10:9

네가 만일 네 입으로 예수를 주로 시인하며 또 하나님께서 그를 죽은 자 가운데서 살리신 것을 네 마음에 믿으면 구원을 받으리라

빌 2:9-11

이러므로 하나님이 그를 지극히 높여 모든 이름 위에 뛰어난 이름을 주사 하늘에 있는 자들과 땅에 있는 자들과 땅 아래에 있는 자들로 모든 무릎을 예수의 이름에 꿇게 하시고 모든 입으로 예수 그리스도를 주라 시인하여 하나님 아버지께 영광을 돌리게 하셨느니라

골 1:13,14

그가 우리를 흑암의 권세에서 건져내사 그의 사랑의 아들의 나라로 옮기셨으니 그 아들 안에서 우리가 속량 곧 죄 사함을 얻었도다

주인님(Lord)

이 책을 시작하면서 '예수'와 '그리스도'라는 이름을 살펴보았다. 여기서는 예수님을 가리키는 세 번째 이름인 '주님'(Lord)을 다루려고 한다. 교회 안에서 '주님'이란 이름은 앞서 살펴본 두 이름만큼이나 자주 쓰인다. 아니, 어쩌면 더 많이 쓰는 것 같기도 하다.

교회에서 크리스천들이 가장 많이 말하는 단어 세 가지를 꼽으라고 한다면 아마 "할렐루야", "아멘" 그리고 "주여"일 것이다. 통성기도를 할 때도 "주여"를 외치고 시작하지 않는가? 예수 그리스도의 이름 앞에 '주님'이란 호칭까지 붙여서 '주 예수 그리스도'라고 부르기도 한다. 그 정도로 '주님'이란 이름은 중요하다.

'주'는 신약성경에서 헬라어로 '큐리오스'(Kyrios)라고 쓰는데, 이는 라틴어 '도미누스'(Dominus)와 같은 의미의 말이다. 당시 헬라-로마 문화에서 전체 인구의 3분의 1 이상이 노예였는데, '도미누스'는 노예가 상전에게 '주인님'이라고 부르는 존대어였다. 주인님은 종의 모든 것을 소유한다. 즉, 우리가 예수 그리스도를 '주'라고 고백할 때, 그분이 우리의 모든 것을 소유하시는 주인님이심을 고백하는 것이다.

우리나라에서는 사람의 이름 뒤에 그 사람의 직업이나 계급, 또는 호칭을 붙인다. 홍길동 박사, 홍길동 대령, 홍길동 목사, 홍길동 선생님 등과 같이 말이다. 그런데 영미권에서는 사람의 이름 앞에 호칭을 붙인다. Dr. Han(한 박사), Pastor Han(한 목사), President Johnson(존슨 대통령)처럼 말이다. 그래서 '주 예수 그리스도'를 영어로 'The Lord Jesus Christ'라고 부르는데, 그 의미는 예수 그리스도가 우리의 '주인'이 되신다는 뜻이다. '주', '주님', '주인님', 이 세 호칭은 다 같은 말이라고 볼 수 있다.

구원의 능력을 누리는 비결

예수 그리스도를 우리의 주님으로 확실히 고백하는 것은 구원의 능력과 직결되는 문제다.

> 네가 만일 네 입으로 예수를 주로 시인하며 또 하나님께서 그를 죽은 자 가운데서 살리신 것을 네 마음에 믿으면 구원을 받으리라 롬 10:9

이 말씀의 의미를 잘 새길 필요가 있다. 성경에서 구원의 조건을 이야기할 때는 보통 예수 그리스도를 믿는 것 하나만 언급한다. 예를 들어서, 사도행전에서 베드로는 이렇게 선포한다.

"이르되 주 예수를 믿으라 그리하면 너와 네 집이 구원을 받으리라"(행 16:31).

그런데 로마서 10장 9절에서는 왜 주 예수를 믿는 것 외에 "네 입으로 예수를 주로 시인"하라는 또 다른 구원의 조건을 붙인 것일까? 그것은 성경에서 말하는 구원에는 과거형, 현재형, 미래형의 세 가지 시제가 있기 때문이다. 나는 이것을 《기독교 에센스》에서 자세히 다룬 바 있다.

첫째로 과거형 구원(Salvation Past)은, 우리가 예수님을 믿는 순간에 우리의 모든 죄가 예수님의 보혈의 은혜로 용서받고, 하나님이 우리를 의롭게 여겨주시는 것이다.

둘째로 현재진행형 구원(Salvation Present)은, 우리의 옛사람이 죽고 성령의 새사람으로 바뀌어가는 과정이다. 우리가 받은 구원을 이 땅에서 살면서 누려나가는 성화(聖化, Sanctification)를 말한다.

셋째로 미래형 구원(Salvation Future)은 우리가 천국에 가는 그날 완성될 구원으로, 아픔도 고통도 없는 영광의 땅에서 영원한 생명을 누리며 하나님의 영광으로 들어가는 영화(榮化, Glorification)를 말한다.

로마서 10장 9절의 말씀은 이미 예수님을 믿고 있는 로마교회 교인들을 향해 쓴 것이니 과거형 구원을 말하는 것은 아니다. 또 앞뒤 문맥으로 봐서 언젠가 가게 될 천국을 다루는 미래형 구원을 뜻하는 것도 아닌 것 같다. 여기서 말하는 구원은 지금 우리가 이 땅에서 살면서 예수님의 형상으로 성화되어가는 현재진행형 구원이다. 특히, 이 세상의 권세 잡은 자, 마귀의 공격에서 우리 자신을 지키고 승리할 수 있는 비결을 말한다. 우리가 이미 받은 구원의 능력과 기쁨을 우리는 얼마나 누릴 수 있는가? 그것은 우리가 예수님을 우리 인생의 '주'로 고백하고 또 실제로 그렇게 살고 있는가에 달려 있다.

로마서 10장 9절 말씀처럼 "입으로 예수를 주라 시인"(confess with

your mouth that Jesus is Lord)하는 것, 즉 입술로 고백하는 신앙고백이 중요하다. 머릿속에 조용히 담아두지 말라는 것이다. 어디를 가든지 자랑스럽고 담대하게 누구 앞에서든지 입술로 예수님을 우리 인생의 주인이라고 고백하라는 것이다.

주님은 우리가 자신의 정체성을 숨기는 '007 크리스천'이 되길 원치 않으신다. 어떤 상황 속에서도 자랑스럽게 주님이 우리 인생의 주인이심을 선포하기를 원하신다. 우리 주님은 우리를 한 번도 부끄러워하신 적이 없는데, 우리는 세상 앞에서 눈치 보느라 보배로우신 주님을 떳떳이 인정하지 못하는 경우가 얼마나 많은가.

소속이 바뀌었음을 공식화하는 선포

예수님을 우리의 '주'로 선포한다는 것은 우리가 속한 나라와 섬기는 주군이 바뀌었음을 공식화하는 것이다.

> 그가 우리를 흑암의 권세에서 건져내사 그의 사랑의 아들의 나라로 옮기셨으니
> 그 아들 안에서 우리가 속량 곧 죄 사함을 얻었도다 골 1:13,14

지금 이 세상을 잠시 장악하고 있는 공중권세 잡은 자, 사탄은 세상의 진짜 주인이 아니고 가짜 주인이다. 그는 잔인하고 추악한 자다. 그래서 그의 다스림을 받는 세상이 이처럼 어둡고 혼란스러운 것이다. 우리도 한때 가짜 주인의 통치 밑에서 죄의 노예가 되어 살았다. 그러나 우

리가 예수님을 믿는 순간, 그동안 우리를 비참하게 얽매어왔던 죄에서 자유하게 되었다.

우리가 속한 나라가 바뀌었고, 우리가 섬기는 주인이 바뀌었다. 이제 우리는 하나님나라에 속한 백성이요, 우리의 주군은 예수 그리스도이심을 선언한 것이다. 이것은 우리가 이전에 속해 있던 나라의 악한 군주에게 전쟁을 선포한 것과 같다. 마귀는 이것을 견디지 못하고 우리를 집요하게 공격하기 시작한다. 그래서 하나님의 백성들이 세상을 살면서 옛 사람을 벗어버리는 것이 그렇게 힘들고, 여러 가지 시험을 많이 겪는다. 이때 우리는 믿음으로 마귀의 공격을 담대히 이겨내야 한다.

만약 예수께서 오시지 않았더라면 우리 인생은 얼마나 비참했을까! 우리가 영적으로 무지했을 때는 몰라서 가짜 주인의 통치 아래서 그러려니 하며 살았지만, 이제 더는 그렇게 살 수 없다. 우리가 입술로 세상 앞에서 예수 그리스도가 주인이심을 고백할 때, 우리는 진짜 주인이신 예수 그리스도의 사람들임을 선포하는 것이다.

대가를 치르는 충성

하지만 우리는 아직도 마귀가 권세 잡은 세상 속에서 살고 있기에, 진짜 왕이신 예수 그리스도께 충성 맹세를 할 때 치러야 할 대가가 있다. 사실 종교의 자유가 있는 나라에 사는 우리는 입으로 "예수를 주"라 시인하는 것이 뭐 그리 어렵고 그리 심각한가 하는 생각도 들 것이다. 그러나 당시 초대교회 성도들에게는 큰 대가를 치르는 엄청난 일이었다. 로마서나 빌립보서, 골로새서 등의 수신자들인 초대교회 성도들은 기독교를 핍박하는 로마 제국의 어마어마한 위세에 눌려 있었다.

고대 이집트나 바벨론, 페르시아 같은 고대 제국의 왕들 대부분은 자신을 신격화하기를 좋아했다. 왕은 사람이 아니라 신이기 때문에 절대 실수하지 않으며, 왕의 명령은 절대적이어서 왕을 거역하는 것은 죽음으로 다스렸다.

특히, 1세기 후반부로 가면서 로마 제국은 황제를 신으로 예배하라는 황제숭배(Emperor Worship) 사상을 노골적으로 강요했다. 황제는 자신을 앞으로는 '시저'(Caesar, 황제)라고 부르지 말고, '우리 주, 우리 하나님'(Our Lord, Our God)이라고 부르게 했다. 여기서 사용한 '우리 주'(Dominus)가 바로 예수를 "주로 시인하며"라는 구절에서 나온 '주'(Dominus)와 같은 말이다.

당시 로마는, 로마가 부흥하기 위해서는 황제의 신으로서의 권위가 살아나야 한다고 강조했다. 황제를 신격화하는 것에 반대하는 사람은 곧 로마에 반역하는 것이 되어버렸다. 사실, 헬라문화를 이어받은 로마 사람들은 이미 많은 신을 섬기고 있었기 때문에, 거기에 로마 황제라는 신을 하나 더 얹은들 문제 될 게 없었다. 그러나 기독교는 달랐다. "하나님 외에 다른 신을 섬기지 말라"는 하나님 말씀을 생명처럼 여기는 기독교는 결코 황제숭배를 받아들일 수 없었다.

무엇보다 교회들이 많이 몰려 있던 소아시아 지역이 문제였다. 당시 로마가 정치의 중심지였다면, 소아시아 지역은 경제와 문화의 중심지였다. 따라서 이곳에 황제숭배를 위한 신전들이 가장 빠르고 대규모로 세워졌다. 초대교회는 처음부터 죽기를 각오하고 황제를 신격화하는 것에 저항했다. 로마 제국은 이를 용납하지 않았고, 반역죄로 무섭게 다스렸다.

두아디라 같은 곳에서는 황제 신격화에 반대하는 기독교인들은 장사하는 것이 금지되었다. 일반 시민에게는 1퍼센트 매기는 이자를 황제숭배를 거부하는 기독교인들에게는 50퍼센트씩 매겼다. 감옥에 가두고, 구타하고, 며칠씩 굶기기도 했다. 기독교인 아이들은 학교에서 놀림당하고 따돌림을 당했다. 그래도 버티면 체포되어 재산을 몰수당하고 추방되었는데, 추방은 로마 제국 밖으로 쫓겨 나가는 것을 뜻했다. 당시 사람이 살 수 있는 땅은 다 로마가 다스렸는데, 추방되면 바다나 사막이나 추운 광야로 밀려 나가야 했다. 기독교인들은 박해를 피해 지하 동굴 카타콤에 숨어들기도 했다.

우리가 그 당시 기독교인이었다면 이 모든 것을 감수하고 예수 그리스도를 주라고 고백할 수 있었을까? 우리는 너무 쉽게 "주여, 주여" 하지만, 당시 초대교회 성도들은 이 한마디로 운명이 엇갈렸다. 그들에게 황제가 아닌 예수님을 주로 고백하는 것은, 이 모든 것을 각오하는 실로 엄청난 대가를 치르는 충성 맹세였다.

"예수 그리스도를 나의 유일한 주인님"으로 고백하는 충성 맹세는 나와 내 주위 사람들에게 값비싼 대가를 치르게 한다. 예수님도 예수님의 제자가 되려면 "각자 자기 십자가를 져야 한다"고 말씀하셨다. 주님을 따르기 위해서는 우리 모두 각자가 치러야 할 대가가 있다는 것이다.

예수님은 또 "의를 위하여 박해를 받은 자는 복이 있나니 천국이 그들의 것임이라"(마 5:10)라고 말씀하셨다. 예수님을 우리의 주로 고백한다는 것은, 예수님이 받으셨던 십자가 고난에 부끄러움 없이 나도 동참한다는 이야기다. 예수님 때문에 세상에서 욕먹고, 오해받고, 직장을 잃고, 핍박받고, 쫓겨난다 할지라도 감수하겠다는 결심이다. 그러나 하나님께서는 하늘의 상급으로 보상해주실 것이다.

사람의 힘으로 할 수 없는 고백

우리는 너무 쉽게 주님의 이름을 고백한다. 그래도 잃을 것이 별로 없기 때문이다. 그러나 진정으로 주의 이름을 시인하는 것, 특히 기독교에 적대적인 세상 앞에서 담대하게 주의 이름을 시인하는 것은 사람의 힘으로 되는 것이 아니다.

예수님의 수제자 베드로는 십자가 사건이 있기 전, 모두가 예수님을 버려도 자기만은 끝까지 주님과 함께할 것이라고 호언장담했다.

> 그가 말하되 주여 내가 주와 함께 옥에도, 죽는 데에도 가기를 각오하였나이다
>
> 눅 22:33

예수님이 제자들에게 "너희가 다 나를 버리리라"고 예언하셨는데도, 베드로는 자기만은 다를 것이라고 했다. 자기는 주님과 함께 감옥에도 갇히고 같이 죽임도 당할 것이라고 했다. 아마 그 말을 했을 때 베드로는 진심이었을 것이다. 그러나 주 예수님을 부인하지 않는 것은 베드로

의 인간적인 결심과 힘으로 할 수 있는 일이 아니었다.

이때 베드로는 예수님을 "주여"라고 불렀다. 자신의 충성을 의심하지 말아달라고 했다. 그러나 주님은 "이 밤이 가기 전에 네가 나를 세 번 부인할 것"이라고 하셨다. 그리고 실제로 그렇게 되었다. 베드로는 살기 위해서 순간적으로 정신없이 주님을 부인했다. 총칼을 든 로마의 군사 앞도 아닌, 보잘것없는 계집종 앞에서 맹렬히 주님을 모른다고 부인했던 베드로의 모습은 위기 상황에 놓인 인간이 얼마나 비열하고 나약한지를 그대로 보여주었다. 이것이 인간적 신앙의 한계다. 마귀는 그런 우리를 더욱 비참하게 몰고 가면서 주님 곁에서 멀리 떼버리고, 영적 패배자로 만들어버린다.

사람들 앞에서 입술로 주님을 시인하는 것, 이것은 인간적인 힘으로 되는 것이 아니다. 훗날 베드로는 성령 받고 나서야 세상의 어떤 무서운 권세 앞에서도 주 예수 그리스도를 부인하지 않을 수 있었다.

베드로를 포함한 초대교회 성도들도 다 우리와 같이 연약한 인간이었다. 그러나 성령께서 그들을 꼭 붙들어주셨기에 그들은 어떤 혹독한 대가를 치르면서도 로마 황제가 아닌 예수 그리스도가 그들의 주인이심을 고백할 수 있었다. 그리고 그런 그들을 세상이 감당치 못하였다. 그러므로 우리는 항상 성령 충만해야 한다. 성령께서 붙들어주시지 않으면 우리는 결코 적대적인 세상 앞에서 예수를 주라고 고백할 수 없으며, 오직 성령께서 붙들어주실 때만이 예수 그리스도를 주로 고백할 수 있는 담대함이 생긴다.

절대 순종의 헌신

예수 그리스도를 우리의 '주'라고 고백한다는 것은 절대 순종의 헌신을 말하는 것이다. 주기도문은 문자 그대로 '주님의 기도문'(The Lord's Prayer)이다. 주님이 하나님의 자녀들에게 주신 기도문이며, 예수 그리스도를 주님으로 고백하는 사람들의 기도문이다.

그 주기도문 초반부에 "뜻이 하늘에서 이루어진 것같이 땅에서도 이루어지이다"라는 고백이 있다. 이것은 하늘의 뜻을 땅에서 이루도록 반드시 순종하겠다는 헌신이기도 하다.

앞에서 말했듯이, '주'의 라틴어 '도미누스'(Dominus)는 당시 헬라-로마 문명권에서 주인님이란 뜻이다. 주인님은 종의 모든 것을 소유하며, 종의 생사여탈권을 가진다. 그러므로 주인이 뭘 시켰는데 종이 "노"(No)라고 하는 것은 상상도 할 수 없는 일이었다. "제 의견은 다른데요"라고 한다든가 "생각해보죠" 혹은 "나중에 할게요"라고 말하는 것도 있을 수 없는 일이었다. 주인이 무슨 말을 하든 "예" 하고 바로 실천해야 하는 것이 종이다. 말 떨어지면 즉시 순종해야지 늦게 순종하면 불순종이다.

말 떨어지면 전부 순종해야지 부분적으로만 순종하는 것도 불순종이다. 성경의 "주 예수 그리스도"라는 이름에서 '주'는 바로 이 맥락에서 이해되어야 한다. 그리스도인이 절대로 함께 쓸 수 없는 두 단어가 있는데, 그것은 '주님'과 '아니오'(No)이다. 만약 우리가 그분께 "노!"라고 한다면 그분은 우리의 주님이 아니시다. 만약 그분이 우리의 진정한 주인님이시라면 우리의 대답은 항상 "예스"(Yes)여야 한다.

"주님, 뭐든지 말씀하십시오. 제 대답은 항상 예스입니다."

이것이 예수님을 '주'로 부르는 자의 자세다. 어떤 결정을 내릴 때 항상 여기서부터 시작하라.

그런데 의외로 이것이 잘 안 되는 크리스천들이 너무 많아서 주님의 마음을 아프게 한다. 자기 삶의 많은 영역에서 주님이 아닌 자기 자신이 주인이 되려고 한다. 그러면 그럴수록 영적으로 무기력해지고 만다. 거듭 얘기하지만, "예수 그리스도를 나의 주"라고 고백하는 성도들은 삶의 모든 영역에서 예수님이 주인 되시게 할 때만이 비로소 구원의 능력을 100퍼센트 누리는 승리의 삶을 살게 될 것이다. 그렇게 될 때까지 주님은 우리를 압박하실 것이다.

말 떨어지면 즉시 순종해야지 늦게 순종하면 불순종이다.

말 떨어지면 전부 순종해야지 부분적으로만 순종하는 것도 불순종이다.

삶의 모든 영역에서 진정한 주인이 되기 원하신다

볼지어다 내가 문 밖에 서서 두드리노니 누구든지 내 음성을 듣고 문을 열면 내가 그에게로 들어가 그와 더불어 먹고 그는 나와 더불어 먹으리라 계 3:20

이것은 요한계시록에 나오는 소아시아 일곱 교회 중 라오디게아교회 성도들에게 주신 말씀이다. 이 말씀의 대상은 불신자들이 아니다. 예수님을 믿는다고 하면서 아직 자기 인생의 주인은 자기라고 착각하는 크리스천들에게 주시는 말씀이다.

여기서 주님이 두드리시는 문은, 내 인생에서 아직 주님이 아닌 내가 주인 노릇 하려고 꽉 닫아놓은 영역이다. 어떤 사람은 자녀의 교육 문제만은 자기가 주인이 되려고 주님이 못 들어오시도록 문을 꽉 잠그고 있다. 어떤 사람에게는 그 영역이 부동산이고, 어떤 사람에게는 사업이다.

우리는 주님을 내 삶에 주인으로 모시고 있다고 하면서도 어떤 영역에서만큼은 주인이 아니라 객(客)으로 모시고 있다. 안방이 아니라 손님방에 모셔놓고 나오시지 못하게 한다. 그러니 삶에 영적인 열정도 없고 능력도 없이 무늬만 크리스천이 되는 것이다.

말로는 "예수가 내 인생의 주인"이라고 하면서도 실제로는 주님이 아닌 내가 주인 노릇하는 방들의 문을 주님이 남김없이 두드리고 계신다. 포기하지 않으시고 계속 두드리신다. 주님이 "문밖에서 두드리신다"라는 말의 원어는 헬라어 현재진행형 동사다. 주님은 포기하지 않으시고 계속해서 우리의 회개를 촉구하면서 기다리고 계신다는 뜻이다.

예수님을 내 인생의 주인으로 고백하고

내 삶의 모든 영역이 주님의 다스림 아래로 들어가면,

그것은 노예의 삶이 아니라 기적의 삶이 된다.

주님이 문을 부수고 들어오지 않으시고 노크하며 기다려주시는 것이 얼마나 감사한 일인가. 주님이 우리의 자유의지와 인격을 그만큼 존중해주시는 것이다. 어쩌면 우리가 "주여, 주여" 할 때마다 예수님은 "내가

진짜 네 인생의 주인 맞니?" 하고 물어보고 계신지도 모른다.

예수님은 "누구든지 내 음성을 듣고 문을 열면"이라고 말씀하신다. '문을 연다'는 것은 내 삶 중심의 보좌에 주님을 주인으로 초대해드리는 것이다. '나는 정말로 주님이 필요해요. 이제 더는 나 자신이 내 인생을 다스리지 않고, 주님이 내 인생의 주인이 되어 다스려주시길 원해요'라고 하는 가난한 심령으로 돌아오는 것을 말한다.

그러면 주님은 "내가 그에게로 들어가 그와 더불어 먹고 그는 나와 더불어 먹으리라"라고 하셨다. 주님이 들어오신다는 것은 내 인생의 보좌에, 내 인생을 다스리는 주인의 자리에 주님이 앉으신다는 것이다. 그러면 갈피를 못 잡고 흔들리던 내 인생이 자리를 잡기 시작한다. 빛이신 주님이 내 인생의 왕좌에 좌정하시면 내 안의 어둠이 떠나고, 마귀가 떠난다.

그렇게 문을 열고 들어오신 주님은 우리와 더불어 먹고, 우리는 그분과 더불어 먹을 것이다. 성경에서 하나님과 함께 먹는다는 것은 최고의 특권이다. 하늘의 은혜와 축복을 공급받게 되는 것이며, 마귀가 두려워 도망가는 보호막을 쳐주신다는 것이다.

예수님을 내 인생의 주인으로 고백하고 내 삶의 모든 영역이 주님의 다스림 아래로 들어가면, 그것은 노예의 삶이 아니라 기적의 삶이 된다.

그에 대해서는 뒤에서 다시 다루어보자.

불순종의 삶을 순종의 삶으로 조정하신다

당신은 어떤가? 정말로 주님이 당신 인생의 모든 영역에서 주인이신가? '하나님, 다른 것은 다 되어도 이것만은 안 됩니다' 하는 영역은 없는가? 그런 영역을 만들어선 안 된다. '다른 건 다 주님의 뜻을 따르겠지만, 자식 문제만은 제 뜻대로 하겠습니다'라거나 '돈 문제만은 제 뜻대로 하겠습니다' 같은 예외 조항을 만들어서는 안 된다는 것이다.

우리가 주님이 주인 됨을 거부하는 영역을 만들면, 하나님께서는 언제든 그곳을 공격하신다. 우리가 주인이라고 고백하는 그분은 우리의 절대적인 항복과 총체적인 포기에 관심을 두고 계시기 때문이다.

하나님은 우리 인생의 모든 영역에서 그분이 주인이 되실 때까지 공격하실 것이다. 그것은 우리를 괴롭히기 위해서가 아니라 우리에게 최선을 주시려 하기 때문이다. 지금 우리는 모르고 있지만 이것만은 안 된다고 우리가 끝까지 쥐고 있는 그곳이, 어쩌면 우리 인생에서 주님이 가장 먼저 다스리셔야 하는 곳일 것이다. 거기가 뚫려야 하나님께서 우리 인생 전체를 새로운 차원으로 끌어가실 수 있다. 기적은 바로 그때부터 일어날 것이다.

가난한 이민교회 목사의 아들로 자라면서 온갖 고생에 지쳤던 나는 "세상 무슨 일이든 다 하겠지만 목사만은 안 되겠다"라고 고집을 부렸다. 하지만 주님은 내가 결코 도망갈 수 없도록 압박하시고 또 압박하셨다. 대학 3학년 때, 마침내 두 손 두 발 다 들고 항복하니까 그제야 고향 집에 돌아온 것처럼 마음에 평안함이 왔다.

헨리 블랙가비 목사는 예수님이 주님이라면서 뒤돌아서는 그 명령에 불순종하면, 순종의 삶이 되도록 주님이 우리의 삶을 획기적으로 조정하실 것이라고 말했다. 구약성경에 나오는 요나 선지자가 그랬다. 열심히 사역하는 그에게 하나님은 앗수르의 수도 니느웨에 가서 복음을 전하라고 하셨다. 앗수르는 요나의 조국 이스라엘에 많은 고통을 주었던 원수 같은 나라였다.

요나는 하나님의 말씀에 순종하여 니느웨로 가는 대신, 반대 방향인 다시스로 가는 배를 탔다. 그 뒷이야기는 우리가 다 알지 않은가? 무서운 풍랑에 배가 휩쓸렸고, 요나는 바다에 던져져서 물고기 밥이 되어 사흘 밤낮 죽을 고생을 했다. 하지만 물고기 배 속에서 절박하게 회개하고 기도한 덕분에 주님은 물고기가 그를 토해내게 하셨고, 그는 육지로 돌아가게 되었다. 하나님의 손에 그렇게 삶을 재조정 당한 요나는 즉시 니느웨로 가서 복음을 전했다.

하나님의 조정은 우리가 주님께 순종할 수 있도록 우리를 준비시킨다. 우리는 우리가 있던 그 자리에 머물러 있으면서 동시에 순종의 삶을 살 수 없다. 획기적인 변화와 조정이 있어야 한다. 야곱은 요셉과 다시 재회하기 위해 베냐민을 내려놓는 결단을 해야만 했다.

이렇듯 하나님께서는 우리가 '주님'이라고 한 입술의 고백이 삶의 고백이 되도록 우리 삶을 조정하신다. 이 조정의 단계를 생략하고 바로 순종의 길로 갈 수가 없다. 우리가 예수님을 주님으로 고백하고 진정 그분을 따르기를 원한다면 우리의 인생을 그분의 조정에 맡겨야 한다. 그 과정이 힘들고 어려워도 믿음으로 인내하면 놀라운 기적이 일어날 것이다.

예수님을 주로 고백하는 자의 영적 특권

이러므로 하나님이 그를 지극히 높여 모든 이름 위에 뛰어난 이름을 주사 하늘에 있는 자들과 땅에 있는 자들과 땅 아래에 있는 자들로 모든 무릎을 예수의 이름에 꿇게 하시고 빌 2:9,10

하나님께서는 주 예수 그리스도에게 모든 역사와 모든 만물이 복종해야만 하도록 권위를 주셨다. 많은 사람이 힘과 권위를 착각한다. 마귀는 하나님의 허락을 받아 잠시 눈에 보이는 세상의 권세를 받았다. 마귀는 힘이 있다. 그러나 그 마귀의 힘도 주님의 권위 앞에서는 꼼짝 못 한다.

농구 경기를 보면, 키가 180,190센티미터가 넘고 체중이 90,100킬로그램이 넘는 선수들이 경기를 한다. 그에 비해 심판은 체격도 왜소하고 육체적 힘도 그들과 비교가 안 된다. 그러나 심판이 휘슬을 불면 그 엄청난 체격의 선수들이 꼼짝 못 하고 순종해야 한다. 심판에게는 권위가 주어져 있기 때문이다. 하나님은 눈에 보이는 세계와 보이지 않는 세계의 모든 것을 다스리는 최종 권위를 예수님에게 주셨다.

마귀가 아무리 힘이 세도 예수님이 휘슬을 불면 꼼짝 못 하고 순종해야 한다. 우리가 예수님을 주로 고백하고 우리 인생을 주님께 순종하는 모드로 딱 고정해놓고 나면, 절대 마귀가 우리에게 손댈 수 없다. 주님의 권위가 우리를 보호하기 때문이다. 그래서 마귀는 기를 쓰고 우리가 주님의 권위 아래로 들어가는 것을 방해하려고 하는 것이다.

이미 말했듯이 많은 성도가 자기 인생의 어떤 부분에 있어서만은 끝까지 자기가 주인 노릇 하려는 경우가 있다. 그러나 인생의 어느 한 부분이라도 주님의 다스림을 받지 않고 우리 마음대로 하겠다는 것을 마귀는 제일 기뻐한다. 주님의 권위 밖으로 나오기만 하면 우리는 마귀의 밥이기 때문이다.

우리의 생각과 마음과 가치관과 시간과 재물과 재능과 인간관계를 모두 주님의 다스림 아래에 두어야 한다. 그래야 성경에 약속된 모든 축복과 능력과 보호를 누릴 수 있다.

입술로 드리는 고백의 영적 의미

우리가 입술로 예수님을 '주'라 고백하는 것은 너무나 중요한 영적 의미를 지닌다.

하나님은 말씀으로 세상을 창조하셨다. 하나님의 말씀에는 힘이 있다. 하나님께서 자녀 된 우리에게도 입술의 권세를 주셨다. 우리가 입술로 예수님을 '주'라고 선포하고 그 이름을 부끄러워하지 않을 때, 마귀가 물러나고 하나님의 역사가 이뤄진다. 성령께서 우리를 지키시고 축복하신다. 주인은 자신의 종들을 책임진다. 우리가 예수님을 삶의 모든 영역의 진정한 주인으로 선포할 때, 하나님께서 우리의 모든 것을 책임져주신다. 우리 자신이 우리 인생의 주인으로 살 때와는 비교도 할 수 없는 풍성하고 힘 있는 삶을 누리게 될 것이다.

또한 우리가 입술로 예수님을 '주'라고 시인하는 것이 중요한 이유는 그것이 하나님 아버지께 영광을 돌리는 일이기 때문이다.

> 모든 입으로 예수 그리스도를 주라 시인하여 하나님 아버지께 영광을 돌리게 하셨느니라 빌 2:11

우리가 예수님이 우리 인생의 모든 영역에서 주인님이심을 선포하고, 인생의 모든 영역을 그분의 다스리심 아래에 놓으려고 애쓸 때, 그것이 하나님 아버지께 큰 영광이 된다. 천군 천사들의 기립박수를 불러일으키고, 대적 마귀들을 비참하게 만들며, 하늘 아버지의 마음에 큰 기쁨을 드리게 된다.

반대로 우리가 예수님을 '주'라고 시인하지 않는 것은 하나님의 영광을 훼손하는 일이 된다. 그러면 하나님과 우리 사이에 큰 장벽이 생겨서 기도의 문이 막히고, 하나님과의 모든 영적 교류에 장벽이 생기며, 마귀가 활개 칠 문을 열어주게 된다. 우리는 절대 그런 일이 없도록 입술과 마음으로 "오직 예수 그리스도만이 우리의 주가 되십니다"라고 고백해야 한다.

우리가 1장에서 살펴본 '예수'라는 이름은 '자기 백성을 죄에서 구원할 자'이시다. 그것은 십자가 보혈로 이루실 은혜를 말하는 것이었다. 2장의 '그리스도'란 이름은 '하나님의 기름 부으심을 받은 자'이다. 십자가 보혈의 은혜와 함께 성령의 기름 부으심이 더해졌다. 그리고 이번 장에서 다룬 '주님'이라는 이름은 충성의 이름이요, 순종의 이름이다.

초대교회 당시 헬라-로마 문명의 사람들은 수많은 신을 믿었다. 그리고 로마는 종교의 자유를 인정하고 다양한 종교를 다 용납했다. 그렇기에 성도들이 예수 그리스도를 믿는 것 자체는 큰 문제가 되지 않았다. 그러나 거기서 한 걸음 더 나아가서 예수 그리스도를 '주'라고 고백하기 시작하면서 문제가 심각해졌다. 로마 사람들은 각자 자기가 원하는 신들을 믿으면서도 오직 로마 황제만을 '주'라고 해야지, 그렇지 않으면 반역으로 여겼기 때문이다.

만약 초대교회 성도들이 모른 척 타협하고 '주님'이란 이름은 외면한 채 '예수 그리스도'만을 믿겠다고 했다면, 그냥 넘어갈 수도 있었다. 그러나 그들은 결코 그렇게 쉬운 길을 택하지 않았다. 감옥에 갇히고, 직장을 잃고, 사자 밥으로 던져질지언정, 예수 그리스도를 자기 인생의 유일한 주인이신 '주님'으로 당당히 선포했다. 로마 제국도 그 담대한 신앙 앞에 결국은 무릎을 꿇고 4세기 초에는 기독교를 국교로 삼았다.

그러므로 예수 그리스도를 '주님'으로 고백할 때, 우리는 그 의미를 결코 가볍게 여겨선 안 된다. 지금 우리 역시 기독교에 호의적이지 않은 세상 속에서 살고 있다. 세상은 우리의 신앙에 박수해주는 것이 아니라 핍박할 것이다.

그럼에도 불구하고 우리는 예수 그리스도를 우리의 주님으로 선포하기를 부끄러워하지 말아야 한다. 입술로 고백하고, 또 실제로 그렇게 살아야 한다. 우리 인생의 모든 영역을 주님이 다스리게끔 내어드려야 한다. 그렇게 할 때, 하나님이 영광 받으시고 마귀가 물러갈 것이다.

우리는 어떤 상황 속에서도 "예수는 주, 예수는 그리스도"이심을 선포하며 살아가야 한다.

"나와 내 집은 오직 예수 그리스도를 주로 섬기겠습니다. 나는 온 맘과 뜻을 다해 어린양을 따르겠습니다."

이것이 그리스도의 군대 된 교회의 고백이어야 할 것이다.

—

우리는 이제 이전에 섬기던 세상의 권세 잡은 자가 아닌
우리를 위해 십자가에서 돌아가신 예수님을
주인으로 섬기는 사람들입니다.
우리의 예수님을 주인님으로 섬기게 되어
세상으로부터 어떤 핍박을 당한다 해도 절대 후회하지 않습니다.
우리 삶의 모든 영역에서 주님께 온전히 순종할 때,
마귀가 감당치 못하는 영적 권위가 우리에게 주어질 줄 믿습니다.

4

임마누엘

J E S U S

사 7:14

그러므로 주께서 친히 징조를 너희에게 주실 것이라 보라 처녀가 잉태하여 아들을 낳을 것이요 그의 이름을 임마누엘이라 하리라

마 1:22,23

이 모든 일이 된 것은 주께서 선지자로 하신 말씀을 이루려 하심이니 이르시되 보라 처녀가 잉태하여 아들을 낳을 것이요 그의 이름은 임마누엘이라 하리라 하셨으니 이를 번역한즉 하나님이 우리와 함께 계시다 함이라

우리가 경험하고 다가갈 수 있는 하나님

지금까지 살펴본 '예수', '그리스도', '주'라는 이름 다음으로 우리에게 익숙한 예수님의 이름은 아마도 '임마누엘'일 것이다. 임마누엘은 '하나님이 우리와 함께 계신다'(God with us)라는 뜻이 담긴 이름이다. 그래서 나는 임마누엘의 주님이 참 좋다. 이제 '임마누엘'이란 이름에 담긴 영적 의미를 함께 살펴보자.

> 이 모든 일이 된 것은 주께서 선지자로 하신 말씀을 이루려 하심이니 이르시되
> 보라 처녀가 잉태하여 아들을 낳을 것이요 그의 이름은 임마누엘이라 하리라 하
> 셨으니 이를 번역한즉 하나님이 우리와 함께 계시다 함이라 마 1:22,23

이 말씀은 정혼자 마리아가 임신했다는 말을 듣고 고민하는 요셉에게 하나님의 천사가 꿈에 나타나서 전한 것으로, 태어나실 아기 예수에 관한 예언이다. 이 예언에 따르면 아기 예수의 이름은 '임마누엘, 하나님이 우리와 함께하심'이 될 것이었다.

임마누엘 예수님이 오시기 전까지만 해도 하나님은 우리 인간이 가까이하기에는 너무나 멀리, 너무나 높이 계신 분이었다. 거인은 아무리 다

정하고 부드럽게 말해도 그 목소리가 천둥같이 울려서 듣는 사람의 간담을 서늘하게 한다. 그 존재가 너무나 커서 본의 아니게 다른 이들을 두렵게 하는 것이다. 성경에서 하나님이 인간에게 나타나실 때도 똑같은 문제가 항상 있었다. 시내산에서 하나님이 말씀하셨을 때는 마치 지진이 일어난 것같이 온 산이 울려서, 이스라엘 백성은 공포에 사로잡혀 땅에 엎드린 채 감히 고개도 들지 못했다.

그래서 성경을 보면, 하나님이 사랑하는 사람에게 나타내실 때는 늘 습관처럼 하시는 말씀이 있다. "두려워하지 마라. 무서워하지 마라. 나는 너의 하나님이다"라는 말씀이다. 그래도 그 목소리는 천둥소리 같고, 큰 폭포 소리 같았으며, 그 주위에는 불기둥이 솟고 번개가 빛나서 사람들은 두려워했다.

그 때문에 하나님께서 우리를 만나시기 위해서는 잠시 하나님의 영광의 빛을 감추시고 목소리를 줄이셔야 했다. 우리는 태양만 직시해도 눈이 멀어버리는데, 그보다 몇천 배는 더 밝으실 하나님의 영광을 바라본다면 어떻게 되겠는가? 그렇게 작아지신 하나님이 바로 베들레헴의 말구유에서 태어나신 임마누엘 아기 예수다.

그렇게 높고 먼 곳에 계시던 하나님께서 하늘 보좌를 박차고 이 땅에 내려와 인간의 몸을 입으셨다. 높고 높으신 하나님, 크고 강하신 하나님이 말구유의 어린 아기로 오셨다. 만약 그분이 거대한 군대를 이끈 무서운 장군의 모습으로 오셨다면, 우리가 그분에게 접근하는 것이 얼마나 어려웠겠는가? 그러나 그분은 누구나 접근하기 쉽도록 가난한 동네 베들레헴의 말구유의 아기로 오셨다.

구유에 누워 새근새근 자는 아기를 두려워하며 도망갈 사람이 누가 있겠는가? 구유에 누우신 예수의 모습은 가장 낮고 천한 인간도 아무 두려움 없이 하나님의 손을 잡을 수 있음을 의미했다. 말구유에 오신 아기 임마누엘 예수는 전지전능하신 하나님이면서도 우리가 항상 편하게 다가갈 수 있는 하나님이시다.

하나님이 사람의 육체를 입고 우리와 함께 사셨다. 임마누엘 예수님은 완전한 인간이시면서 완전한 하나님이셨다. 주님은 인간이셨기에 배고픔을 느끼셨지만, 또 하나님이시기에 오병이어로 5천 명을 먹이실 수 있었다. 인간이기에 목마름을 느끼셨지만, 하나님이시기에 물 위를 걸으실 수 있었다. 인간이기에 고통 속에 십자가 죽임을 당하셨지만, 하나님이시기에 죽음을 이기고 부활하실 수 있었다.

임마누엘 예수님은 우리의 경배를 받으시면서 동시에 우리의 손을 잡아주시는 분이다. 함부로 할 수 없는 하나님이시지만, 항상 다가갈 수 있는 하나님, 그분이 바로 임마누엘 예수님이시다!

임마누엘, 위기의 시대에 주시는 위로의 이름

마태복음 1장 22,23절 말씀은 실은 오래전 구약시대 때 이사야 선지자를 통해서 주셨던 예언의 말씀을 확인해준 것이다.

그러므로 주께서 친히 징조를 너희에게 주실 것이라 보라 처녀가 잉태하여 아들을 낳을 것이요 그의 이름을 임마누엘이라 하리라 사 7:14

'임마누엘'의 예언이 기록되던 이때, 하나님의 백성들은 외세의 침공으로 비참하게 유린당하고 있었다. 당시 유다 왕은 너무나 무능하고 우상 숭배를 일삼는, 악한 왕이었다. 그의 악하고 무능한 통치 아래서 나라의 종교, 정치, 경제, 교육은 총체적 난국에 빠져 있었다.

이 힘든 시기에 하나님께서 유다 백성들에게 소망의 메시지를 주셨으니, 그것이 바로 '임마누엘'(하나님이 우리와 함께하신다)의 예언이 담긴 이사야서의 이 말씀이었다. '임마누엘'은 이렇듯 국가 리더십이 무능하고 악하여 완전히 붕괴한 시대, 고통과 절망과 두려움과 혼란스러운 역사적 상황에서 한 치 앞을 몰라 불안해하는 백성에게 주신 이름이다.

임마누엘은 모든 것이 편안하고 풍성한 시대에 주신 이름이 아니라, 어둡고 힘든 시대를 사는 하나님의 백성들에게 주신 위로의 이름, 소망의 이름이다. 임마누엘은 우리 인생의 가장 어둡고 힘든 순간에도 하나님께서 우리 곁에 함께 계심을 확인해주는 이름이다.

임마누엘로 오신 예수 그리스도는 높고 먼 곳에 계신 하나님이 아닌 바로 우리 옆에 계시면서 우리의 모든 어려움과 슬픔, 불안과 혼돈 가운데 함께 인생을 걸어가주시는 분이다. 임마누엘은, 하나님의 자녀는 어떤 상황에서도 결코 혼자가 아니라 언제나 하나님과 함께임을 약속해주는, 눈물 나게 고마운 이름이다.

우리가 아무리 낯설고 먼 곳에 가 있어도, 설령 감옥에 갇혀 있거나, 병원 수술대에 누워 있어도 우리는 혼자가 아니다. 우리 주님이 우리 옆에 계신다. 무섭고 많은 적이 우리에게 달려들 때도 우리는 혼자가 아니다. 임마누엘 주님이 옆에 계신다.

너무 힘들고 어려울 때, 주님은 내 곁에 와 서주신다. 세상에서 가장 가슴 찡한 것이 내 옆에 묵묵히 누군가가 서주는 것이다. 아무 말도 안 해도 좋다. 그냥 옆에 서서 내 손만 잡아줘도 눈물이 난다. 잡은 손으로 마음의 메시지가 전해져온다.

'걱정 마! 다 도망가도 난 네 편이야. 어떤 일이 일어나도 내가 너와 함께 할 거야. 힘을 내!'

특히, 내가 약할 때 강한 사람이 옆에 있어주면 태산같이 든든하다. 주님은 약한 내 옆에 서서 강한 손으로 늘 잡아주신다. 사람들이 나를 배신하고, 내게 등을 돌리고, 내게 돌을 던질 때도 주님은 내 옆에 서주신다. 그리고 말씀하신다.

'걱정하지 마라. 나는 언제나 네 편이야. 나는 너의 하나님이야.'

그래서 주님의 이름은 임마누엘, '우리와 함께하시는 하나님'이다. 임마누엘의 주님은 우리 위에 일방적으로 군림하시는 분이 아니고, 멀리 떨어져서 명령만 내리시는 분이 아니다. 그분은 우리 옆에 서서 우리와 함께하시는 분이다.

임마누엘은 어둡고 힘든 시대를 사는 하나님의 백성들에게 주신
위로의 이름, 소망의 이름이다.
우리 인생의 가장 어둡고 힘든 순간에도
하나님께서 우리 곁에 함께 계심을 확인해주는 이름이다.

임마누엘, 우리의 고통을 경험으로 이해하시는 분

우리는 가끔 대통령의 연설을 들으며 '저 높은 청와대에서 편히 일하는 분이 우리 사정을 어떻게 알겠어?' 하는 기분이 들 때가 있다. 하나님에 대해서도 그렇다. '저 높고 높은 하늘 보좌에 앉으신 하나님이 우리 고달픈 인간의 사정을 어떻게 알겠어?' 싶을 때가 있다.

그러나 임마누엘 주님 앞에서 우리는 그렇게 이야기할 수 없다. 예수님은 나사렛 시골의 가난한 목수로 30년을 사셨다. 그래서 예수님은 몸이 파김치가 될 때까지 종일 일해서 먹고사는 것이 얼마나 힘든지 체험하셨다. 불평불만을 토로하고 깐깐하게 따지고 드는 고객들을 대하는 것이 어떤 것인지, 힘든 직장 동료와 상사들 틈바구니에서 살아남는 것이 얼마나 힘든 것인지도 주님은 다 체험하셨다.

그뿐만이 아니다. 주님은 사람들에게 끊임없이 오해와 비판을 받으셨으며, 믿었던 사람들에게 배신당하는 것이 어떤 일인지도 경험하셨다. 불법 재판도 당해보시고, 감옥에도 갇혀보시고, 억울하게 가시 면류관을 쓰시고, 채찍도 맞으시고, 마침내는 십자가에 매달려 돌아가시는 고통까지 다 겪으셨다. 구유에 누우신 아기 예수는 인간이 몸과 마음으로 겪을 수 있는 모든 고통을 다 당하신 것이다.

그러므로 그가 범사에 형제들과 같이 되심이 마땅하도다 이는 하나님의 일에 자비하고 신실한 대제사장이 되어 백성의 죄를 속량하려 하심이라 그가 시험을 받아 고난을 당하셨은즉 시험 받는 자들을 능히 도우실 수 있느니라 히 2:17,18

인간의 삶을 낱낱이 다 살아보신 임마누엘 예수님은 우리의 모든 고통에 공감하실 수 있으며, 우리를 위하여 하나님께 중보하실 수 있다. 우리가 살면서 겪는 그 어떤 외로움, 그 어떤 고통과 아픔도 우리 주님은 다 겪어보셨다.

그분이 먼저 우리가 겪을 수 있는 모든 육신의 시험과 영의 시험을 당해보셨기 때문에 같은 시험을 당하는 인간의 사정을 헤아릴 수 있으시다. 이해할 수 있으시다. 그리고 시험을 이기도록 도울 수 있으시다.

그러므로 우리 인생의 모든 아픔과 고통의 순간에 우리와 함께하시는 주님, 임마누엘의 이름을 부르라! 그분의 평안함이 우리를 지켜줄 것이다. 그분의 은혜가 우리를 치유할 것이다. 그분의 능력이 우리에게 살길을 열어 줄 것이다.

임마누엘, 우리의 짐을 함께 져주시며 복 주시는 분

수고하고 무거운 짐 진 자들아 다 내게로 오라 내가 너희를 쉬게 하리라 나는 마음이 온유하고 겸손하니 나의 멍에를 메고 내게 배우라 그리하면 너희 마음이 쉼을 얻으리니 마 11:28,29

여기서 주님이 말씀하신 '멍에'는 쌍으로 이뤄진 멍에이다. 우리 주님이 함께 져주시는 멍에이다. 주님과 함께 멍에를 지고 일하면 수고하는 가운데서도 쉼을 누릴 것이다.

임마누엘의 주님은 인생의 고단한 짐을 지고 힘들어하는 우리에게 말씀하신다.

'나는 네가 나와 함께 그 멍에를 끌길 원한다. 그러면 너는 마음이 기쁘고 평안할 것이요, 나의 능력과 지혜가 너에게 흘러 들어가서 너는 네 능력 이상의 능력을 발휘하게 될 것이다. 그러면 일은 저주가 아니고 기쁨이요, 축복이 될 것이다.'

요셉은 인생 전반부에서 차마 입에 올리기도 힘든 모진 고난을 겪었다. 17세의 나이에 형들에게 배신당해 이역만리 애굽 땅에 노예로 팔려가고, 또 거기서 자리를 잡고 살만하니까 주인의 아내에게 성폭행범으로 모함을 당해 감옥에 죄수로 떨어졌다.

그러나 그 모든 비극적인 사건들 가운데서도 하나님께서는 한 번도 요셉을 떠난 적이 없으시다. 요셉이 노예 생활하면서 감당하는 모든 일의 멍에는 하나님이 함께 져주셨다. 그래서 요셉은 그 모든 일을 감사함으로 기쁘게 감당할 수 있었다. 요셉은 긴장과 스트레스로 가득한 노예 생활 하루하루를 하나님과의 동역으로 버텨낼 수 있었다.

아니, 버텨내는 정도가 아니었다. 창세기 39장을 보면 '하나님께서 요셉과 함께 계셨고 하나님이 그를 형통하게 하셨다'라는 말이 연거푸 나온다.

'함께 계신 하나님'은 임마누엘의 주님이다. 하나님의 함께하심과 형통함은 늘 같이 간다. '하나님께서 요셉과 함께하셨다'라고 함은 하나님께서 요셉을 언제나 보호하시고, 인도하시고, 축복하고 계셨다는 이야기다. 하나님이 함께하는 사람은 어디를 가나 빛이 나고, 도저히 그를 당해 낼 수가 없다.

요셉은 고난 가운데 있었지만, 하나님이 함께하셨기에 '형통한 자'로 살 수 있었다. '형통하다'는 것은 아무 문제가 없다는 뜻이 아니라, 많은 문제가 있어도 다 극복하고 승리한다는 뜻이다. 풍요 가운데 있어도 형통하지 못한 자가 있는가 하면, 고난 가운데 있어도 형통한 자가 있다. 요셉은 노예로 떨어진 가운데서도 형통의 축복을 누렸다. 하나님이 그와 함께하셨기 때문이다.

요셉은 노예 생활에서 금방 풀려난 것은 아니었지만, 노예 생활 가운데서도 은혜를 누렸다. 보디발의 집은 요셉을 잠시 머물게 하여 재충전시키는 하나님의 보급기지로 쓰임 받았다. 모든 것은 하나님과 함께하는 사람을 중심으로 움직인다. 임마누엘의 주님은 우리에게도 그런 축복을 주실 것이다. 고난 가운데서 하나님이 주시는 신비한 은혜를 누릴 것이며, 광야 가운데서도 기적 같은 오아시스를 발견하게 될 것이며, 거기서 나오는 생수로 목을 축이게 될 것이다.

중요한 것은 요셉의 주인 보디발도 요셉을 보고 "하나님이 요셉과 함께하심을 보았다"라고 한 사실이다. 나중에는 애굽의 왕 바로도 하나님이 요셉과 함께하심을 인정했다.

몇 달만 호된 노예 생활을 하면 누구나 다 비굴해지고 비참해지기 마련이다. 그런데, 요셉은 변함없이 당당했고 평안했다. 항상 겸손했고, 순결했다. 무슨 일을 맡겨도 다른 사람과 비교할 수 없을 만큼 지혜롭고 뛰어나게 처리했다. 하나님을 믿는 사람들은 아니었지만 보디발이나 바로는 인간적인 탁월함만으로는 설명이 안 되는, 어떤 초자연적인 기름 부으심이 요셉과 함께하는 것을 느꼈다. 그러니 아무리 어리고 수하에 부리는 사람이라 하더라도, 요셉에게 그 누구도 함부로 할 수 없었다.

임마누엘 주님이 우리와 함께하심을 우리 주위의 세상 사람들도 곧 느끼게 될 것이다!

임마누엘, 환난 가운데서 우리를 지켜주시는 분

다니엘서 3장에 보면, 느부갓네살 왕의 신상에 절하지 않았다 하여 풀무 불 속으로 던져진 다니엘의 세 친구 이야기가 나온다. 당시 그 근처에는 유전(油田)이 흐르고 있었다고 한다. 즉, 세 친구를 집어 던진 풀무 불은 바로 석유가 가득한 구덩이로, 그 당시 사람들은 영원히 꺼지지 않는 불이라며 신비하게 다루었다고 한다. 그러니 석유가 흐르는 그 불구덩이의 불이 얼마나 강렬했을지 짐작해볼 수 있다.

그런 불구덩이에서 사드락과 메삭과 아벳느고가 살아날 수 있는 확률은 완전히 제로였다. 사드락과 메삭과 아벳느고는 그야말로 그 순간에 완전히 죽은 것이다. 세상 사람들은 그것으로 모든 것이 끝났다고 생각했다. 그런데 믿을 수 없는 일이 일어났다.

그때에 느부갓네살 왕이 놀라 급히 일어나서 모사들에게 물어 이르되 우리가 결박하여 불 가운데에 던진 자는 세 사람이 아니었느냐 하니 그들이 왕에게 대답하여 이르되 왕이여 옳소이다 하더라 왕이 또 말하여 이르되 내가 보니 결박되지 아니한 네 사람이 불 가운데로 다니는데 상하지도 아니하였고 그 넷째의 모양은

신들의 아들과 같도다 하고 단 3:24,25

왕이 소스라치게 놀라 왕의 체통도 잊은 채 자리에서 급히 일어나 소리 지른 것은, 도저히 믿을 수 없는 상황이 전개되는 것을 보았기 때문이다. 먼저 불 속에 떨어지는 즉시 가루도 없이 녹아버렸어야 할 세 사람이 멀쩡히 살아 있었다는 사실. 그것도 간신히 살아 있는 것이 아니라 그 뜨거운 불 속을 마치 자기 집 안방 거닐듯이 다니고 있었다.

그뿐이 아니었다. 25절에 보면, 분명히 온몸을 결박해서 던졌는데 불 가운데 있는 그들은 결박이 다 풀려 있었다. 세상의 권세는 우리를 묶지만, 하나님은 하나님의 자녀들을 자유케 하신다. 그 어떤 사슬이나 권세가 우리를 결박하지 못한다.

세 사람이 불 속에서 멀쩡히 살아 있다는 사실보다 왕을 더 놀라게 한 것이 있다. 분명히 세 사람을 던졌는데, 그들과 함께 한 사람이 한 명 더 있다는 사실이었다. 그 모습은 평범한 사람의 모습이 아니었다. 느부갓네살은 그 네 번째 사람의 모습이 "신들의 아들"과 같다고 표현했다. 그가 할 수 있는 최고의 찬사였을 것이다.

수많은 왕을 무릎 꿇려온 그였지만, 지상의 그 어떤 위대한 인물도 감히 따라갈 수 없는 위대하고 아름다운 어떤 분이 거기 계셨다. 천하에 잔혹한 군주 느부갓네살을 압도할 만큼 크고 영광스러운 위엄이 그분에게서 흘러나왔다.

이 네 번째 사람은 바로 우리와 함께하시는 임마누엘 예수 그리스도이시다. 구약성경에도 보면 예수님이 영광의 모습으로 나타나시는 경우가 가끔 있는데, 다니엘서 3장이 그 대표적인 경우다. 정말 놀랍지 않은가?

하나님은 다니엘의 세 친구가 풀무 불에 던져지는 것을 막아주지는 않으셨다. 그러나 임마누엘의 주님은 그들과 함께 풀무 불 속에 들어가셔서 그들을 지켜주셨다.

> 네가 물 가운데로 지날 때에 내가 너와 함께 할 것이라 강을 건널 때에 물이 너를 침몰하지 못할 것이며 네가 불 가운데로 지날 때에 타지도 아니할 것이요 불꽃이 너를 사르지도 못하리니 사 43:2

하나님께서는 우리 앞에 불을 치워주지는 않으시고 그 불 가운데로 지나가게 하신다. 그러나 그 불 속을 함께 가주심으로써 우리가 불꽃에 타지 않게 하신다. 하나님께서는 우리 앞에 물을 치워주지는 않으신다. 그러나 그 물속으로 함께 들어가주심으로 물이 우리를 침몰시키지 못하게 하신다.

우리는 힘든 고난을 지날 때, 도대체 왜 주님은 이 고난을 막아주지 않으셨느냐고 부르짖는다. 그러나 임마누엘 주님은 우리가 그 고난 속에서 살아남고 승리하도록 함께해주신다. 그러므로 고난을 치워주지 않으시는 하나님을 원망하지 말고 고난 가운데 함께해주시는 임마누엘의 임재를 찾아보라! 은혜가 임할 것이다.

임마누엘, 우리를 거룩하게 하시는 분

신구약 성경에 '거룩'이라는 단어가 무려 460번이나 나온다. 대부분 하나님이 우리에게 주신 명령이다. 그 대표적인 말씀이 레위기 19장 2절이다.

> 너희는 거룩하라 이는 나 여호와 너희 하나님이 거룩함이니라 레 19:2

거룩하신 하나님이 나와 항상 동행하시는 하나님이시라면, 우리는 거룩하지 않게 살기가 힘들다. 죄에서 자유롭게 되는 가장 확실한 길은 항상 임마누엘 하나님을 의식하고, 그분과 동행하는 것이다. 음란물 중독에서 해방되는 길도 그것이다. 나와 함께하시는 하나님을 의식하면 정신이 번쩍 날 것이다. 예수님과 같이 볼 것이 아니라면 말이다.

어린아이가 길에서 동네 불량배 형들과 마주쳤을 때 힘센 아버지가 함께한다면 너무나 든든하고 평안할 것이다. 그러나 어린아이가 몰래 불량식품을 사 먹고 나쁜 동영상을 보려고 하는데 아버지가 옆에 있다면 정말 부담될 것이다. 마찬가지로, 우리 인생이 힘들고 어려울 때 임마누엘 하나님의 존재는 복음이다. 그러나 우리가 몰래 죄의 유혹을 즐기고 싶을 때 나와 항상 함께하신다는 임마누엘 하나님의 존재는 엄청난 부담이다.

임마누엘의 존재는 우리가 하나님께 순종할 때와 불순종할 때 전혀 다른 압박으로 다가온다.

내가 새벽 날개를 치며 바다 끝에 가서 거주할지라도 거기서도 주의 손이 나를 인도하시며 주의 오른손이 나를 붙드시리이다 시 139:9,10

임마누엘의 하나님은 모든 곳에 계시기 때문에 우리가 어디를 가든 함께하신다. 이것이 우리가 말씀대로 순종하며 살 때는 축복의 말씀이지만, 불순종의 삶을 살 때는 너무나 무서운 말씀이다. 구약의 요나 선지자가 이 사실을 몸으로 체험했다. 요나는 니느웨로 가라는 하나님을 피해서 다시스로 도망갔지만, 하나님께서 이미 바다에서 그를 기다리고 계셨다. 폭풍으로 그의 앞길을 막으시고 물고기 배 속에서 그를 회개시키셔서 다시 순종의 길로 가게 하셨다.

이렇듯 임마누엘의 하나님은 우리가 잘못된 길을 갈 때 반드시 망하게 하시고, 하나님의 길로 돌아오게 하시는 거룩의 하나님이시다. 그러므로 거룩함 없이 임마누엘 하나님의 동행하심을 기대했다가는 큰코다친다.

사사기에 보면 이스라엘 백성들이 하나님의 말씀 법궤를 가지고 전쟁터에 나갔다가 대패하고, 법궤마저 빼앗기고 만다. 법궤만 가지고 가면 하나님이 함께하셔서 승리를 주실 줄 착각했기 때문이다. 그러나 삶에서 죄를 버리지 않고 우상숭배를 밥 먹듯이 하면서 어떻게 하나님이 그들과 함께해주시기를 기대한단 말인가?

하나님은 우리가 만홀히 여길 수 있는 분이 아니시다. 임마누엘의 하나님은 우리가 부적처럼 마음대로 이용할 수 있는 분이 아니시다. 그분은 자신의 거룩을 타협하지 않으신다. 하나님의 백성이라 할지라도 거룩을 버린다면 하나님의 동행하심의 축복을 누릴 수 없다. 임마누엘 하나님의 은혜를 다 누리길 원한다면 우리는 거룩해야 한다.

임마누엘, 두려움을 이기고 승리할 수 있게 이끄시는 분

위대했던 지도자 모세의 뒤를 이어 백성을 이끌고 약속의 땅으로 들어가야 했던 여호수아는 정말 두렵고 떨렸다. 맡겨진 사명은 너무나 컸고, 상대해야 할 적은 너무나 강했으며, 미래는 너무나 불투명했다. 무엇보다 여호수아의 어깨를 짓눌렀던 것은 위대했던 전임자 모세의 빈자리가 너무나 크다는 점이었다. 그런 그에게 하나님은 임마누엘의 약속을 주셨다.

> 네 평생에 너를 능히 대적할 자가 없으리니 내가 모세와 함께 있었던 것 같이 너와 함께 있을 것임이니라 내가 너를 떠나지 아니하며 버리지 아니하리니 수 1:5

하나님은 '내가 여호수아 너와 함께하면, 너도 모세 이상의 위대한 일을 능히 감당할 수 있다'고 말씀하신다. 모세가 위대했던 것이 아니라 모세와 함께했던 하나님이 위대했다고 말씀하신다. 그러므로 중요한 것은 개인의 능력이 아니라, 하나님이 함께 하시느냐 안 하시느냐이다. 우리가 상황이 어렵다고 두려워해서는 안 될 것은, 하나님이 우리와 함께하시기 때문이다.

성경에 "두려워하지 말라"는 말이 수없이 많이 나오는데, 다 하나님께서 우리에게 하시는 말씀이다. 특히, "두려워 말라"는 말 바로 옆에 항상 붙어 나오는 말이 "내가 너와 함께함이라", 즉 임마누엘 하나님의 약속이다.

두려움을 이기는 결정적인 해법은 하나님이 나와 함께하심을 확신하는 것이다.

대개 두려움은 문제의 크기가 내가 가진 자원보다 훨씬 크다고 생각될 때 오는 것이다. 그러므로 내가 커지면 문제는 상대적으로 작아지게 되고, 두려움도 없어지게 되는 것이다.

사람들이 계속 두려워하는 것은 늘 자신이 가진 자원만으로 문제를 해결하려 하기 때문이다. 문제가 얼마나 큰지를 자꾸 생각하고, 이에 비해 내가 가진 자원은 얼마나 형편없는지를 계속 생각한다. 이러니 인생 살기가 얼마나 힘들겠는가?

'내가 가진 돈으로는 턱도 없는데, 내 인맥으로는 턱도 없는데, 내 실력으로는 턱도 없는데….'

직장 구하는 문제, 결혼하는 문제, 건강치 못한 육체, 우리 교회 약속의 땅 찾는 문제, 코로나바이러스 이후에 올 경제적 어려움…. 모든 문제를 우리 가진 자원만으로 해결하겠다고 생각하니까 두려움에서 헤어 나올 수가 없다.

두려움을 이기는 결정적인 해법은
하나님이 나와 함께하심을 확신하는 것이다.

가나안 정탐을 다녀온 후에 담대하게 "우리는 능히 정복할 수 있다"라고 했던 여호수아였지만, 실제 상황에 직면하자 쉽지 않은 심정이었을 것이다. 이때 하나님은 '용기를 내라'고 하시면서 바로 이어서 '왜냐하면 내가 너와 함께하니까'라는 말씀을 하셨다. 문제에 압도되지 말고, 함께하시는 하나님을 믿으라는 것이다.

그 하나님이 지금 우리와 함께하신다. 임마누엘의 하나님을 확신하면 우리는 모든 두려움을 이기고 승리할 수 있다!

—

우리가 주님을 임마누엘이라고 고백할 때
항상 우리 곁에 계시며 우리와 동행하시는 주님!
우리를 떠나지도 버리지도 아니하시는
신실한 주님을 믿습니다.
우리의 모든 고통을 이해하시며,
우리의 모든 짐을 함께 져주시고,
환난 가운데 지키시며, 우리를 거룩게 하시고,
승리하게 하시는 주님을 사랑합니다.
세상 끝날까지 우리와 함께해주옵소서.

5

*

어린양

J E S U S

출 12:13

내가 애굽 땅을 칠 때에 그 피가 너희가 사는 집에 있어서 너희를 위하여 표적이 될지라 내가 피를 볼 때에 너희를 넘어가리니 재앙이 너희에게 내려 멸하지 아니하리라

요 1:29

이튿날 요한이 예수께서 자기에게 나아오심을 보고 이르되 보라 세상 죄를 지고 가는 하나님의 어린양이로다

계 5:11-14

내가 또 보고 들으매 보좌와 생물들과 장로들을 둘러 선 많은 천사의 음성이 있으니 그 수가 만만이요 천천이라 큰 음성으로 이르되 죽임을 당하신 어린 양은 능력과 부와 지혜와 힘과 존귀와 영광과 찬송을 받으시기에 합당하도다 하더라 내가 또 들으니 하늘 위에와 땅 위에와 땅 아래와 바다 위에와 또 그 가운데 모든 피조물이 이르되 보좌에 앉으신 이와 어린 양에게 찬송과 존귀와 영광과 권능을 세세토록 돌릴지어다 하니 네 생물이 이르되 아멘 하고 장로들은 엎드려 경배하더라

어린양의 피 흘림

주님이 공생애를 시작하시기 전, 세례 요한은 예수님을 가리키며 "보라 세상 죄를 지고 가는 하나님의 어린양이로다"(요 1:29)라고 말했다. 특히, 성경 마지막 책인 요한계시록에서는 천국을 '새 예루살렘'으로 묘사하는데, 그 새 예루살렘의 보좌에 앉으신 예수 그리스도를 계속해서 '어린양'이라고 부른다. 요한계시록에는 '어린양'이라는 이름이 특히 많이 등장하는데, 그 횟수가 무려 28번이나 된다.

예수님을 '어린양'이란 이름으로 언급하는 배경에는 구약시대 때부터 시작된 구속사와 깊은 뿌리가 닿아 있다. 먼저 구약성경에서 어린 양은 성전 제사에서 사람의 죄를 대신하여 희생되는 제물로 소개된다. 동물이지만 그 생명을 죽여서 피 흘림으로 누군가의 죗값을 치르는 것이다. 예수님을 어린양이라고 할 때 이는 우리 죄를 위하여 피 흘려 돌아가신 희생을 말하는 것이다.

나는 《내게 힘을 주는 교회》라는 책에서 어린양의 피의 능력에 대해서 아주 자세히 다룬 바 있다. 여기에서 다루고자 하는 내용의 많은 부분이 그때 다루었던 내용과 중첩된다는 점을 미리 양해를 구한다.

피 흘림 희생의 성경적 기원

아담과 하와에게 입혀주신 가죽옷

우리는 어린양의 보혈에 대한 성경적 기원을 창세기에서 찾을 수 있다.

여호와 하나님이 아담과 그의 아내를 위하여 가죽옷을 지어 입히시니라 창 3:21

하나님께서 아담과 하와를 에덴동산에서 내보내시면서 가죽옷을 지어 입히셨다. 거룩한 하나님이시기에 어쩔 수 없이 공의의 심판을 내리긴 하셨지만, 아담과 하와를 쫓아내시며 하나님의 마음은 찢어지는 듯 아프셨다. 그래서 하나님은 울며 쫓겨나는 아담과 하와가 에덴동산을 나가서 죽지 않도록 이것저것 갖춰주셨을 것이다. 그 대표적인 것이 가죽옷이다. 이 가죽옷의 영적 의미는 매우 크다.

짐승 가죽으로 옷을 만들기 위해서는 분명히 어떤 짐승이 죽어야 했을 것이다. 어떤 죄 없는 짐승의 피를 흘려서 아담과 하와를 가려주는 옷을 만들어주었다는 것은 무엇을 의미하는가? 죄는 그냥 없어지는 게 아니라 누군가의 피 흘림으로 죗값을 치러야 한다는 뜻이다. 그것도 무죄하고 깨끗한 피가 흘려져야 했다. 그래서 용서받은 죄인은 자기 죄를 위해 피 흘린 존재에 대해 고맙고 미안한 마음을 가져야 한다.

하나님이 아담과 하와에게 입혀주신 가죽옷은 죄 없는 짐승의 피를 흘려 만든 은혜의 옷으로, 후에 우리 죄를 위해 죽임당하실 어린양의 희생을 상징한다. 그 후로 지금까지 피 흘림 없이는 죄 사함도 없게 되었다. 히브리어로 '대속'(redemption)은 값을 치르고 죄를 사해준다는 의미다.

> 육체의 생명은 피에 있음이라 내가 이 피를 너희에게 주어 제단에 뿌려 너희의
> 생명을 위하여 속죄하게 하였나니 생명이 피에 있으므로 피가 죄를 속하느니라
> 레 17:11

자신들이 저지른 죄가 얼마나 엄청난 것인지, 아담과 하와는 아마 그때는 감도 잡지 못했을 것이다. 자신들이 저지른 죄 때문에 그로부터 수천 년 뒤, 하나님의 아들 예수 그리스도께서 이 땅에 오셔서 십자가에서 돌아가셔야 했다.

여섯 시간이나 십자가에 매달리셔서 서서히 숨이 멎어가는 무서운 고통을 당하며 돌아가셨던 어린양 예수님. 아들의 그 끔찍한 고통과 죽음을 지켜보셔야 했던 하늘 아버지의 마음. 우리를 구원하시기 위한 그 사랑의 깊이를 우리가 감히 이해할 수 있겠는가! 그것을 안다면, 그 은혜로 구원받은 사람이라면 주님을 위해 무엇을 드린들 아깝겠는가!

에덴동산에서 죄를 짓고 추방당하는 인간에게 가죽옷을 지어 입히시는 하나님의 모습, 거기에는 독생자인 어린양 예수 그리스도의 보혈로 인간의 죗값을 치르고, 하나님의 의로 덮어주겠다는 하늘 아버지의 엄청난 사랑이 담겨 있다.

출애굽 때 흘려진 유월절 어린 양의 피

출애굽기를 보면, 하나님이 모세를 애굽으로 보내셔서 노예 생활로 신음하는 이스라엘 백성을 해방시켜주시는 이야기가 나온다. 이때 애굽의 바로는 이스라엘 백성을 순순히 내주지 않았고, 이에 하나님께서는 바로의 고집을 꺾기 위해 애굽에 열 가지 무서운 재앙을 내리신다.

열 가지 재앙 중에 마지막 재앙은 애굽의 모든 장자를 죽이는 것이었는데, 어린 양의 피를 문설주에 바른 이스라엘 백성들은 그 재앙에서 살아남았다. 끝까지 '이스라엘 백성을 보내줄 수 없다'는 강퍅한 마음을 굽히지 않던 바로는 마지막 열 번째 재앙에 마침내 무릎을 꿇고 만다. 이 마지막 재앙은 기독교 신앙의 핵심이 되는 어린양의 피, 예수님의 보혈의 능력과 관계가 있었다. 에덴동산에서 쫓겨나던 인간에게 입혀준 가죽옷처럼, 유월절 어린 양의 피는 장차 오실 예수 그리스도의 보혈을 상징한다.

이스라엘 백성이 애굽 사람들보다 더 잘나서 구원받은 것이 아니었다. 오직 어린 양의 피 아래에 있었기 때문에 살아난 것이다. 우리도 마찬가지다. 우리가 세상 사람보다 더 잘났거나 깨끗해서 구원받은 것이 아니다. 우리는 오직 예수 그리스도의 보혈을 붙잡는 믿음으로 구원받는다. 우리는 우리 자신의 힘으로 죄 문제를 해결하지 못한다. 죄는 우리 힘으로 극복되는 게 아니라, 어린양 예수님의 보혈로 씻어지는 것이다.

출애굽 이후, 이스라엘 백성들은 성막에서 제사장들을 통해 예배를 드렸다. 그때 예배 의식에 필수적으로 포함되는 것이 바로 희생 제물의 피를 뿌리는 것이었다

> 염소와 황소의 피와 및 암송아지의 재를 부정한 자에게 뿌려 그 육체를 정결하게
> 하여 거룩하게 하거든 히 9:13

구약시대의 제사장들은 거의 모든 것에 피를 뿌렸다. 어린양의 피의 능력이 우리를 정결케 하고, 악한 것에서 해방하며, 보호한다. 또한 구약의 제사장들은 백성의 죄를 속하기 위하여 염소와 송아지를 희생 제물로 삼아 그 피로 제사를 지냈으나, 사람의 죄가 끝이 없으니 온 세상 동물을 다 잡아 희생제사를 드려도 그것으로 인간의 죗값을 다 치를 수 없었다. 그래서 어린양 예수 그리스도께서 친히 자신의 육신을 내어놓으시어 희생 제물로 삼아 그 피를 뿌려 단번에 모든 인류의 죗값을 사하시는 속죄 제사를 지내셨다.

> 너희가 알거니와 너희 조상이 물려 준 헛된 행실에서 대속함을 받은 것은 은이나
> 금같이 없어질 것으로 된 것이 아니요 오직 흠 없고 점 없는 어린양 같은 그리스
> 도의 보배로운 피로 된 것이니라 벧전 1:18,19

그리고 어린양 예수 그리스도의 피에는 우리가 상상하는 것보다 훨씬 엄청난 능력이 있다.

어린양의 보혈의 능력은 과거완료형이면서 동시에 현재진행형

어린양의 피는 우리를 과거의 죄에서 자유케 하는 것 이상을 행한다.

이튿날 요한이 예수께서 자기에게 나아오심을 보고 이르되 보라 세상 죄를 지고 가는 하나님의 어린양이로다 요 1:29

여기서 "세상 죄를 지고 가는 하나님의 어린양"이라고 나오는데, 이 부분을 헬라어 원어로 보면 과거완료와 현재진행의 의미가 다 들어 있다. 즉, 예수님은 우리 과거의 죄를 해결해주시는 동시에 현재의 죄도 계속해서 해결해주시는 어린양이다.

어린양은 우리의 모든 죗값을 이미 치르심으로써 우리 과거의 죄를 해결하셨다. 동시에 지금도, 그리고 우리가 천국 가는 그날까지 끊임없이 우리를 죄에서 자유케 하는 힘이 있다.

마귀는 결코 만만한 상대가 아니다. 날카로운 발톱과 파괴적인 힘을 갖고 있다. 잘못 걸리면 뼈도 못 추린다. 얼마나 교활하고 집요한지 모른다. 천성을 향해 가는 순례자들을 어떻게든 무너뜨리려고 쉴새 없이 움직인다. 오직 어린양의 보혈 능력을 주장할 때만이 우리는 마귀의 공격을 물리치고 승리할 수 있다.

어린양 예수 그리스도! 그 이름의 의미를 이해하고, 그 이름을 높이고, 항상 그 이름의 권세를 선포하라. 어린양의 보혈은 우리를 천국으로 데려갈 힘이 있을 뿐 아니라, 이 땅에서 사는 동안에도 마귀의 권세에서 우리를 지켜줄 힘이 있다.

어린양의 보혈은 우리를 보호한다

하나님의 천사가 애굽의 모든 장자를 죽이던 그날 밤, 이스라엘 사람들이 할 수 있는 일은 아무것도 없었다. 살기 위해 그들이 할 수 있는 유일한 일은 어린 양의 피를 문설주에 바른 집 안에 머무르는 것뿐이었다. 오직 어린 양의 피 안에 있을 때에만 그들은 죽음의 사자로부터 보호받을 수 있었다.

지금도 그렇다. 어린양의 피 흘림 없이는, 그리고 그 피의 능력을 믿는 믿음 안에 거하지 않고는 우리는 절대 안전할 수 없다. 영적 공격이 가장 극심할 때일수록 우리는 어린양의 피 안에 머물러 있어야 한다. 그래야 산다. 어린양의 피만이 우리를 지켜주기 때문이다.

그날 밤, 죽음의 사자는 하나님의 사자였다. 그럼에도 불구하고 어린양의 피를 뚫고 들어가지 못했다. 그렇다면 지옥의 사자, 마귀들에게 이 피는 철옹성 같은 장벽이다. 어린양의 보혈은 영적 방탄복이다. 마귀가 날리는 모든 시험과 유혹의 화살을 막아낸다. 그러므로 우리가 온전한 믿음으로 어린양의 보혈 안에 거한다면 마귀는 절대 우리를 무너뜨릴 수 없다.

하나님을 기쁘시게 하고, 하나님의 가장 큰 능력과 보호와 축복을 끌어내는 능력이 어린양의 피에 있었다. 그 어린양의 피의 능력이 마귀를 두려움에 떨게 하고, 아예 가까이 오지도 못하게 한다.

나는 힘든 상황이 닥쳐서 온갖 안 좋은 생각이 들고 두려운 마음이 일어날 때면, 내 머리와 가슴에 손을 대고 기도한다.

"주님, 어린양의 보혈로 내 생각을 지켜주시고, 내 마음을 지켜주옵소서. 악한 생각, 부정적인 생각, 더러운 생각 안 하게 해주시고, 두려운 마음, 불안한 마음, 슬픈 마음 갖지 않도록 내 마음과 생각을 보혈로 덮어주옵소서."

그리고 틈만 나면 우리 아이들 방문에 손을 얹고 "주님, 어린양의 보혈로 우리 아이들을 지켜주십시오!"라고 기도한다. 또한 담임목사로서 교회에 크고 작은 힘든 일이 생겨서 엎드려 기도할 때도 "어린양 예수의 보혈로 이 교회를 덮어주소서!"라고 기도한다.

험한 세상 살면서 우리는 항상 위험과 재앙에 노출되어 있다. 그러나 어린양의 보혈이 하나님의 백성들에게는 특별한 보호막을 쳐주심을 믿음으로 담대히 살아갈 수 있다.

어린양의 피는 죄의 권세를 공격하여 몰아낸다

어린양의 피는 지긋지긋한 죄 문제를 해결하는 유일한 해답이다. 어린양의 피에는 우리의 과거, 현재, 미래의 모든 죄를 해결하는 힘이 있다. 주홍같이 붉은 죄도 눈과 같이 희게 씻어주시는 어린양의 보혈의 역사 앞에서 죄는 썰물처럼 물러가게 된다. 그때, 비로소 우리는 죄에서 자유하게 된다.

출애굽 때 어린 양의 피가 흘려졌을 때 비로소 바로의 의지가 꺾여 하나님께 굴복했듯이, 어린양의 피는 가장 강한 마귀의 의지도 꺾어버리는 신비한 힘이 있다. 우리를 끈질기게 억압해오던 온갖 어둠의 영들을 다 꺾어버리는 능력이 어린양의 보혈에 있는 것이다.

그가 빛 가운데 계신 것같이 우리도 빛 가운데 행하면 우리가 서로 사귐이 있고
그 아들 예수의 피가 우리를 모든 죄에서 깨끗하게 하실 것이요 요일 1:7

어린양의 보혈만이 우리를 두꺼운 죄의 사슬에서 자유케 할 수 있다. 도박 중독, 알코올 중독, 음란물 중독, 폭력성 중독에 걸린 사람들은 어떤 인간적 결심과 노력으로도 거기서 헤어나오지 못한다. 당시 무서운 애굽의 압제처럼, 죄는 인간의 힘으로는 결코 끊어낼 수 없는 악한 힘을 뒤에 업고 있다. 그래서 오직 어린양 예수의 보혈로만 죄에서 자유함을 얻을 수 있다.

어린양의 보혈 없이는 결코 우리의 죄 문제가 해결되지 않는다. 그러니 죄를 지었다면 무조건 보혈이 흘려졌던 갈보리 십자가 앞으로 달려나와 엎드려야 한다. 그리고 가슴을 치며 절망을 인정해야 한다.

"주님, 제가 죄인입니다. 제가 원치 않던 죄를 지었습니다. 저를 불쌍히 여기시고 용서해주옵소서."

그것이 진정으로 회개하는 자의 고백이다. 하나님은 그 회개하는 마음의 진정성을 보시고 우리 죄를 용서해주신다.

요즘 사람들이 툭하면 "힐링, 힐링" 하는데 진정한 힐링(healing)은 조용한 자연에 들어가 멋진 음악을 듣는다고 되는 게 아니다. 나의 결심과 노력으로 되는 게 아니란 말이다. 어린양 예수님이 십자가 보혈을 흘려주셨기에, 그 보혈이 나를 힐링시켜주신다. 십자가의 보혈로 우리의 옛사람이 죽는 '킬링'(killing)이 없이는 진정한 '힐링'도 없다. 우리는 그 십자가의 능력으로 매일매일 죄의 세력을 이겨나가야 한다.

어린양의 보혈은 인간의 언어나 이론으로 이해되는 게 아니다. 우리의 죄는 논리적으로 설명하고, 변명하고, 합리화한다고 해결되는 게 아니다. 죄보다 더 큰 은혜의 능력으로 덮고 씻어내야 한다. 우리가 어린양 예수님의 이름으로 기도할 때, 십자가 보혈의 은혜가 우리를 덮는다. 우리 안에 있는 죄의 뿌리까지 뽑혀 나가며 하나님의 위로와 용서가 그 자리에 흘러든다. 얼마나 감격스러운지 모른다.

약 1백여 년 전에 미국 중서부에 조지 베너드(George Bennard) 목사가 살았다. 가난한 광부의 아들로 태어나 어려서부터 생계를 위해 힘든 노동을 해야 했지만, 성경을 너무나 사랑하여 어릴 때부터 성경 읽고 기도하는 것이 취미였다. 자라서 감리교 목사가 된 그는 힘 있는 설교로 미국 전역을 다니며 부흥 집회를 인도하게 되었다.

어느 날 그가 미시간 주의 어느 교회에서 부흥 집회를 인도하던 중, 대중 사이로 십자가가 서 있고 예수님이 거기에서 피 흘리고 계시는 환상을 보았다. 너무 놀란 그는 며칠간 혼자 벽에 걸린 십자가를 바라보며 기도하다가, 십자가 위에서 자신을 내려다보고 계시는 예수님의 환상을 보게 된다.

그 환상 속에서 십자가의 피가 자신의 머리부터 발끝까지, 온몸을 흠뻑 적시고 있었다. 그 보혈이 자신의 죄를 씻어내는 것을 느끼며 펑펑 울며 기도하던 그는 곧 환한 얼굴로 찬송시 하나를 쓰게 된다. 그것이 바로 오늘날 우리가 즐겨 부르는 〈갈보리산 위에〉이다.

나는 고난주간에 특별새벽기도집회를 할 때마다 자주 이렇게 권한다.

"성도 여러분, 우리가 함께 기도할 때 우리 자신을 베너드 목사님처럼 갈보리 십자가 앞에 엎드리게 해봅시다. 그 십자가에서 흘리는 어린양의 보혈이 우리를 머리끝부터 발끝까지 덮으시는 경험을 해보는 것입니다. 그 보혈은 하나님 아들의 피입니다. 우리의 죄를 깨끗이 씻어내고, 우리의 병든 마음과 육체를 치유하는 능력이 있습니다. 구렁이처럼 우리를 휘감으려 하는 어둠의 권세, 마귀의 세력을 몰아내는 능력이 있습니다. 우리의 부서진 인생을 회복하는 능력, 개인과 가정과 교회를 회복시키는 능력이 어린양의 보혈에 있습니다."

만약 우리가 어떤 죄의 습관에 지속해서 빠져들고 있다면, 그리고 우리의 의지와 결심으로 그것을 끊어낼 수 없다면, 우리는 그 죄의 사슬을 끊어낼 보혈의 능력을 구해야 한다. 우리가 날마다 어린양 예수의 보혈로 나갈 때, 마귀가 더는 우리의 죄를 빌미로 하여 우리를 공격할 수 없게 된다.

만약 마귀가 우리가 우리 힘으로 열심히 노력하는 것을 본다면 코웃음을 치며 미동도 하지 않을 것이다. 그러나 어린양의 보혈을 보는 순간 소스라치게 놀라 부르르 떤다. 보혈의 힘을 믿고 의지하는 성도 앞에서는 어떤 독한 마귀들도 추풍낙엽처럼 나가떨어진다. 왜냐하면 어린양 예수의 보혈에는 우리가 알지 못하는 영적 세계에서 핵폭탄 같은 능력이 있기 때문이다. 우리가 회개한 심령으로, 그리고 진실한 마음으로 그 보혈의 권세를 주장한다면 우리는 보혈의 엄청난 능력을 누릴 것이다.

유월절 어린양의 피에 능력이 있다. 우리는 그 능력을 확실히 믿고 담대하게 사용해야만 한다. 어린양 예수 그리스도의 피는 우리를 보호하는 방어 무기이자 동시에 원수 마귀를 무너뜨리는 공격 무기임을 믿고 선포해야 한다. 죄라는 바이러스를 치료하는 치료제이자, 예방하는 백신이 바로 어린양의 보혈의 공로다. 그러므로 우리의 모든 생활 속에서 보혈의 능력이 끊임없이 역사하도록 해야 한다. 원수 마귀가 우리의 마음속에 온갖 더럽고 악한 것들을 심으려 할 때마다 어린양 보혈의 능력으로 대항해야 한다.

우리의 삶의 어떤 영역에, 가정에, 직장에 마귀가 손을 뻗치려 할 때, 보혈의 능력을 선포하라! 그 즉시 보이지 않는 예수님의 손길이 임하며 마귀는 소스라치게 놀라 물러날 것이다.

특히, 요즘 같은 마지막 날에 어린양의 보혈은 우리에게 영적인 승리를 준다.

> 그들이 어린양과 더불어 싸우려니와 어린양은 만주의 주시요 만왕의 왕이시므로 그들을 이기실 터이요 또 그와 함께 있는 자들 곧 부르심을 받고 택하심을 받은 진실한 자들도 이기리로다 계 17:14

세상을 장악하고 있는 악한 세력들의 마지막 운명은 어린양 예수 그리스도의 손에서 끝이 난다. 자신들이 먼저 모든 힘을 다 모아서, 최후의 발악처럼 예수 그리스도의 군대에 도전해온다. 여기서 그들의 모든 권세가 한꺼번에 다 꺾이고 영원한 심판의 불에 던져지게 된다. 마귀와 그 밑에 있는 악한 세상 권세들의 위세가 너무나 엄청나게 느껴지지만, 종말에는 어린양의 권세 앞에서 무너져내릴 것이다.

어린양 예수 그리스도의 피는 우리를 보호하는 방어 무기이자
동시에 원수 마귀를 무너뜨리는 공격 무기임을 믿고 선포해야 한다.

그리고 그리스도께서는 혼자 영광을 취하지 아니하시고, 그 영광을 자신의 백성들과 나누신다. 예수님의 승리가 곧 우리의 승리가 된다. 예수님이 사탄을 이기셨기 때문에, 우리도 어린양 예수의 이름으로 사탄을 이길 수 있는 것이다.

어린양의 보혈과 성령의 불

이사야서 6장에 보면 천사가 제단에서 불타는 숯을 가지고 와서 이사야의 입술을 정결케 했다. 그런데 많은 사람이 간과하는 것은, 이 제단이 희생제물 어린양의 피가 흘려진 곳이라는 사실이다.

구약의 제사장들은 제물을 불태우기 전에 먼저 제단의 위, 아래, 사방으로 제물의 피를 묻혀야 했다. 그러므로 이사야의 입술을 정결케 한 숯불은 바로 어린양의 보혈을 통과해 나온 것이다. 어린양의 보혈은 우리를 거룩하게 하는 하나님의 불이다.

'거룩'이 마귀를 무너뜨리는 능력이라고 할 때, 진정한 영적 승리는 어린양이 죽임당한 피 묻은 제단에서 시작된다. 어린양의 피의 숯불로 거룩함을 받는 순간, 지금껏 나를 억압해왔던 죄의 권세가 힘없이 무너진다. 마귀가 확실히 떠나게 된다.

이사야는 보혈의 숯불로 정결케 된 뒤에야 비로소 하늘의 능력을 받고, 그 악한 시대를 영적으로 제압하는 권위를 가질 수 있었다.

사도행전의 초대교회도 마찬가지다. 그들은 예수님의 갈보리 십자가 보혈을 거쳐서 비로소 오순절 불같은 성령의 능력을 체험했다. 우리는 먼저 어린양의 보혈 은혜를 체험한 뒤에야 하늘의 능력을 받을 수 있다.

사람들은 항상 능력과 은사만을 구하는데, 어린양의 보혈을 통과하지 않고서는 결코 성령의 능력을 받을 수 없다. 어린양 예수 그리스도의 보혈이 먼저이고, 그다음이 성령의 불이다. 누구도 이 과정을 건너뛸 수 없고, 이 순서를 바꿀 수 없다. 부흥을 원한다면 반드시 우리의 옛사람이 죽고 어린양의 보혈로 정결케 되어야 한다. 그러면 성령의 불이 우리에게 임할 것이다.

참된 예배의 중심도 어린양 예수의 보혈이다. 예배의 설교자, 찬양 인도자, 반주자 등 예배를 인도하는 모든 사람은 각자 십자가 보혈의 은혜를 믿고, 그 능력을 담대히 선포하는 사람들이어야 한다. 그렇지 않다면 아무리 최첨단 영상 음향 장비를 갖추고, 좋은 건물에서 많은 사람이 모여서 드리는 예배라 해도 기름 부으심이 없을 것이다.

우리의 믿음은 철저하게 보혈의 능력 안에 세워져야 한다. 어린양 예수 그리스도의 보혈이 교회를 살아 있게 한다. 어린양의 보혈을 통해 성령의 불이 임할 때, 그 교회는 진짜 교회가 된다. 그 교회 성도들은 진짜 가공할 그리스도의 군대다.

어린양의 보혈은 우리의 영혼을 정결하게 한다

히브리서 10장 22절에 "우리가 마음에 뿌림을 받아 악한 양심으로부터 벗어나고"라는 말씀이 있다. '마음에 뿌림을 받았다'는 것은 예수님의 십자가 보혈이 영혼을 덮었다는 뜻이다. 예수님의 보혈로 거듭난 사람에게는 성령께서 그 심령에 역사하사 심령을 변화시키신다.

예수 그리스도로 말미암아 우리의 마음이 깨끗하게 씻긴다. 예수님의 보혈이 우리 마음을 씻어 악이 떨어져 나가고, 양심이 정결해진다. 한국어 성경에서 '악한 양심'이라고 번역된 것을 영어 성경에서는 'guilty conscience'(죄를 자각하는 능력)라고 번역했는데, 둘 다 비슷한 의미이다. 악한 양심이란 죄를 죄로 느끼지 못하는 것이다. '양심에 화인 맞았다'는 것이 그런 악한 양심을 두고 하는 말이다.

마음에 보혈의 뿌림을 받았다고 할 때 '마음'은 인간의 지정의(知情意)를 뜻한다. 즉, 예수님의 보혈이 우리의 지성과 감성과 의지를 다 변화시켰다는 뜻이다.

마태복음 13장에서 예수님은 "백성들의 마음이 완악하여져서 그 귀는 듣기에 둔하고"(마 13:15)라고 말씀하신다. '너희 듣는 귀가 둔하니 더 말할 수 없다'란 말씀도 자주 하셨다. 여기서 '듣는 귀가 둔하다'라는 말은 영적 분별력이 없다는 뜻이다.

영이 맑지 않은 사람은 하나님의 음성을 듣고도 분별하지 못한다. 이것을 영적 분별력이 없다고 한다. 하나님의 음성을 분별하지 못하니까, 자기 마음대로 산다. 자기 마음대로 산다는 것은 마귀가 부추기는 대로 욕망의 노예가 되어 함부로 산다는 뜻인데, 그것은 결국 멸망으로 가는 길이다.

죄로 인해 마음(知情意)이 악해져서 영적 분별력을 잃는 것은 정말 무서운 일이다. 영이 어두워진 인간의 생각은 악하기 그지없다. 교육을 많이 받아 똑똑해진다고 되는 게 아니다. 그 똑똑한 천재들이 해킹해서 돈 훔치고, 음란물을 유통하는 사이버 범죄를 저지르는 것을 보라. 지금 온 나라를 시끄럽게 하는 LH 부동산 투기 의혹 사태는 어떤가? 다 똑똑한 사람들이 저지른 일들이다. 마음이 악해져서 영이 어두워진 결과다.

영이 어두워진 인간은 감정도 악해진다. 분노와 두려움과 불안과 슬픔이 용암처럼 솟구쳐오르는 것을 통제하지 못한다. 겉으로는 아무렇지도 않은 척하지만, 속사람이 완전히 병들어 있다.

사람의 지정의, 즉 마음이 어두운 사람은 위기 상황이 오면 견디지 못하고 무너진다. 열왕기하 6장에서 아람 왕이 보낸 군대가 엘리사를 잡으러 왔을 때, 엘리사의 하인은 두려워했다. 영의 눈이 맑지 않아서 눈에 보이는 군대만 보았기 때문이다. 그러나 엘리사는 담대하고 평안했다. 영의 눈이 맑아서 쳐들어오는 적병보다 훨씬 많은 하나님의 군대를 보았기 때문이다.

예수님의 산상수훈에 나오는 여덟 가지 중요한 복 중에 하나가 영적 분별력이다.

마음이 청결한 자는 복이 있나니 그들이 하나님을 볼 것임이요 마 5:8

마음은 어떻게 청결해지는가? 예수님의 보혈로 청결해진다. 성령의 생명수로 청결해진다. 마음을 청결하게 하는 예수님의 보혈은 회개를 통해 흘러든다. 예수님의 보혈이 우리를 거룩하게 한다. 이렇게 예수님의 보혈로 마음이 깨끗해진 사람은 영의 눈이 맑아져서 하나님을 본다. 하나님을 본다는 것은 하나님의 음성을 듣는다는 것이요, 하나님의 뜻을 분별하는 것이다. 성령의 인도하심을 제대로 받는다는 뜻이다.

하나님을 보는 눈은 육의 눈이 아니고 영의 눈이다. 영의 눈은 바로 예수님의 보혈로 거듭나게 될 때 떠지는 것이다. 영의 눈이 떠진 사람은 세상의 수많은 소리를 들으면서도 마음이 흔들리지 않는다. 세상보다 크신 하나님을 보고, 하나님의 음성을 듣기 때문이다.

찬송가 〈주의 음성을 내가 들으니〉를 작사한 페니 크로스비(F. J. Crosby)는 영이 수정처럼 맑고 깨끗한 사람이었다. 그녀는 갓난아기 때 의료사고로 시력을 잃었다. 아버지는 일찍 돌아가시고 어머니가 육체노동으로 생계를 꾸려나가야 했던 가난한 집안의 딸인데다가, 시각장애인이니 어떻게 보면 참 불행한 인생이었다. 그러나 그녀는 어렸을 때부터 할머니가 성경 암송을 많이 시켜서 영이 수정처럼 맑았다. 그러니까 늘 성령으로 충만했다.

95년을 살면서 그녀는 평생 무려 8천여 편의 찬송시를 지었고, 그중 많은 곡이 지금까지도 전 세계 크리스천들의 애창곡으로 남았다. 〈주의 음성을 내가 들으니〉 외에도 〈예수로 나의 구주 삼고〉, 〈예수 나를 위하여〉, 〈인애하신 구세주여〉, 〈나의 갈 길 다 가도록〉 등 주옥같은 찬송시를 많이 썼다. 특히 〈주의 음성을 내가 들으니〉의 후렴 가사는 너무나 은혜가 된다.

"내가 매일 십자가 앞에 더 가까이 가오니 구세주의 흘린 보배 피로써 나를 정케 하소서."

죄 된 본성과 마귀의 유혹, 세상의 풍조는 성도들을 쉬 넘어지게 만든다. 넘어질 때마다 다시 일어나기 위해서는 매일 그리스도의 보혈에 죄를 씻어야 한다. 주님의 보혈은 우리의 죄를 씻어주실 뿐 아니라, 주님 뜻대로 살 수 있는 능력까지 부어주신다. 완악해져가는 우리의 지정의에서 독을 빼시고, 정결하게 하시며, 새롭게 하신다. 그때 우리는 우리를 향한 하나님의 인도하심을 볼 수 있는 영적 분별력이 생긴다.

한국에도 장애가 있음에도 수많은 찬양 시로 수없이 많은 이들에게 감동을 전한 송명희 시인이 있다. 그녀는 찬양 가사를 통해 "나 남이 못 본 것을 보았고 나 남이 듣지 못한 음성 들었고"라고 고백했다. 비록 육체의 장애가 있어도 보혈의 은혜로 영의 눈이 떠졌기 때문에 하나님의 음성을 듣고, 세상이 알지 못하는 은혜를 체험할 수 있었다. 그런 은혜의 마음으로 시를 쓰니 수많은 사람들에게 묵직한 영적 감동을 줄 수 있었다. 십자가 보혈의 은혜는 이렇듯 우리의 영안을 맑게 하는 신비한 능력이 있다.

앞에서 언급한 히브리서 10장 22절 후반부에 "몸은 맑은 물로 씻음을 받았으니 참 마음과 온전한 믿음으로 하나님께 나아가자"라는 말씀이 있다. 영어 성경으로 보면 "let us draw near to God"(NIV), 즉 "우리가 함께 하나님 임재 앞으로 나아가자"라고 되어 있다. 혼자가 아니라 '함께 나아가자'는 것이다. 우리는 다 십자가 보혈의 은혜로 마음이 깨끗해져 '함께' 은혜로 충만해져야 한다.

코로나 상황이 지속되는 가운데 '집단 면역'(herd immunity)이라는 말이 주목을 받고 있다. 적어도 인구의 60, 70퍼센트 이상이 백신을 맞아 바이러스에 대항하는 항체가 생겨야 안심할 수 있다는 것이다. 영적으로도 그런 것 같다. 나만 보혈의 은혜로 새로워져선 안 된다. 성도들 모두가 그렇게 되어야 한다. 어린양의 보혈은 우리 개인만 정결케 할 뿐 아니라 교회 공동체를 정결하게 한다.

어린양의 보혈은 교회를 정결하게 한다

또한 이와 같이 피를 장막과 섬기는 일에 쓰는 모든 그릇에 뿌렸느니라 율법을 따라 거의 모든 물건에 피로써 정결하게 되나니 피 흘림이 없은즉 사함이 없느니라 히 9:21,22

"피를 장막과 섬기는 일에 쓰는 모든 그릇에 뿌렸느니라"라고 했다. 여기서 '장막'은 오늘날로 말하면 교회일 것이다. 어린양의 피가 우리의 교회 목회와 사역 전체를 덮어야 한다는 의미다.

"섬기는 일에 쓰는 모든 그릇"은 교회의 모든 사역하는 기구들, 장소, 조직들, 프로그램 위에 어린양 보혈의 피가 뿌려져야 한다는 의미일 것이다. 교회 일을 한다고 다 거룩한 것이 아니다. 찬양대나 찬양연주팀이 교회에 와서 찬양 연습할 때, 구성원 한 사람 한 사람이 어린양의 보혈로 거듭난 참된 예배자로 바로 서야 한다. 그래야 성도들이 그 찬양을 통해 은혜를 받을 수 있다.

교회에서 음식을 만들고, 재정을 담당하고, 컴퓨터를 다루고, 여러 사역으로 섬기는 목회자와 간사들도 마찬가지다. 무슨 일을 하든 그가 먼저 어린양의 보혈을 통과한 다음에 주어진 사역에 임해야지, 그렇지 않으면 탈이 날 것이다. 어린양의 보혈로 정결하게 되든지, 아니면 제거될 것이다.

구약시대 때 장막에서 섬기는 제사장과 레위인 중에 어린양의 보혈을 모독하는 죄를 짓고 회개함 없이 장막 사역을 섬기다가 죽는 일이 많았다. 그래서 다들 두렵고 떨리는 마음으로 주의 장막에 와서 섬겼다.

오늘날 우리에게도 이런 두렵고 떨리는 마음으로 경건하게 사역에 임하는 자세가 필요하다. 거룩해지지 않은 사람들이 너무 함부로 교회 사역을 하겠다고 달려든다. 기도하지 않고 회개하지 않은 채로 설교하고, 찬양을 인도한다. 그러니까 은혜도 안 되고 자기와 다른 성도들 모두 시험에 든다.

교회가 새롭게 되는 길은 어린양의 보혈로 교회의 모든 리더십과 사역과 예배를 덮는 것이다.

"거의 모든 물건이 피로써 정결하게 되나니"(히 9:22)

하나님의 성전에서 일하는 모든 사람, 사역의 기구들, 프로그램들은 예수님의 보혈로 정결케 되어야 한다. 어린양의 보혈로 온 교회가 덮어야 한다.

어린양의 피를 통해 우리가 서로 사랑하게 된다

이제는 전에 멀리 있던 너희가 그리스도 예수 안에서 그리스도의 피로 가까워졌
느니라 엡 2:13

사람의 죄는 하나님과 사람 사이를 갈라놓았을 뿐 아니라, 사람과
사람 사이도 갈라놓았다. 한 몸처럼 서로를 사랑했던 아담과 하와는
죄를 지은 책임을 서로에게 떠넘기며 원망했고, 그들이 낳은 자식인 가인
은 형제를 쳐 죽였다. 하나님과 싸우게 되니까 부부가 싸우고, 형제가
싸우게 된 것이다.

하나님과 담을 쌓은 뒤부터 사람과 사람 사이에는 미움과 불신과 다
툼의 담이 쌓이게 되었다. 사람들 사이의 다툼과 불신의 벽은 교회 안으
로도 들어왔다. 초대교회 안에서도 유대인과 이방인들이 갈라져서 얼마
나 싸웠는지 모른다.

그러나 어린양 예수 그리스도의 피가 반목하고 대립하던 유대인과 이
방인을 하나로 만드시며, 화목게 하셨다. 둘 사이에 있던 담을 그분의
육체를 드림으로, 즉 십자가 보혈로 허물어버리셨다.

오늘날 한국 교회 안에도 분열과 대립이 극심하다. 사분오열되어 다
투는 교회들이 많다. 일반 언론에도 교회의 다툼이 종종 등장하는 낯부
끄러운 현실을 어찌할까. "서로 사랑하라"라는 분명한 주님의 명령을
가장 실현하지 못하고 있는 것이 교회란 것이 아픈 현실이다.

우리의 의지로 서로 사랑할 수 있는 것이 아니다. 우리는 오직 어린양

의 보혈로 하나가 될 수 있다. 사람끼리 서로 화목하기 위해서는 먼저 하나님과 화목해야 한다. 예수님의 보혈은 하나님과 사람을 화목하게 했고, 이것을 토대로 사람과 사람이 화목하게 되었다.

미움과 분열이 있는 곳에 어린양 보혈의 은혜를 초대하라. 그러면 서로 사랑할 힘을 주실 것이다.

어린양 예수 그리스도는 최후의 심판주시다

창세기가 세상의 시작을 다룬 책이라면, 요한계시록은 세상의 마지막을 다룬 책이다. 신구약 성경에서 '어린양'이라는 말이 120번이나 나오는데, 앞에서 언급했듯이 요한계시록에만 28번 나온다. 특히, 요한계시록 5장에는 이 세상의 심판과 인류의 구원 계획이 담긴 두루마리를 열기에 합당하신 어린양이 등장한다. 자세히 언급하자면 '죽임을 당하신 어린양'이 등장한다.

이는 십자가에서 우리의 죄를 위해 돌아가신 어린양, 예수 그리스도의 죽음을 뜻한다. 하나님께서 십자가 죽음과 부활을 통해 예수님에게 이 세상의 심판과 인류 구원 계획을 이루는 두루마리를 여는 능력을 주셨다. 우리의 죄를 대속하신 어린양의 십자가 보혈 능력이 세상을 심판하고 다스리는 능력의 토대가 되었다.

그날이 오면 모든 사람이 심판대에 서게 될 터인데, 그때는 어린양의 생명책이 우리의 영적 운명을 결정한다.

무엇이든지 속된 것이나 가증한 일 또는 거짓말하는 자는 결코 그리로 들어가지 못하되 오직 어린양의 생명책에 기록된 자들만 들어가리라 계 21:27

어린양의 보혈로 정결해진 사람들만이 들어갈 수 있는 곳이 바로 하나님의 나라다. 천국은 죄를 한 번도 짓지 않은 사람들이 들어가는 나라가 아니라, 죄를 용서받은 사람들이 들어가는 나라이다.

마귀의 자녀들은 결코 하나님나라에 들어가지 못한다. 그곳에 들어갈 수 있는 자들은 오직 "어린양의 생명책에 기록된 자들"뿐이다. 즉 어린양 예수 그리스도의 보혈로 거듭난 자들, 복음을 듣고 예수님을 믿어서 구원받은 사람들뿐이다.

요한계시록을 보면 세상의 심판이 어린양의 주관하에 이뤄지고 있음을 알 수 있다. 요한계시록 6장에 '어린양의 진노'라는 말이 나온다. 어린양을 나약한 이미지로만 보아선 안 된다는 것이다. 어린양은 구원자이시면서 심판자이시기도 하다. 사람들을 구원하기 위해서 자신의 피를 흘리셨지만, 그 피를 거절하고 모독하는 사람들은 단호하게 심판하실 것이다.

요한계시록에서 사람들의 운명은 단 하나의 척도, 어린양 예수 그리스도를 구주로 영접했느냐 아니냐에 따라서 결정된다. 어린양 예수 그리스도의 십자가 보혈을 통과했느냐 아니냐가 천국과 지옥을 가른다. 성경은 마지막이 가까워져 올수록 이 땅에 더욱 극적인 심판과 구원의 역사가 전개될 것임을 가르친다.

악인들은 성도를 핍박하고 죽이려고 하는 자들이므로, 그들을 심판

한다는 것은 다시 말해 성도들에게는 구원이요 축복이 된다. 우리는 미래에 어떤 사건들이 일어날 것인가보다는, 미래가 누구의 손에 있느냐에 관심을 집중해야 한다. 우리의 미래와 역사의 종말이 우리를 위해 십자가에서 돌아가신 어린양 예수 그리스도의 손에 있다. 어린양이 이 심판을 관장하고 계시다는 것은, 성도와 교회의 운명이 하나님의 절대적 보호 아래에 있다는 사실을 우리에게 알려준다.

어린양의 보혈로 정결해진 사람들만이 들어갈 수 있는 곳이
바로 하나님의 나라다. 천국은 죄를 한 번도 짓지 않은 사람들이
들어가는 나라가 아니라, 죄를 용서받은 사람들이 들어가는 나라이다.

같은 맥락에서 정말 감사한 것은, 최후 심판을 끝내시는 그 시점에 어린양의 보좌로부터 생수의 강이 흘러나온다는 사실이다.

또 그가 수정같이 맑은 생명수의 강을 내게 보이니 하나님과 및 어린양의 보좌로
부터 나와서 계 22:1

강은 생명의 원천이다. 이 땅의 강은 말라버릴 수 있지만, 천국의 강은 영원히 마르지 않고 풍성하게 흐른다. 천국의 강은 영원한 생명수의 강이다. 이 강이 하나님과 어린양의 보좌로부터 났다고 했으니, 하나님이 바로 영원한 생명의 원천이시다.

요한계시록에서는 천국을 '새 예루살렘'이라고 칭하는데, 새 예루살렘

의 보좌에 앉아 계시는 예수 그리스도는 어린양이시다. 천국은 예수 그리스도로부터 흘러나오는 생명력이 넘치는 나라다.

천국은 힘과 기쁨, 풍성한 생명이 가득한 나라이다. 교회는 이런 천국의 생명력을 오늘 이 순간에도 세상 속으로 흘려보내야 할 사명이 있다. 교회가 부흥하고 건강하게 성장하면, 교회를 통하여 하나님의 살리는 영이, 하늘의 축복이 그 사회 곳곳에 강물처럼 흘러 들어가게 된다. 그러면 모든 병들었던 곳들이 회복되고, 더러웠던 곳들이 깨끗해지고, 죽었던 곳들이 살아나게 된다.

나는 특별히 나라와 민족을 위해 기도하면서, 어린양의 피로 이 나라를 덮어달라는 기도를 많이 한다. 하나님의 사랑과 축복을 정말 많이 받았던 우리나라가 요즘 정치나 경제 등 여러 측면에서 너무나 큰 위기에 직면해 있다. 코로나 사태는 이미 쌓여있던 문제들을 더 표면으로 드러내주었을 뿐이다. 총체적 난국, 국정 공백, 리더십 부재, 끝없는 경기 침체… 이런 말들이 우리를 무섭게 짓누른다. 이런 상황에서 마귀는 한국 교회를 무서운 기세로 공격하고 압박하고 있다.

이때야말로 하나님의 자녀들이 결사적으로 기도하며, 어린양 예수 십자가의 보혈로 이 나라를 살려달라고 부르짖을 때이다.

"예수님의 보혈의 권세로 명하노니, 마귀는 이 나라에서 물러갈지어다. 청와대에서, 국회에서, 우리나라 모든 관공서에서, 기업에서, 가정에서, 교회에서 마귀는 물러갈지어다. 어린양의 보혈로 이 나라를 새롭게 하여주옵소서!"

마지막 때를 사는 우리는 어린양 예수 그리스도, 그분 한 분만으로 만족해야 하며, 그분 한 분만을 높여드려야 한다. 그분의 보혈을 욕되게 하는 모든 우상을 제거해야 한다. 그분만이 내 모든 것이 되시며, 그분만이 나의 생명과 충성을 받기에 합당하신 분임을 고백해야 한다. 이 세상의 운명은 오직 어린양 예수 그리스도의 손에 있기 때문이다.

—
우리가 주님의 이름을 어린양으로 고백할 때,
우리 죄를 대속하기 위해 흘려주신
그 귀한 십자가 보혈의 은혜를 기억합니다.
그 보혈의 은혜가 우리의 죄를 씻어내어 우리를 정결하게 하고,
그 보혈의 능력이 우리를 보호하고 치유하며,
그 보혈의 능력이 마귀의 권세를 몰아냄을 믿습니다.
어린양의 보혈을 통과한 자만이
성령의 불을 받을 수 있음도 믿습니다.
인류의 마지막을 심판하실 어린양 예수 그리스도께서
우리를 다스려주옵소서.

6

왕의 왕

슥 9:9

시온의 딸아 크게 기뻐할지어다 예루살렘의 딸아 즐거이 부를지어다 보라 네 왕이 네게 임하시나니 그는 공의로우시며 구원을 베푸시며 겸손하여서 나귀를 타시나니 나귀의 작은 것 곧 나귀 새끼니라

요 12:12,13

그 이튿날에는 명절에 온 큰 무리가 예수께서 예루살렘으로 오신다는 것을 듣고 종려나무 가지를 가지고 맞으러 나가 외치되 호산나 찬송하리로다 주의 이름으로 오시는 이 곧 이스라엘의 왕이시여 하더라

마 28:18-20

예수께서 나아와 말씀하여 이르시되 하늘과 땅의 모든 권세를 내게 주셨으니 그러므로 너희는 가서 모든 민족을 제자로 삼아 아버지와 아들과 성령의 이름으로 세례를 베풀고 내가 너희에게 분부한 모든 것을 가르쳐 지키게 하라 볼지어다 내가 세상 끝날까지 너희와 항상 함께 있으리라 하시니라

계 19:16

그 옷과 그 다리에 이름을 쓴 것이 있으니 만왕의 왕이요 만주의 주라 하였더라

왕이신 예수님

우리가 지금까지 다룬 예수님의 다섯 가지 이름에 못지않게 교회에서 자주 접하는 예수님의 이름이 바로 '왕'(王)이다. 우리가 좋아하고 자주 부르는 찬양 중에도 〈왕이신 나의 하나님〉이나 〈예수 우리 왕이여〉같이 예수님을 왕으로 찬양하는 노래들이 많다.

예수님이 우리의 왕(王)이시라고 할 때 참 의아한 것은, 왕이시면서 그분은 왜 이 땅에서 그렇게 초라한 삶을 사셨는가 하는 것이다. 인간으로 오시더라도 로마 제국 같은 강대국의 왕자로 오셨다면 다들 "예수님은 진짜 왕이시구나"라고 고개를 끄덕였을 텐데, 너무나 작은 나라 유대, 거기서도 시골 동네 베들레헴 말구유에서 태어나셨다. 그리고 시골 동네 나사렛의 목수로 성장하셨다.

세상이 인정하는 왕의 스펙으로 내놓기엔 너무나 초라하다. 한마디로 '너무 없어' 보인다. 그래서 많은 사람이 예수님의 이런 겉모습을 보면서 그가 어떻게 왕이실 수 있느냐며 비웃었다.

그러나 예수님은 왕이 맞으시다. 그것도 세상 그 어떤 제왕과도 비교할 수 없는 왕의 왕이시다. 예수님이 왕이심을 이해하려면 예수님의 나라가 이 세상에 속한 것이 아니라는 것부터 이해해야 한다.

두 왕국의 충돌

이스라엘 백성들은 수백 년 동안 메시아를 기다렸는데, 그들이 기다려온 메시아는 로마의 압제를 몰아내고 이 땅에 새로운 유다 왕국을 세울 다윗 같은 영웅 왕이었다. 예수님의 제자들도 예수님이 그런 왕이시기를 기대했다. 그러나 예수님은 "내 나라는 이 세상에 속한 것이 아니니라"(요 18:36)라고 하셨다.

성경에서 하나님나라는 어떤 지리적 공간이 아니라 하나님의 통치, 즉 하나님의 다스림을 의미한다. 세상의 나라는 한정된 시간 속에 존재하지만, 하나님의 나라는 영원부터 영원까지이다. 세상의 나라는 지리적 제한을 받지만, 하나님의 나라는 모든 열방과 백성과 방언, 이 지구와 온 우주, 하늘과 땅을 모두 아우르는 것이다. 예수님은 이 엄청난 하나님나라를 영원부터 영원까지 다스리는 왕이시다.

그런데 아주 먼 옛날, 영적 세계에서 대형 사고가 일어났다. 한때 '계명성, 샛별'(Morning Star)이라고 불릴 정도로 하나님의 총애를 받았던 천사장 루시퍼가 교만에 가득 차서 왕이신 하나님을 대적하는 반란을 일으켰다. 그러다가 하나님의 진노를 사서 추종자들과 함께 천국에서 쫓겨났다. 쫓겨난 루시퍼는 모든 마귀의 우두머리가 되었고, 이를 갈며 하나님께 다시 도전할 기회를 엿보았다.

루시퍼는 감히 하나님과는 맞설 수 없으니까, 하나님이 너무나 사랑하시는 인간을 이용하기로 했다. 영화를 보면 악당이 선한 주인공과 싸우다가 안 되면 종종 주인공이 사랑하는 연인이나 친구를 인질로 삼지 않는가? 사탄은 하나님과 대적하다 안 되니까 하나님이 창조하신 인간을 유혹해서 죄를 짓게 했다. 죄의 값은 사망이기에 가만히 두면 인간은 아무런 소망도 없을 터였다. 사탄은 인간을 인질로 삼고 하나님께 총을 버리라고 했다. 하나님은 총을 버리셨고, 사탄이 쐈다. 그게 십자가다.

우리의 왕이신 예수님이 우리를 대신해서 죄의 값을 치르고 돌아가셨다. 그러나 그 후의 상황은 사탄의 생각과는 정반대로 뒤집혔다. 주님은 죽음을 이기고 부활하셨고, 누구든지 십자가의 주님을 믿기만 하면 영원한 생명을 얻게 된 것이다. 사탄이 전혀 예상하지 못했던 엄청난 반전이다.

치명타를 맞은 마귀의 세력은 이제 주님이 다시 오시는 그날이 되면 최후의 심판대에서 모두 멸망하게 되었다. 그러나 히틀러가 나치 독일이 멸망하기 직전까지 지독하게 저항했듯이, 자신의 마지막이 가까이 오고 있음을 직감한 마귀의 세력은 더욱 기승을 부리며 저항하고 있다. 어떻게든 사람들이 예수님을 못 믿게 하려고 애를 쓰고, 또, 이미 예수님을 믿은 하나님의 자녀들을 타락시키고 무기력하게 만들려고 애를 쓴다.

또 아는 것은 우리는 하나님께 속하고 온 세상은 악한 자 안에 처한 것이며

요일 5:19

지금 이 세상을 잠시 장악하고 있는 공중권세 잡은 자 사탄은 잔인하고 추악한 존재다. '세상의 왕'이라고 하는 사탄이 그렇기 때문에, 그의 다스림을 받는 이 세상이 이토록 어둡고 혼란스러운 것이다. 왕이 악하면 그가 다스리는 왕국도 악하고 혼란스럽다.

우리도 한때 가짜 왕의 통치 아래서 죄의 노예로 살았다. 그러나 진짜 왕이신 예수 그리스도께서 오심으로 우리는 죄에서 자유롭게 되었다. 우리가 영적으로 무지했을 때는 몰라서 가짜 왕의 통치 아래서 살았지만, 이제 더는 그렇게 살 수 없다. 우리는 진짜 왕 예수 그리스도의 백성이다.

특히, 우리가 예수님을 믿고 어둠의 나라에서 하나님의 나라로 옮겨간 뒤에는 마귀는 이것을 배신으로 간주하고 더욱 분노하며, 우리에게 영적 공격을 퍼붓는다. 그래서 우리가 원하든 원하지 않든, 예수님을 우리 왕으로 선포한 그 순간부터 우리는 영적 전쟁의 한복판에 서게 되었다. 이제 우리가 고민해야 할 것은 '어디서, 어떻게 싸울 것이냐'이지 '영적 전쟁을 싸울 것이냐, 말 것이냐'가 아니다. 영화 〈반지의 제왕〉의 대사처럼 우리가 "피하려 해도 전면전은 이미 피할 수 없다."

왕은 우리의 사랑을 원하신다

예수께서 이르시되 네 마음을 다하고 목숨을 다하고 뜻을 다하여 주 너의 하나님을 사랑하라 하셨으니 마 22:37

왕이신 예수님이 우리에게 주신 가장 크고 첫째 되는 계명은 '온 마음을 다해 왕을 사랑하라'는 것이다. 그리고 두 번째 계명이 '네 이웃을 사랑하라'이다. 수제자 베드로에게도 먼저 "네가 나를 사랑하느냐"를 물으시고 그다음에 "내 양을 먹이라"고 하셨다. 우리는 왕을 위해 어떤 사역을 하기에 앞서 왕을 먼저 사랑해야 한다.

구약성경 아가서 전체는 우리를 향한 왕의 러브레터와도 같다. 보잘 것없는 우리의 사랑을 우리의 왕이신 주님은 받길 원하신다. 왕의 권위가 두려워 마지못해 복종하는 것이 아니라, 연인처럼 진정으로 뜨겁게 왕을 사랑하기를 원하신다.

다윗 왕은 실수와 실패가 많은 사람이었지만 하나님의 '마음에 꼭 맞는 사람'이라고 할 정도로 하나님의 절대적인 총애를 받았다. 그래서 평생 수많은 위험에서도 보호받았고 많은 축복을 받았다. 다윗이 '하나님의 마음에 맞는 자'가 될 수 있었던 것은 하나님을 뜨겁게 사랑하는 마음 때문이었다.

> 내가 여호와께 바라는 한 가지 일 그것을 구하리니 곧 내가 내 평생에 여호와의
>
> 집에 살면서 여호와의 아름다움을 바라보며 그의 성전에서 사모하는 그것이라
>
> 시 27:4

이처럼 다윗은 하나님과 친밀해지려는 열정이 세상 누구보다 뜨거웠던 사람이다. 그것으로 하나님은 그의 수많은 약점과 실수에도 불구하고 그를 붙들어주셨다. 연약한 가운데서도 오직 하나님만을 사랑하려는 그 순수한 열정이 왕이신 하나님을 감동하게 했다.

영적 전쟁의 초점은 마귀가 아니라, 예수님이다. 영적 전쟁에 승리할 힘은 마귀를 증오하는 데서 오는 게 아니라 예수님을 사랑하는 데서 온

다. 자칫 영적 전쟁을 잘못 수행하여 너무 마귀를 물리치는 데만 집중하면, 까딱하다간 내가 마귀와 비슷하게 닮아갈 수 있다. 영적 전쟁을 한다면서 말과 표정이 사납고, 남과 자주 부딪치며, 어쩐지 평안과 기쁨이 없어 보인다면, 뭔가 잘못된 것이다.

마귀를 대적하기 전에 먼저 우리는 왕이신 예수님을 뜨겁게 사랑하는 법을 배워야 한다. 예수님은 우리가 예수님을 사랑하고 그분을 즐거워하기를 원하신다. 그러면 사탄은 자연스럽게 물러가게 되어 있다. 주님이 내 안에, 내가 주님 안에 거하면 나는 그 어떤 무서운 마귀의 권세도 물리칠 수 있는 영적인 전사가 된다.

왕은 우리의 완전한 항복과 순종을 원하신다

왕이라고 다 같은 왕이 아니다. 예를 들어, 영국 같은 경우는 왕이 있기는 하나 실권이 하나도 없다. 영국 왕실은 완전히 형식적으로 존재할 뿐이고, 실제 국정은 수상과 내각이 운영한다.

그러나 예수 그리스도는 그런 형식적인 왕이 아니시다. 예수님은 실제로 무한한 힘과 지혜를 갖고 계시고, 우리의 삶을 실제로 다스리기를 원하신다. 그분은 우리를 창조하셨고, 자신의 생명으로 우리를 구원하셨기 때문에 당연히 그러실 자격이 있다.

우리가 예수님을 왕으로 고백한다는 것은, 실제로 그분의 다스림에 순종한다는 이야기다. 1년 365일, 하루 24시간 내내, 인생의 모든 영역에서 말이다.

그런데 이것이 생각보다 쉽지 않다. 홍해를 건너오고 나서도 광야 생활이 조금만 힘들면 우상을 만들고, 애굽을 그리워하던 이스라엘 백성들을 기억하는가? 마찬가지로, 예수님을 믿고 나서도 많은 사람이 한동안은 자신이 이전에 몸담았던 세상의 사고방식을 그대로 가지고 있다. 그래서 하나님나라의 백성이 되었음에도 틈만 나면 이전 세상의 법칙대로 살려고 하고, 세상의 보스인 마귀의 말에 흔들린다.

우리가 입으로는 예수님을 왕이라고 하면서도 실제 삶의 현장에서 충성을 바치고 있는 다른 왕들이 많다. 왕은 내 인생을 좌지우지하는 어떤 존재다. '자식이 상전이다'란 말이 있듯이, 어떤 사람에게는 자식이 왕이다. 어떤 사람에게는 돈이 왕이고, 어떤 이에게는 권력이나 명예가 왕이다. 어떤 사람에게는 직장 상사가 왕이다. 주위 사람들의 생각이 왕인 경우도 있다.

그러나 이런 이중적인 삶은 반드시 우리의 새 임금이신 예수 그리스도의 리더십과 충돌한다. 예수님은 그런 수많은 왕과 경쟁하는 왕이 되길 원치 않으신다. 예수님은 '만왕의 왕'이시며, '모든 이름 위에 뛰어난 이름'이시다.

왕의 다스림을 막는 가장 큰 장애물

예수님이 내 인생의 진정한 왕 되심을 막는 가장 큰 장애물, 내가 뒤에서 은근히 섬기고 있는 가장 큰 왕은 나 자신이다. 우리는 이미 예수님을 '주님'이라고 부르는 것은 예수님을 '주인님'이라고 고백하는 것임을 배운 바 있다. 그 고백 자체에서 우리는 그분께 절대 순종하겠다는 맹세를 한 것이다.

대부분 사람은 구원자 예수는 원하지만, 왕이신 예수를 원하지 않는다. 구원은 받길 원하지만, 이 땅에서는 자기 맘대로 살고 싶어 한다. 그러나 우리가 예수님을 믿었을 때는 그분을 우리의 왕으로 섬기겠다고 선포한 것이다.

언젠가 크리스마스 설교에서 나는 유대인의 왕으로 나신 아기 예수를 죽이려 했던 헤롯 왕의 이야기를 하면서, 우리 안에도 '작은 헤롯들'이 살아 있다고 했다. 동방박사들이 헤롯 왕에게 "왕으로 나신 이가 어디 계시냐"라고 했을 때, 헤롯은 분노했다. 그것은 자기 인생의 왕은 자기여야만 하는 헤롯 같은 인간의 마음에 가장 불편한 질문이다. 왜냐하면 우리는 우리 인생의 왕좌에 우리 자신이 앉고 싶어 하기 때문이다.

사탄은 항상 우리에게 '네가 네 인생의 왕이 되어라'라고 속삭인다. '네 인생은 네가 좌지우지해야지, 왜 남의 말을 듣느냐'라고 한다. 나의 왕좌에 조금이라도 위협이 될 존재가 나타나면 경계하고 죽여버린다. 이런 '작은 헤롯 신드롬'이 우리 안에 시퍼렇게 살아 있다. 그래서 우리는 우리의 왕이신 예수님이 아니라 거꾸로 우리의 종이 되어 우리의 욕심을 채워줄 요술램프의 지니 같은 예수님을 원한다.

그러다 그게 안 되면 시험에 든다. 이것이 바로 우리 안에 있는 작은 헤롯이다. 내 인생의 왕은 내가 할 테니, 하나님은 내 뜻대로 움직이는 신하가 되시라는 것이다. 하나님을 내 안에 들어오시라고 초청하면서도, 주인이 아니라 객으로 계시라는 것이다.

우리는 진정한 왕의 다스림에 아주 교묘하게 반발한다. 하지만 하나님의 아들이 정말 왕으로 이 땅에 오셨다면, 우리는 더 이상 우리 인생의 왕좌에 앉아 있을 수 없다. 그분께 자리를 내어드려야 한다.

왕은 둘일 수 없다. 만약 내가 왕이거나 왕이 되고 싶은데 딴 사람이 와서 자신이 왕이라고 주장한다면, 둘 중 하나는 물러서야 한다. 왕좌에 앉을 수 있는 것은 한 명뿐이다. 이 땅에 인간의 육신을 입고 오신 예수님은 자신이 왕이심을 선포하신다. 그리고 자녀 된 우리에게 절대적 충성을 요구하신다.

우리는 예수님을 왕이라고 불러드리는 데는 거부감이 별로 없다. 그러나 예수님이 실제로 우리 삶에서 왕권을 행사하시려 하면 불편하게 생각하고 저항한다. 그동안 우리가 왕 노릇 해온 지 오래되어서 거기에 익숙해져 있다 보니 다른 이의 다스림을 받는 것이 힘든 것이다. 그 다른 이가 예수님이라 할지라도 말이다.

특히, 우리는 주님의 뜻과 우리의 뜻이 일치하면 주님의 다스림에 기꺼이 순종하지만, 주님의 뜻이 우리의 뜻과 다르면 불순종해버리거나 주님의 뜻을 무시해버린다는 데 문제가 있다. 그런 식의 순종은 순종이 아니다. 내가 동의하든 동의하지 않든 우리는 그분께 절대 순종해야 한다.

예수님을 왕으로 고백했다면 예수님이 내게 맞추시는 게 아니고 내가 주님께 맞추어야 한다. 그러기 위해서는 우리가 말씀과 기도로 주님과 항상 교제하면서 그분의 뜻에 민감해야 한다. 그래야 우리 삶의 모든 영역에서 항상 말씀하시는 주님의 뜻을 분별할 수 있다.

불순종이 축복을 막는다

예수님을 왕이라고 하면서도 삶에서 그분의 다스림에 불순종한다면 그것은 반역이다. 그런 반역자의 삶에서 왕이신 예수님이 역사하실 수가 없다. 그래서 하나님께서는 우리가 인생의 중요한 갈림길에 설 때마다 우리의 충성 맹세를 새롭게 다짐받으신다.

여호수아서 5장에 여리고 성 공격을 앞두고 홀로 정찰하던 여호수아 앞에 나타난 여호와의 군대 대장을 기억하는가? 그는 칼을 빼 들고 서 있었다. 그분은 바로 왕이신 하나님이셨다.

여호수아는 여리고 성을 공격하기 전에 먼저 하나님께 지휘권을 양도해야 했다. 하나님의 나라는 민주주의가 아니라 신정주의다. 우리 인생의 가장 큰 장벽을 공격하기 전에 먼저 우리는 철저하게 왕이신 예수님께 순종해야 한다.

우리가 삶에서 하나님의 충만한 능력과 은혜와 축복을 100퍼센트 누리지 못하는 것은, 삶의 모든 영역에서 철저히 예수님의 왕권을 인정하지 않기 때문이다. 우리 삶에 일어나는 모든 크고 작은 복잡하고 힘든 문제들은 우리의 불순종 때문이다. 우리가 그분의 다스림을 거부하고 아직도 스스로 왕 노릇 하려고 하기 때문이다.

예를 들어, 중요한 일을 기도하지 않고 결정해버리는 것은 예수님의 왕권을 무시하는 행위다. 우리는 예수님이 아닌 우리 자신이 자기 인생의 왕이라고 생각하지만, 예수님의 왕권을 거부한 영역은 우리도 모르는 사이에 세상 권세 마귀에게 유린당하게 되어 있다.

예수님은 우리의 구원자이시면서 또한 우리를 다스리는 왕이시다. 그분은 우리를 천국에 데려가실 분이시면서 동시에 이 땅에서도 하나님나라 백성으로서 능력 있는 삶을 살기 원하신다. 그것은 그분의 왕권을 우리 인생 모든 영역에서 인정할 때 가능하다. 그것은 우리 인생 모든 영역의 최종결정자가 예수님이 되시게끔 매일 그분의 권위에 항복할 때 가능하다.

그때 우리는 하늘과 땅의 모든 권세를 가지신 주님의 능력이 우리를 통해 이 땅에 흘러 나가게 하는 통로가 될 수 있다. 하나님의 능력을 원한다면 그분께 먼저 순종해야 한다. 철저하고 예외 없이.

예수님을 왕이라고 하면서도 삶에서
그분의 다스림에 불순종한다면 그것은 반역이다.
그런 반역자의 삶에서 왕이신 예수님이 역사하실 수가 없다.

마태복음 6장 33절에 보면 "먼저 그의 나라와 그의 의를 구하라 그리하면 이 모든 것을 너희에게 더하시리라"라고 했다. 간단히 말해서, 왕이신 예수님을 높이고 그분의 뜻에 절대 순종하면, 예수님이 우리 인생을 책임져주신다는 뜻이다.

얼마나 많은 성도가 왕이신 예수님이 그들의 삶에 부어주려고 하시는 축복을 불순종으로 잃어버리고 있는지 모른다. 그들의 직장, 사업, 자녀, 부부 관계, 재정, 인간관계 등 모든 영역에서 예수님의 왕권을 인정하고 온전히 주님의 다스림을 구하면 상상을 초월하는 기적을 체험할 텐데, 아직도 내가 왕이 되려는 고집 때문에 다 막혀 있다. 예수님을 왕으로 대하지 않으니까, 삶이 그토록 비참하게 눌려 있는 것이다. 불순종이 하늘나라 창고의 문을 잠가버린단 사실을 알아야 한다.

신약성경에 보면 베드로, 바울, 야고보, 요한 같은 사도들은 정말 초자연적인 기적들을 행하면서 많은 열매를 맺는 사역을 했다. 그런데 가만 보면, 이들은 하나같이 자신들을 그리스도의 '둘로스'(dulos, 종)로 표현한다.

헬라어 '둘로스'는 종 중에서도 낮고 비천한 종을 뜻한다. 종에게 불순종은 생각할 수도 없다. 학생이라면 공부하는 것이 당연하듯이, 종이라면 순종하는 것이 당연했다. 그리고 사도들은 자신들이 왕이신 그리스도에게 절대 순종하였기에 초자연적인 능력을 발휘하며 승리하는 삶을 살 수 있었다.

예수님을 구원자로 영접하면 우리는 사망에서 생명으로 옮겨 가고, 이 땅의 시민에서 천국의 시민이 된다. 하지만 거기에 더해서 그리스도가 나의 왕 되심을 인정하고 나는 그분께 절대 순종하는 종이 되기로 선포하면, 하늘의 능력을 이 땅으로 내려받을 수 있다.

왕이신 예수님께 순종하는 것이 얼마나 중요한지 모른다. 단순히 예수님을 믿는 것만으론 충분치 않다. 마귀도 예수님의 존재를 믿고, 능력을 믿는다. 그래서 예수님 나타나시면 두려워 떨지 않는가? 중요한 것은 예수님을 나의 왕으로 인정하고, 그분의 다스림 밑에 완전히 순종하는 것이다. 그분을 인생의 가장 우선순위에 놓고 섬기는 것이다.

왕이신 예수님을 향한 절대 충성이 흔들리면 인생의 모든 것이 흔들릴 것이다. 예수님의 왕권을 부인하면 내 인생은 온갖 혼란의 파도에 휩쓸릴 것이다. 예수님께 항복해야 그 혼란이 잠잠해질 것이다. 내가 예수님의 다스림에 놓지 않는 모든 영역은 마귀의 놀이터가 될 수 있다.

내가 주님께 항복하면 할수록, 마귀가 비명을 지르며 물러나기 시작할 것이고, 그때부터 나는 완전한 자유와 기쁨을 누리게 된다.

왕은 우리가 어둠의 권세와 싸우길 원하신다

믿음의 선한 싸움을 싸우라 영생을 취하라 이를 위하여 네가 부르심을 받았고 많은 증인 앞에서 선한 증언을 하였도다 딤전 6:12

성도에게 영적 전쟁은 해도 되고, 안 해도 되는 옵션이 아니다. 그것은 하나님이 우리를 구원으로 부르신 목적 그 자체이다. 우리가 서 있는 자리에서 반드시 감당해야 할 싸움을 감당해야 한다. 물러서지 말고, 어둠의 군대를 그 자리에서 몰아내야 한다. 우릴 구원하신 하나님, 우리에게 그 많은 사랑과 축복을 주신 왕이신 예수님이 우리를 믿고 계신다.

그러나 이제 그리스도께서 죽은 자 가운데서 다시 살아나사 잠자는 자들의 첫 열매가 되셨도다 고전 15:20

고대 전투에서는 용맹한 장군이 군대 제일 앞에서 적의 기세를 꺾고 뒤따르는 병사들을 위한 길을 열어준다. 다윗이 골리앗을 쓰러뜨리자 이스라엘 병사들이 노도와 같이 블레셋 군대를 쓸어버렸다. 다윗의 승리를 업고 승리한 것이다.

죽음은 이때껏 그 누구도 돌파해본 적 없는, 골리앗 같은 어둠의 장수였다. 그런데 가장 무서운 적인 죽음의 권세를 부활의 '첫 열매'이신 우리의 왕 예수 그리스도께서 무너뜨리셨다. 난공불락이라고 여겨지던 사탄의 진영 한가운데로 주님이 돌파구를 여셨다. 이제 우리는 우두머리가 치명타를 맞고 휘청거리는 적 진영으로 거침없이 진격하면 되는 것이다.

그러나 패망을 직감한 마귀의 마지막 발악이 극렬할 것이므로 방심은 금물이다. 성경은 "너희 대적 마귀가 우는 사자같이 두루 다니며 삼킬 자를 찾나니" 근신하고 깨어 있으라고 했다(벧전 5:8). 주님이 다시 오실 날이 정말 가까워져 영적 전쟁이 치열해지고 있으니, 영적인 긴장감을 늦추지 말라는 것이다.

세계의 정치, 경제, 문화, 역사가 돌아가는 것을 보면 종말이 가까워져 오는 것이 느껴지지 않는가? 정신을 바짝 차리고 말씀과 기도로 깨어 있자. 왕이신 예수님의 이름으로 우리는 반드시 승리할 것이다.

왕은 우리가 공격하길 원하신다

예수께서 나아와 말씀하여 이르시되 하늘과 땅의 모든 권세를 내게 주셨으니 그러므로 너희는 가서 모든 민족을 제자로 삼아 아버지와 아들과 성령의 이름으로 세례를 베풀고 내가 너희에게 분부한 모든 것을 가르쳐 지키게 하라 볼지어다 내

가 세상 끝날까지 너희와 항상 함께 있으리라 하시니라 마 28:18-20

이 말씀은 부활하신 주님이 제자들에게 주신 '지상명령'이다. 영어로는 'the Great Commission'이라고 하는데, 앞에 정관사 'the'를 붙여서 절대성을 강조한다. 가장 중요하고 시급한 명령, 타협할 수 없고, 어떤 대가를 치르더라도 반드시 해야 하는 절대명령이다.

교회는 그리스도의 군대라고 했다. 군대에서 명령은 절대적이다. 우리의 왕이신 예수 그리스도께서 내리신 지상명령은 구원받은 성도들이라면 예외 없이 모두, 언제, 어디서든 반드시 복종해야 하는 절대성을 갖는 것이다.

자, 그런데 이 절대명령이 어떤 것인가? 지상명령 말씀을 보면 하늘 아버지께서는 부활하신 주님께 '하늘과 땅의 모든 권세를 주셨다'고 했다. 그리고 주님은 그 말씀을 하신 뒤에 바로 '가서 모든 민족을 제자로 삼으라'고 하셨다. 그것은 하나님이 주신 하늘과 땅의 모든 권세로 우리를 지원할 것이니 가서 제자 삼는 일을 하라는 것이다.

'가라'는 말은 마귀가 권세 잡은 세상 한가운데로 들어가라는 말이다. 그 세상 한가운데서 복음을 전해 구원받는 하나님의 백성들을 더 늘려가라는 말씀이다. 영적 전쟁에서 방어만 하지 말고 적진 한가운데로 뛰어 들어가 공격하라는 것이다.

우리의 왕이신 예수 그리스도께서는 우리가 영적 전쟁에서 공세를 취하기를 원하신다. 아무리 막강한 전력이 있어도 군대가 공격 프레임을 취하느냐, 방어 프레임을 취하느냐에 따라 엄청나게 다른 결과를 낳는다.

얼마 전에 넷플릭스에서 2차 세계대전을 다룬 다큐멘터리를 시청한 적이 있다. 2차 세계대전 초창기에 독일을 상대하는 프랑스군 전략의 핵심은 마지노선이었다. 1차 세계대전에서 워낙 큰 피해를 본 프랑스가 그런 끔찍한 전쟁을 막기 위해 개발해낸 방어 전략이 바로 프랑스와 독일 국경을 따라 장장 350킬로미터가 넘는 마지노선 구축이었다.

마지노선은 내부에 병영, 탄약고, 식당, 심지어는 철로까지 만들어둔 엄청난 방어 요새였다. 문제는 프랑스가 80만이나 되는 훈련된 전투 병력을 가지고 있었음에도 그 병력을 다 마지노선 안에 배치해 처음부터 수동적인 방어 전략 중심으로 전쟁에 임했다는 사실이다. 거기다가 이 엄청난 마지노선을 유지하느라 비행기나 기갑부대 같은 공격 무기들을 제대로 만들지 못했다.

결과는 끔찍했다. 전쟁이 발발하자 독일군은 먼저 동쪽의 폴란드를 점령한 뒤, 대규모 비행기들과 기갑부대를 동원해서 중립국 벨기에를 통해 마지노선을 우회하여 엄청난 속도로 프랑스 파리로 진격해버린다. 단 몇 달 만에 프랑스는 수십만 병력을 잃고 항복하고 만다.

많은 군사학자는 당시 프랑스군은 충분히 독일군과 필적할 만한 강군이었음에도 공격 모드가 아닌 방어 모드로만 일관한 것이 패착이었다고 입을 모은다. 그리고 독일군이 처음 동쪽 폴란드를 침공했을 때만 해도 아직 독일군 전력이 그렇게 강하지 않았다고 한다. 만약 그때 프랑스가 빠르게 독일군을 공격했더라면 2차 세계대전의 양상은 전혀 다르게 흘러갔을 수도 있다.

문제는 전략 프레임의 차이였다. 독일군은 아예 처음부터 '동쪽으로는 폴란드, 서쪽으로 프랑스'라는 공격목표를 잡고 전광석화같이 공격할 전략을 짜고 결의를 다지고 있었다. 반면, 프랑스군은 처음부터 마지노선을 중심으로 방어해서 어떻게든 살아남겠다는 수동적인 전략을 세웠다. 그런 수동적인 방어 전략의 틀에 갇혀 있다 보니 80만이라는 엄청난 병력을 가지고도 꼼짝없이 독일군에게 허를 찔려 무너지고 말았다. 최선의 수비는 공격이라는 말이 여실히 입증된 것이다.

우리의 왕이신 예수님은 우리에게 결코 그런 어리석은 우를 범하게 하지 않으신다. 처음부터 세상 한가운데로 복음을 들고 가라는 공격 명령을 내리셨다. "하늘과 땅의 모든 권세"의 화력을 지원해줄 테니 공격하라고 하신다. 그래서 당시 초대교회는 목숨 걸고 막강한 로마 제국 한가운데로 뚫고 들어가 복음을 전하고, 교회를 세웠다. 그리고 3백 년 만에 로마가 복음화되었다.

그런데 이제는 교회들이 자꾸 세상의 공격으로부터 살아남는 수동적 방어 전략을 취하려 한다. 그러나 그렇게 하면 교회는 더 밀리게 될 것이다. 지금 교회가 위기라고들 하는데, 나는 그 위기를 타파하는 길은 지상명령의 정신을 다시 회복하는 것, 즉 수비에서 공격으로 태세를 전환하는 것이라고 믿는다. 교회의 역량을 총집결하여 세상 한가운데로 더 적극적으로 복음을 들고 들어가서 전도하고 선교하는 것이다.

그렇게 순종할 때, 우리의 왕이신 예수님이 우리에게 힘을 주신다. 우리는 자주 마태복음 28장 20절의 "내가 세상 끝날까지 너희와 항상 함께 있으리라"라는 말씀만 따로 떼어 읽으며 은혜를 받는다. 하지만 이 약속은 앞에 나온 지상명령에 대한 순종을 전제로 주신 것이다. 모든 열방의 백성들을 제자 삼는 일에 우리가 전력투구할 때, 순종하는 그 사람과 교회와 세상 끝날까지 함께하시겠다는 예수님의 약속이다.

'왕이신 주님이 우리와 함께하신다'는 것은, 그분의 능력과 보호하심이 우리에게 주어질 것이라는 뜻이다. 하나님이 함께하시는 교회는 세상 끝날까지 어떤 핍박 속에서도 승리한다. 왕이신 예수님의 명령은 불순종하면서 주님의 함께하심만 바라는 이기적인 신앙을 버려라! 복음을 들고 세상 속으로 들어가자! 그러면 왕이신 예수님이 세상 끝날까지 함께하시며 힘을 주실 것이다.

주님의 십자가와 부활은 우리를 죽음에서 구원하셨을 뿐 아니라, 우리가 남은 생애에 평생 헌신해야 할 삶의 목적도 주셨다. 그것은 '세계복음화'이다. 주님이 우리를 보내시는 곳, 보내시는 사람에게 지체 없이 달려가서 섬기는 신실한 제자들이 되자!

왕은 우리가 '함께' 싸우기 원하신다

왕이신 예수님은 우리에게 무엇보다 "서로 사랑하라"고 하셨다. 그리고 함께 영적 전쟁을 싸우라고 하셨다. 군대는 혼자가 아니라, 팀으로 전쟁을 치른다.

> 그러므로 하나님의 전신갑주를 취하라 이는 악한 날에 너희가 능히 대적하고 모든 일을 행한 후에 서기 위함이라 엡 6:13

여기서 '너희가'라는 말은 함께 싸운다는 말이다. 특히 '대적하고'란 말의 원어적 의미는 고대 그리스 병사들이 한 소대씩 짜인 그룹으로 방패를 마주 붙이고 서서 쏟아지는 적의 화살을 막아내며 함께 전진하는 모습에서 나왔다. 당시 훈련된 병사들이 징이 박힌 신발을 신고, 방패를 서로 쫙 붙이고 칼을 들고 함께 버티면 불화살이 비처럼 쏟아져도, 전차대가 달려들어도 튕겨 나가곤 했다. 이렇듯 우리 모두 이를 악물고 팔짱을 끼고 굳건히 서서 버티는 것이다.

우리는 예수님의 군대다. 모두 하나 되어 믿음의 방패를 들고 강하게 버텨야 한다. 영적 전쟁은 혼자 싸우는 게 아니라, 믿음의 형제자매들과 함께 싸우는 것이다.

우리는 혼자 싸워선 안 된다. 서로 기도를 요청하고, 도움을 청하라. 혼자라면 무너져도 둘, 셋씩 짝을 지으면 쉽게 흔들리지 않을 것이다. 우리 한 사람 한 사람의 '파이팅'이 다른 믿음의 형제에게 엄청난 힘을 불어넣어주는 것을 아는가?

태산 같은 적들이 우리 앞을 가로막아도 함께라면 능히 이길 것이다. 그래서 주님은 마지막 날이 가까울수록 더 모이기를 힘쓰라고 하신 것이다. 혼자 힘들고 외로우면 교회에 나오라! 믿음의 형제들에게 기도를 부탁하라! 우리는 예수님의 피로 뭉친 전우들이다. 함께 모이면, 주님은 몇 곱절의 힘을 주실 것이다. 어렵고 힘들수록 서로를 위해 기도하며, 서로를 격려하고, 힘을 주며 함께 버텨내자! 영적 전쟁에서 성도의 하나 됨은 엄청난 능력을 발한다.

진실로 다시 너희에게 이르노니 너희 중의 두 사람이 땅에서 합심하여 무엇이든지 구하면 하늘에 계신 내 아버지께서 그들을 위하여 이루게 하시리라 마 18:19

이것은 단순히 기도 응답에 관한 말씀이 아니다. 성도들이 함께 기도하며 전진하면, 어둠의 세력이 엄청나게 충격을 받고 뒤로 밀려나게 된다는 것이다. 마귀가 우리가 하나 되고 서로 사랑하는 것을 그토록 방해하는 것은 바로 이 때문이다.

우리 모두 왕이신 예수 그리스도를 높이며 승리하는 군대가 되자!

—
우리가 주님을 만왕의 왕이라고 고백할 때,
죄의 권세에 종노릇 하며 살던 우리를 자유케 하셔서
하나님나라의 백성으로 삼아주신 주님의 은혜를 기억합니다.
내 인생의 모든 영역을 왕이신 주님이 다스려주시고,
내 마음과 정성을 다해 왕이신 주님을 사랑하고 섬기게 하옵소서.
왕이신 주님의 군대답게 어둠의 군대와 담대히 싸워 승리하게 하옵소서.

7

만유의 주재

사 9:6

이는 한 아기가 우리에게 났고 한 아들을 우리에게 주신 바 되었는데 그의 어깨에는 정사를 메었고 그의 이름은 기묘자라. 모사라. 전능하신 하나님이라. 영존하시는 아버지라. 평강의 왕이라 할 것임이라

엡 1:20-23

그의 능력이 그리스도 안에서 역사하사 죽은 자들 가운데서 다시 살리시고 하늘에서 자기의 오른편에 앉히사 모든 통치와 권세와 능력과 주권과 이 세상뿐 아니라 오는 세상에 일컫는 모든 이름 위에 뛰어나게 하시고 또 만물을 그의 발 아래에 복종하게 하시고 그를 만물 위에 교회의 머리로 삼으셨느니라 교회는 그의 몸이니 만물 안에서 만물을 충만하게 하시는 이의 충만함이니라

예수 그리스도의 통치

'만유의 주재'라는 예수님의 이름은 우리가 지금까지 살펴본 예수, 그리스도, 주님, 어린양, 임마누엘 등에 비해 우리에게 익숙한 이름은 아니다. 그러나 '만유의 주재'란 이름 속에 담긴 영적 의미는 우리가 예수님을 제대로 이해하는 데 꼭 필요하다.

예수님이 '만유의 주재'시라고 할 때, '주재'(Sovereign)는 한마디로 다스리시는 분, 통치자란 뜻이다. 에베소서 1장 22절에 보면 "만물을 그의 발 아래에 복종하게 하시고"라고 되어 했는데, 여기서 말하는 만물을 영어성경에서는 '모든 것'(everything)이라고 번역했다. 즉, '만유의 주재'라 함은 그야말로 세상 모든 것을 다스리시는 절대적 통치자를 말한다.

그 연결 선상에서, 이사야서 9장 6절을 보면 "한 아이가 우리에게 났고 한 아들을 우리에게 주신 바 되었는데 그의 어깨에는 정사를 메었고"라고 되어 있는데, 여기서 '정사'로 번역된 영어단어 'the government'는 나라를 통치하는 정부를 말한다. 그런데 앞에 정관사 'the'가 붙어서 절대 정부, 가장 높은 최고의 정부가 된다. 이는 우리가 아는 어떤 한 나라의 한시적인 정부가 아닌 모든 나라의 정부 위에 있는 권세를 뜻한다. 이는 에베소서 1장 22절에 나오는 '만물'과 같은 의미로, '만유의 주재'이신 예수님의 통치가 얼마나 크고 절대적인가를 말해준다.

우리는 예수님이 '교회의 머리'이시란 말을 자주 들었다. 그런데 자꾸 그러다 보니까 마치 예수님이 교회 안에만 계시고, 교회 일에만 관여하시는 분이라고 착각하는 경우가 많다. 예수님이 '만유의 주재'라는 사실은 우리의 그런 고정관념을 산산이 무너뜨려버린다.

예수님은 교회도 다스리시지만, 그분의 통치는 교회의 벽을 벗어나 우리가 상상하는 것보다 훨씬 큰 영역을 포함한다. 우리 주 예수 그리스도가 얼마나 크신 분인가를 제대로 알기 위해 그분이 어깨에 메고 운영하시는 거대한 나라가 도대체 어디까지 포함하는 것인지를 살펴보자.

온 우주를 창조하시고 운영하시는 분

성경의 첫 번째 구절은 "태초에 하나님이 천지를 창조하시니라"(창 1:1)라는 선포로 시작한다. 이 말씀은 하나님이 지구만 창조하신 듯한 느낌을 주지만, 실은 지구를 포함한 모든 우주 만물을 창조했음을 말한다. 하늘과 땅, 이 우주 만물은 우연히 그냥 생긴 것이 아니다. 창조주께서 어느 시점에 창조하셨기 때문에 생긴 것이다.

그가 태초에 하나님과 함께 계셨고 만물이 그로 말미암아 지은 바 되었으니 지은 것이 하나도 그가 없이는 된 것이 없느니라 요 1:2,3

예수님이 태초에 천지를 창조하신 그 창조주 하나님이시다. 즉, 만유의 주재 예수님은 온 우주 만물을 창조하신 하나님이신 것이다.

진화론자들은 피조물을 '자연'이라고 부르면서 만물이 스스로 발생하고 발달했다고 주장한다. 그러나 성경은 보이는 세계를 '자연'(nature)이라고 표현하지 않고, '피조물'(creature, creation)로 표현한다. 왜냐하면 모든 것은 자연스럽게 생긴 것이 아니라, 태초에 하나님이 하나하나 의도적으로 창조하신 것이기 때문이다.

영원부터 홀로 스스로 계신 분은 하나님밖에 없으시고, 다른 모든 것은 다 그분이 창조하셨다. 만유의 주재 예수님은 모든 것을 창조하시고 운영하시는 분이다.

이사야서 9장 6절에 소개된 예수님의 이름 중에는 '전능하신 하나님'과 '영존하시는 아버지'가 있다. '전능하시다'라 함은 능력과 지혜가 무한하시다는 뜻이다. '영존하신다'는 말은 '영원하시다'란 말로, 우리처럼 과거, 현재, 미래의 시간에 매이지 않으시는, 시간을 초월하고 주관하는 존재이심을 뜻한다.

예수님이 전능하고 영원한 하나님이시라는 사실을 믿어야 우리는 그분이 이 우주 만물을 창조하고 운영하는 분이심을 이해할 수 있다.

만유의 주재 예수님은 크신 하나님

하나님은 우리가 생각하는 것보다 훨씬 크신 분이시다. 그것은 그분이 창조하신 우주를 봐도 알 수 있다. 우주는 우리가 눈으로 볼 수 있는 것보다 훨씬 크다. 알다시피 빛은 1초에 지구를 일곱 바퀴 반이나 돈다.

그 빛의 속도로 2년은 달려야 우리가 속한 태양계를 벗어날 수 있고, 가장 가까운 별인 알파 센타우리(Alpha Centauri)까지 가려 해도 빛의 속도로 4년은 가야 한다. 그리고 빛의 속도로 10만 년을 달려야 우리가 사는 은하계 이쪽 끝에서 저쪽 끝까지 겨우 이동할 수 있다. 우주에는 그런 은하들이 최소 1천억 개가 존재한다고 한다. 우리가 사는 은하는 수천억 개의 별을 가진 중간 정도 크기이다(우리 눈에 보이는 별은 기껏해야 5~8천 개 정도이다). 이 엄청난 우주를 순식간에 창조하신 하나님의 능력은 얼마나 대단한 것인가!

더 놀라운 것은 우주의 역동성이다. 이 수많은 별과 그 별들 주위의 수많은 행성은 제자리에 가만히 있는 게 아니다. 예를 들어, 우리가 사는 지구만 해도 1초당 약 460미터의 무서운 속도로 자전하고 있다. 이는 음속(340m/s)보다 훨씬 빠른 속도이기 때문에, 우리가 그 소리를 못 듣는 것이다.

그리고 지구는 자전하면서 빠르게 태양 주위를 공전하고 있다. 초속 약 30킬로미터, 즉 소리보다 약 100배나 빠른 무서운 속도로 공전한다. 이렇게 태양 주위를 한 바퀴 도는 데 365일이 걸리는데, 그게 1년이다.

세계에서 가장 빠른 롤러코스터의 최고 속도가 시속 240킬로미터라고 하는데(초속으로 환산하면 약 66미터), 그 속도도 타는 사람에게는 얼마나 빠르게 느껴지는가! 그런데 지금 우리가 올라타 있는 지구는 음속보다 빠른 속도로 자전하면서 동시에 음속의 약 100배의 속도로 공전하고 있는데, 우리는 전혀 아무것도 느끼지 못한다. 우리는 가만히 앉아서 지구라는 거대한 우주선을 타고 우주여행을 하는 셈이다.

지구뿐 아니라 수성, 금성, 화성 같은 태양계의 모든 행성이 그런 식으로 자전과 공전을 하고 있다. 그런데 모든 행성의 공전과 자전 속도는 각각 다를 뿐 아니라 그 방향 또한 다르다. 금성은 다른 행성들과 공전 방향은 같아도 자전 방향은 반대다. 목성에는 현재 79개의 위성이 있는 것으로 확인되고 있는데, 일부는 시계방향으로 공전하고 또 일부는 시계반대방향으로 공전한다. 각 행성들은 이렇게 독특한 개성을 가졌으면서도 완벽한 질서를 유지하며 끊임없이 움직이고 있다.

그런데 이것이 다가 아니다. 우리가 속한 태양계 자체가 빠르게 움직이고 있다. 태양은 한 시간에 80만 킬로미터의 어마어마한 속도로 끊임없이 움직이고 있다(그러면서 지구를 포함한 태양계에 속한 행성들을 끌고 간다). 그런데 이것이 또 다가 아니다. 태양계는 은하계에 속해 있으며, 은하계 자체가 나선형으로 빠르게 회전하고 있다.

자, 그런데 은하계에는 태양계 같은 것이 천억 개가 넘고, 또 우주 안에는 천억 개가 넘는 은하계가 있는데, 이것들이 다 태양계와 우리 은하와 비슷하고 계속해서 빠른 속도로 자전과 공전을 한다.

이지스함 한 대가 최고 속력으로 항해할 경우 시간당 사용하는 기름이 2만 리터 이상이라고 한다. 이를 돈으로 환산하면 거의 2천만 원에 달한다. 그런데 이 많은 행성과 별들을 계속해서 움직이게 하는 엄청난 에너지는 어디서 나오는가? 바로 만유의 주재 예수 그리스도의 능력이다.

우주는 한마디로 거대한 거미줄같이 얽힌 고속도로망 같고, 그 안으로 별들과 행성들이 쉴 새 없이 쌩쌩 달리고 있는 것이다. 미국에서만 한 해에 약 4만 명에 가까운 사람이 교통사고로 죽는다고 한다. 제아무리

빨라야 시속 200킬로미터에 불과한 차들도 그렇게 교통사고가 자주 나는데, 우주에는 그보다 훨씬 빠른 속도로 움직이는 별들, 행성들, 혜성들, 위성들이 이렇게 많은데 사고가 나지 않는 게 희한하지 않은가?

비행기들이 수도 없이 뜨고 내리는 공항에서 비행기들끼리 사고가 나지 않는 것은 관제탑이 있기 때문이다. 만유의 주재이신 예수님은 우주의 관제탑이시다. 만유의 주재 예수 그리스도의 무한하신 능력과 지혜가 우주를 통제하고 있기 때문에 태양계도, 은하계도, 그리고 그것들을 다 포함하는 이 광활한 우주가 사고 없이 돌아가는 것이다. 우리가 예수님을 만유의 주재로 고백할 때, 그 놀라운 지혜와 능력을 찬양해야 한다.

과학은 하나님의 광대하심을 찬양한다

16세기 초, 폴란드의 천문학자 니콜라우스 코페르니쿠스(N. Copernicus)는 태양이 지구를 도는 것이 아니라 지구가 태양을 돌고 있다는 지동설(地動說)을 제창하여 전 유럽을 충격에 빠뜨렸다. 가장 대경실색하여 분노한 것은 로마 가톨릭교회였다.

당시까지만 해도 지구가 우주의 중심이고, 인간은 그 위에 사는 존엄한 존재이며, 달 위의 천상계는 영원한 신의 영역이라고 생각하는 천동설이 절대 진리로 믿어지고 있었기 때문이다. 그들은 코페르니쿠스가 하나님을 모독했다고 종교재판에 부치기도 했다.

그러나 독실한 신앙인이었던 코페르니쿠스는 지동설은 하나님의 장엄함을 깎아내리기는커녕 되려 높이는 일이라고 생각한 사람이다. 사실 그가 처음 천문학을 하게 된 것도 창세기 1장 14절의 "하늘의 궁창에 광명체들이 있어 낮과 밤을 나뉘게 하고 그것들로 징조와 계절과 날과 해를 이루게 하라"라는 말씀을 묵상하면서부터였다. 선하시며 질서정연한 창조주께서 별을 만드신 목적이 이것이라 믿고 별들을 관찰하기 시작한 것이다.

이런 신앙심에 근거한 과학적 관찰을 전제로 지동설에 착안한 것이기 때문에, 그는 과학으로 신앙을 뒤집으려 한 사람이 아니었다. 오히려 중세기의 잘못된 과학 지식을 신성불가침한 것으로 붙들었던 당시 가톨릭 교회가 문제였다.

오늘날에도 과학과 신앙을 상반되는 것처럼 생각하는 사람이 많은데, 사실 과학과 신앙은 오히려 조화롭다. 코페르니쿠스의 지동설을 과학적으로 검증한 독일의 세계적인 천문학자 요하네스 케플러(J. Kepler) 역시 과학과 신앙의 조화를 몸으로 보여준 인물이었다.

종교개혁이 한창 진행되던 1571년 유럽 한복판에서 태어난 케플러는 신앙의 빛으로 우주의 신비를 밝힌 과학자다. 그는 "천문학자는 자연이라는 책을 연구하는 하나님의 제사장이다"라고 당당히 말했다. 과학을 연구하면 할수록 신앙이 더 굳건해진다는 것이다.

빛의 입자론을 설명하고, 만유인력의 법칙을 발견한 세계적인 과학자 아이작 뉴턴(I. Newton)을 모르는 사람은 아마 없을 것이다. 그런데 그가 과학 연구를 하면서도 항상 성경책을 손에서 놓은 적이 없는 독실한 크리스천이었음을 아는 사람은 적다. 그는 사람들이 자신의 놀라운 연구를 칭찬할 때마다 "하나님이 가지신 진리의 법칙들이 어마어마한테

그중에 하나를 발견했을 뿐"이라고 겸손히 말했다고 한다.

세계적인 생물학자 파스퇴르(Pasteur)는 또 어떤가? 그는 과학자로서 찰스 다윈의 진화론을 가장 적극적으로 반박했던 사람이다. 진화론은 무생물에서 생물이 생겨날 수 있다는 자연발생설을 근거로 하는데, 파스퇴르는 무생물에서 생물이 생겨날 수 없다는 것을 과학적으로 증명했다.

인류 역사의 빛을 밝힌 기라성 같은 과학자들이 공통으로 도달한 결론은 하나다. 과학이 발전하면 할수록, 우리는 만유의 주재 창조주 하나님의 놀라움을 더욱 확인할 수 있다는 사실이다.

만유의 주재 예수님은 아주 섬세하고 세밀하신 하나님

하나님의 권능과 지혜는 홍해를 가르는 것 같은 크고 스펙터클한 일을 행하실 때도 드러나지만, 눈에 보이지 않는 작은 일을 너무나 정교하고 완벽하게 하실 때 극명히 드러난다. 하나님이 만드신 인간의 몸이 그 대표적인 예다.

게놈(genome)이나 디엔에이(DNA), 유전자라는 말을 아마 많이 들어보았을 것이다. 사람의 몸에는 약 60조 개 정도의 세포가 있으며, 세포에는 23쌍의 염색체가 있고, 이 염색체는 약 2만~2만 5천여 개의 유전자를 가지고 있다. 게놈이란 한 생물종의 유전 정보의 총합으로, 인간 게놈은 인간종(種)을 구성하는 모든 유전자로 구성되며, 생명의 유전 암호를 포함한다. 2000년대 초 밝혀진 인간 유전자 지도 초안은, 마치 낯선

암호같이 4가지 알파벳을 기호로 사용되어 특정한 순서로 30억 번 배열되어 있다.

이 유전 정보는 부모로부터 물려받아 복제를 거듭하면서 자손에게 물려주는, 일종의 생명 설계도 구실을 한다. 그 설계도에 따라서 누구는 곱슬머리이고, 누구는 금발이고, 누구는 심장이 안 좋고, 누구는 어디가 안 좋고 하는 것들이 결정된다. 우리 몸 세포 속에 있는 창조주의 설계도가 바로 유전 정보이다.

자, 이렇게 정교한 설계도가 있는데 설계자가 없겠는가? 창조주가 없다는 무신론 진화론자들의 주장은 유전자 설계도는 있는데 설계자가 없다고 하는 억지와 같다.

세계적으로 유명한 진화론 학자인 영국의 리처드 도킨스(Richard Dawkins) 교수는 그의 저서 《눈먼 시계공》에서 생명체의 지적 설계자가 없다고 했으며, 《이기적 유전자》에서는 인간은 유전자에 의해 창조되고 그 지배를 받는 생존 기계일 뿐이라고 주장했다.

상식적으로 생각해서, 사람의 몸과는 비교도 안 되게 구조가 단순한 비행기에도 들어가는 부품이 백만 개가 넘고 똑똑한 설계자가 분명히 있는데, 그보다 훨씬 더 복잡하고 정교한, 60조 개의 세포가 있는 사람을 만드신 설계자가 없겠는가? 무작위로 아무렇게나 키보드를 두드린다고 글이 나오는 것이 아니듯이, 그냥 우연으로 유전 정보들이 맞춰져서 생명체가 태어나지 않는다.

도킨스를 포함한 진화론자들은 DNA가 진화를 증거한다고 얘기하지만, 그들은 DNA의 돌연변이들이 어떻게 새로운 생명체를 만들 수 있는

지에 대해 과학적으로 설명하지 못한다. 도킨스는 생명체가 우연이 만들어지는 것은 있을 수 없다고 인정하면서도 "아주 작은 행운이 쌓이고 쌓이면 진화가 가능하다"라는 어이없는 주장을 한다. 하지만 정작 그 아주 작은 행운, 즉 유전 정보 증가 사례를 하나만 말해달라는 창조론자의 질문에 아무 대답도 못 하고 침묵해버렸다. 인간이 관찰한 유전 정보 증가 사례는 없기 때문이다. 즉, 진화론이 사실임을 증거할 결정적인 과학적 증거가 없는 것이다.

원래 과학자의 기본 자세는 수많은 증거를 정확히 연구해서 그것을 기초로 어떤 결론에 도달하는 것이다. 그런데 진화론자들은 "신은 존재하지 않는다"라는 결론을 미리 내려놓고, 그것을 뒷받침하는 증거들을 억지로 찾아 붙이려니까 논리가 허점투성이다. 과학적이지 않은 것을 그렇게 사실이라고 주장하는 진화론자들이야말로 가장 비과학적인 사람들이 아닐까? 나는 과학과 신앙은 서로 조화되는 것이라고 믿는다. 과학에 더 깊이 들어가면 갈수록 만유의 주재, 창조주 하나님의 존재를 확신할 수 있기 때문이다.

모든 세포에 새겨진 유전 정보는 사람의 머리카락 모근에도 들어 있다. 범죄 수사 드라마를 보면, 현장에 머리카락 하나만 떨어져 있어도 그것으로 유전자 검사가 되어 범인의 정체를 찾는 데 결정적 실마리가 된다. 그래서 나는 '하늘 아버지께는 머리털까지도 다 세신 바 되었다'라고 하신 예수님의 말씀이 얼마나 놀라운 말씀인가를 알게 되었다(눅 12:7 참조). 머리털 하나에도 만유의 주재, 창조주 하나님이 새겨넣으신 유전 정보가 다 들어 있는 것이다. 그것을 인간이 뒤늦게 발견하여 과학

기술로 활용하기 시작한 것이다(사람을 대상으로 하는 머리카락 유전자 검사는 1960년대 말부터 시작되었다고 한다).

국제 인간 게놈 프로젝트를 오랜 시간 이끌었던 세계적인 유전학자 프랜시스 콜린스(Francis Collins) 박사는 그의 책 《신의 언어》(김영사)에서 인간 게놈 서열을 연구하는 일은 "과학적 성취이자 하나님을 향한 숭배의 시간"이었다고 말한다. 그는 유전자 연구를 비롯한 과학이 발전하면 할수록 그 누구도 창조주의 존재를 부인할 수 없다고 말했다.

2000년 6월, 인간 유전자 지도의 초안을 전 세계에 처음으로 발표하는 자리에서 당시 미국의 빌 클린턴 대통령은 "오늘 우리는 하나님이 생명을 창조할 때 사용한 언어를 배우고 있습니다"라고 했다. 어떻게 이런 중요한 자리에서 미국 대통령이 그렇게 노골적으로 종교적인 발언을 할 수 있었을까?

인류 역사상 처음으로 밝혀진 복잡한 인간 유전자 지도를 대통령이 '하나님의 언어'(The language of God)라고 공식적으로 선포한 것은 이 프로젝트의 리더인 프랜시스 콜린스 박사의 적극적인 부탁 때문이었다.

원래 무신론자였다가 27세에 회심하여 크리스천이 된 이 세계적인 과학자는 게놈 프로젝트 총괄책임자로서 대통령 연설에 이어 자신이 말할 차례가 되자 다시 한번 확실히 자신의 신념을 말했다.

"지금까지 오직 하나님만이 알고 있던 우리 몸의 설계도를 처음으로 우리가 직접 들여다보았다는 사실에 저는 겸허함과 경외감을 느낍니다."

세계 최고의 유전학 권위자는 만유의 주재이신 하나님의 능력을 겸손히 인정했다. 이렇듯, 과학의 최고봉에 이르면 인간은 교만해지는 게 아니라 겸손해진다.

하나님은 우리 세포의 유전자처럼 아주 작은 일도 한 치의 실수 없이 경영하는 분이시다. 저 넓고 넓은 우주를 창조하시고 다스리시는 크신 주님이 우리의 작은 세포 하나의 구성과 조합도 세밀하게 관여하셨다. 아까 말한 유전 정보의 알파벳 서열과 배치 하나만 어긋나도 전혀 다른 외모와 체질의 사람이 된다. 그래서 지구상 80억에 가까운 사람들이 각각 다 다른 것이다.

가만 보면 우리가 생각하는 작은 일도 큰 파급효과를 내는 중요한 일이 될 수 있다. 의사들이 수술하다가 실타래 같은 작은 신경줄 하나만 실수로 잘못 건드리면 사람이 말을 못 하게 되거나 몸 일부분이 마비되어버릴 수도 있다.

작은 일 하나도 너무나 중요하다. 그리고 무한한 능력과 지혜의 존재가 아니면 이렇게 작고 섬세한 일을 해낼 수 없다. 만유의 주재 예수님은 우리의 작은 신음에도 응답하시고, 우리의 가장 작은 문제 하나까지도 실수 없이 주관하신다. 그래서 우리는 안심하고 그분께 우리 인생을 맡길 수 있다.

이 땅 다스릴 권위를 인간에게 위임해주셨다

하나님은 천지만물을 창조하신 뒤에 마지막으로 인간을 창조하셨다. 인간이 존귀한 것은 하나님의 형상대로 지어졌기 때문이다.

하나님이 이르시되 우리의 형상을 따라 우리의 모양대로 우리가 사람을 만들고

창 1:26

인간의 전인격은 하나님의 성품과 속성을 그대로 이어받았다. 그래서 모든 피조물 중에 유일하게 인간만이 하나님과 교제하며 사귈 수 있다.

범죄하여 타락하기 전의 인간에게 하나님은 하나님의 대리인으로서 지구 만물을 다스리는 권세와 사명을 주셨다.

하나님이 그들에게 복을 주시며 하나님이 그들에게 이르시되 생육하고 번성하여 땅에 충만하라, 땅을 정복하라, 바다의 물고기와 하늘의 새와 땅에 움직이는 모든 생물을 다스리라 하시니라 창 1:28

"땅에 충만하라. 땅을 정복하라. 모든 생물을 다스리라."

우주를 다스리시는 하나님께서 지구의 모든 만물을 다스릴 권세를 인간에게 일임하셨다. 이건 보통 권세가 아니다. 인간이 타락하기 전에는 모든 맹수도, 바다의 큰 고기들도, 하늘의 새들도 다 만물의 영장인 인간의 권위에 복종했다. 하나님이 그런 힘을 우리에게 실어주셨기 때문이다.

하나님께서 태초에 인간에게 주신 지혜와 능력은 상상을 초월한다. 죄를 지어 타락한 인간도 피라미드를 비롯한 엄청난 물질문명과 정신문명을 만들어냈으니, 오리지널 그대로의 하나님 형상은 얼마나 놀라운 것이었겠는가!

그러나 죄를 지어 타락한 뒤에는 하나님이 주신 지혜와 능력이 말할 수 없이 약화되었고, 그 권위와 위엄이 크게 훼손당했다. 그 결과, 이전에는 자연을 다스렸는데 이제는 자연과 싸워야만 한다. 자연을 너무 두려워한 나머지 자연의 일부인 나무나 바위, 바다를 신으로 섬기는 사람들도 생겼다.

만유의 주재이신 하나님께서 인간에게 천하 만물을 잘 다스리고 경영하라는 소임을 주셨는데, 인간은 죄로 타락한 욕심으로 그 소임을 잘 감당하지 못했다. 그 대표적인 예가 환경파괴이다.

산업혁명 이후 인간의 물질문명은 지구 온난화 현상을 가속하였다. 지금 북극은 전 세계 평균보다 2배 정도 빠르게 기온이 상승하고 있고, 남극의 빙하도 빠르게 녹으면서 해수면이 계속 상승하고 있다. 20세기 초만 해도, 지구의 88퍼센트가 자연 그대로의 상태였는데, 불과 100여 년 사이에 자연이 다 사라져, 지금은 지구의 23퍼센트정도만 야생으로 남았다고 한다. 또한 우리가 이산화탄소를 너무 많이 배출해서 온실효과가 나타나고 물 순환 주기가 변했다. 이로 인해 지구 전역에서 홍수, 가뭄, 산불, 거대 허리케인, 폭설과 혹한이 수시로 발생하고 있다. 이대로 지구가 50년은 더 버틸 수 있을지 모르겠다고 경고하는 학자들이 많다.

이것이 다 우리의 무분별한 욕심과 소비적 삶의 스타일 때문이다. 우리는 필요한 것보다 너무 많이 소비하고 있으며, 너무 쉽게 물건들을 버린다. 예를 들어서, 우리가 아무 생각 없이 막 쓰고 버리는 플라스틱 제품들이 매년 8백만 톤씩 바다로 들어가서 바다를 오염시키고 있다.

공해를 많이 배출하는 공장은 다른 나라나 다른 지역에 지으면 된다고만 생각했지, 그것이 오존층을 파괴하고 미세먼지를 만들며 얼마 못 가 우리 모두에게 독이 되어 그대로 돌아온다는 것을 몰랐다.

세계적인 미래학자 제레미 리프킨(Jeremy Rifkin)은 인간이 만든 문명으로 기후 변화가 왔고, 거기서 코로나 같은 글로벌 팬데믹이 잉태되었다고 했다. 그는 우리가 삶의 방식을 바꾸지 않으면 야생 공간의 소멸과 기후 변화로 더 많은 전염병 대유행이 올 것이라고 경고했다.

정말 모골이 송연한 일 아닌가? 백신이나 치료제 개발이 코로나를 해결하는 기본 해결책이 아니고 우리 삶의 스타일 자체를 바꿔야 한다는 것이다. 우리는 자연 자체를 숭배해서 환경 보호를 하는 것이 아니라, 천지를 창조하시고 우리에게 선물로 주신 만유의 주재 예수님을 믿기 때문에 환경 보호를 해야 한다. 그렇지 않으면 우리를 믿고 만물의 영장으로 삼아주신 하나님 앞에서 직무유기를 하는 것이다.

세상 모든 나라의 역사를 주관하신다

이는 한 아기가 우리에게 났고 한 아들을 우리에게 주신 바 되었는데 그의 어깨에는 정사를 메었고 사 9:6

이 아기가 우주를, 이스라엘뿐 아니라 모든 세계의 역사와 운명을 주관할 힘을 가지고 있다는 뜻이다. 예수님이 나사렛 촌 동네의 말구유에서 나셨다고 해서 예수님을 우리와 같은 존재로 보면 안 된다. 그분이 겸손하셔서 잠시 하나님의 영광을 내려놓으셨을 뿐이지, 실은 엄청난 분이시다. "그의 어깨에는 정사를 메었고"라는 말은 그 어깨에 '청와대를 메었고, 백악관을 메었다'는 말과 같다. 모든 세계 열방과 문명의 흥망성쇠가 다 역사의 주관자이신 예수님에 의해 결정된다.

세계 역사가 돌아가는 모든 과정에 하나님의 섭리가 있다.

그 섭리는 너무나 크고 깊어서 우리가 미처 다 이해할 수는 없지만,

우리가 아는 한 가지는 하나님이 하나님의 백성을 위하여,

하나님의 백성을 중심으로 역사를 움직이신다는 사실이다.

아놀드 토인비(A. Toynbee)를 비롯한 많은 세계적인 역사학자들은 세계 역사의 흐름을 주도하는 어떤 보이지 않는 힘이 있음을 인정한다. 왜냐하면 도저히 상식적으로는 이해할 수 없는 반전들이 역사 속에서 계속 일어나서 역사의 방향을 전혀 예측하지 못했던 방향으로 바꾸어버리기 때문이다. 이는 우리가 인생이나 역사의 어떤 성공 공식을 발견했다고 하는 것이 얼마나 부질없는 짓인지를 보여준다.

누가 성공하면 그 사람의 성공 비결을 담은 자서전이 나온다. 애플(Apple)이나 삼성 같은 기업이 성공하면 그 기업의 성공 사례를 연구한 책들이 나오고, 싱가포르 같은 작은 도시국가가 성공하면 그 나라를 연구하는 책들이 나온다. 모두가 그 성공스토리를 읽고 그처럼 성공하고 싶어 하기 때문이다. 또 성공한 사람들은 자신의 성공 비결을 과시하고

싫어 한다. 이집트의 피라미드도 그렇게 세워진 것들이다.

그런데 이대로만 하면 성공한다는 공식은 대부분 오래가지 못하고 금방 무너짐으로써 그들을 본받으려 했던 사람들을 맥빠지게 한다. 그렇게 승승장구하던 사람이나, 조직, 제국들이 하루아침에 붕괴되는 경우가 얼마나 많은가?

어제 힘 있던 사람들을 오늘까지 기억하는 사람이 별로 없으며, 30년 전에 잘나가던 대기업 중에 지금까지 잘 경영되고 있는 곳은 몇 군데 안 된다. 한때 세계를 호령했던 스페인이나, 포르투갈, 몽골도 이제는 변방의 나라일 뿐이다. 그래서 우리는 역사를 주관하시는 그분 앞에 늘 겸손할 수밖에 없다.

만유의 주재 예수 그리스도께서는 교회의 역사뿐 아니라 세상의 역사를 모두 주관하시는 분이다. 다니엘 시대 사람들에게 무적의 제국 바벨론이 단 70년 만에 무너진다는 것은 상상할 수 없는 일이었다. 세계의 패권을 좌지우지하는 강대국들도 수없이 많이 역사에 등장했다가 사라지곤 했다. 역사를 주관하시는 만유의 주재가 결정하시면 역사는 인간이 상상할 수도 없는 방향으로 확 바뀌어버린다. 전 세계를 1년 넘게 마비시켜 놓은 글로벌 팬데믹 코로나19 사태를 누가 예상이라도 했는가?

세계 역사가 돌아가는 모든 과정에 하나님의 섭리가 있다. 그 섭리는 너무나 크고 깊어서 우리가 미처 다 이해할 수는 없지만, 우리가 아는 한 가지는 하나님이 하나님의 백성을 위하여, 하나님의 백성을 중심으로 역사를 움직이신다는 사실이다.

강성했던 바벨론을 갑작스럽게 무너뜨리고 새로 등극한 페르시아의 왕은 바벨론에 포로로 잡혀 온 이스라엘 백성 모두를 70년 만에 해방하여 고국으로 돌려보냈다. 세계 역사의 중심은 페르시아라고 생각했지만, 하나님은 그 페르시아를 하나님의 성 예루살렘을 재건하는 도구로 사용하셨다.

하나님 역사의 중심, 하나님의 관심은 하나님의 자녀들에게 있다. 우리를 다시 살리기 위해 하나님께서는 우리를 둘러싼 제국의 운명을 바꾸실 것이다. 얼마나 감사한가!

> 권세는 하나님으로부터 나지 않음이 없나니 모든 권세는 다 하나님께서 정하신
> 바라 롬 13:1

눈에 보이는 세상의 정권이 바뀌고, 왕조가 바뀔 때 너무 핑크빛 꿈을 꾸지 말라. 문패만 바뀔 뿐 공중 권세 잡은 자 마귀가 역사하는 세상의 권세는 하나님의 백성을 여러 가지 방법으로 핍박할 것이다. 그러나 두려워하지 말라. 하나님께서도 여러 가지 방법으로 하나님의 백성들을 변함없이 지켜주실 것이다.

세상 역사란 나라와 나라, 나라 안의 여러 정치 세력과 이해집단들 간의 끝없는 권력 투쟁이다. 이들의 전쟁은 인간의 끊임없는 야심, 그리고 이를 이루기 위해 약속도 번복하고 거짓과 배신을 일삼는, 수단 방법 가리지 않는 야비함과 포악성을 보여준다. 그러다가 스스로 패망에 이르게 되는 허무한 세상 권력의 본질을 보여준다.

지금도 보면 한 줌밖에 안 되는 세상의 권력을 잡기 위해 눈에 불을 켜

고 물불 안 가리고 달려드는 가련한 인생들이 얼마나 많은가? 권력에서 밀려난 쪽은 다시 권력을 잡기 위해 필사적이고, 한 번 잡은 권력은 빼앗기지 않기 위해 갖은 편법을 다 동원한다. 예나 지금이나 동서고금을 막론하고 마귀는 세상 권력이라는 달콤한 카드로 얼마나 많은 사람의 영혼을 파괴했는지 모른다.

하나님께서는 기도하는 하나님의 사람 다니엘에게 장차 닥쳐올 세계 역사의 흐름을 환상으로 미리 보여주셨다. 이런 역사를 군이 다니엘에게 미리 계시로 보여주신 까닭이 무엇이겠는가? 그것은 만유의 주재이신 예수께서 악한 세상의 역사도 하나도 놓치지 않고 주관하고 계심을 알려주시기 위함이다.

그 옛날, 그리스의 정복자 알렉산더 대왕이 자신의 후계 계승 구도 하나도 자기 마음대로 못했던 것처럼, 악한 세상 권력자들이 아무리 음모를 꾸며도 자기들 뜻대로 역사가 흘러가지 않는다.

역사의 주관자이신 하나님께서 지켜보고 계시다가 선을 넘으면 반드시 개입하셔서 역사의 물줄기를 하나님이 원하시는 뜻대로 돌려버리시기 때문이다. 그래서 잠시 악이 번성하는 것 같지만, 하나님께서는 역사가 완전히 파국으로 치닫지 않도록 조절해나가신다.

그러므로 역사를 이해하고 미래를 이해하기 위해 만유의 주재이신 예수님을 더욱 깊이 묵상하라!

만유의 주재 예수님은 교회를 통해 세상을 바꾸신다

또 만물을 그의 발 아래에 복종하게 하시고 그를 만물 위에 교회의 머리로 삼으
셨느니라 교회는 그의 몸이니 만물 안에서 만물을 충만하게 하시는 이의 충만함
이니라 엡 1:22,23

예수 그리스도에게 하나님이 주신 능력과 권세의 하이라이트는 교회
이다. 하나님께서 예수님을 "만물 위에 교회의 머리로 삼으셨느니라"라
고 하신 사실을 주목하라.

예수 그리스도는 교회의 머리이시지만, 그의 통치 권한은 교회에만 국
한되지 않고 모든 만물에까지 미친다. 즉, 온 우주와 역사가 그리스도의
다스림을 받는다. 여기에서 교회의 역할은 아주 중요하다. 그리스도께
서는 교회를 통하여 만물을 지배하시기 때문이다.

교회는 그리스도의 몸으로 그리스도의 손과 발이 되어, 그리스도의 뜻
을 세상 속에서 이뤄나간다. 만유의 주재 그리스도께서 교회를 충만케
하시고, 교회는 그 능력을 세상으로 흘려보내 세상을 충만하게 한다.
'충만하게 한다'는 것은 인간이 죄를 짓기 전에 하나님이 원하시던 그 최
고의 모습이 회복된다는 것이다.

만유의 주재이신 예수님은 하나님의 자녀 된 우리도 주님과 함께 만물
을 다스리게 될 것이라고 하신다.

그들로 우리 하나님 앞에서 나라와 제사장들을 삼으셨으니 그들이 땅에서 왕 노

세상이 나를 알아주지 않는다고 속상해하지 말라. 우리가 하나님의 자녀가 된 순간, 예수 그리스도를 우리의 구주로 고백한 그 순간부터, 눈에 보이지 않는 영적인 세계에서 우리는 이미 왕 같은 제사장들이 되었다.

우리의 기도에 따라서 정치가 바뀌고, 범죄율이 줄어들고, 문화가 바뀌고, 경제가 바뀔 것이다. 우린 보배롭고 존귀한 존재들이다. 믿음으로 선포하고 나아가기만 하면, 눈에 보이는 세상 모든 권세를 뒤에서 움직이는 악한 권세들이 다 우리 앞에 벌벌 떨 것이다.

교회가 그리스도의 은혜로 충만해지면 그 교회로 인해 세상의 모든 부분이, 곧 정치가, 경제가, 문화가, 교육이, 가정이 회복되고 아름다워진다. 에스겔서 47장에서 하나님은 에스겔에게 성전 문에서 물이 흘러나오는 환상을 보여주신다. 그 물이 점점 흘러넘쳐서 커지더니 엄청난 강이 된다. 이 강물이 흘러가는 곳마다 생물들이 살아나고, 바닷물도 살아나고, 땅도 살아나게 된다. 고기들이 너무 많아서 어부들이 신나게 노래한다. 강 좌우에는 탐스러운 열매가 주렁주렁 열린 나무들이 수도 없이 생겨난다.

에스겔이 본 성전에서 흘러나오는 물은 교회를 통해서 하나님이 세상으로 흘러보내시는 말씀의 능력, 성령의 능력을 의미한다. 교회의 영적 수준은 그 시대 세상의 운명을 결정한다. 교회가 부흥하고, 건강하게 성장하면, 교회를 통하여 하나님의 축복이 그 사회 곳곳에 강물처럼 흘러

들어간다. 그러면 모든 병들었던 곳들이 회복되고, 더러웠던 곳들이 깨끗해지고, 죽었던 곳들이 살아나게 된다.

우리나라의 교회가 부흥하면서 한국의 정치가 깨끗해지고, 경제가 부흥하며, 문화가 깨끗해지고, 자살하려던 사람들이 살아나고, 범죄율이 떨어지며, 사람들이 따뜻해지고, 긍정적으로 변하게 된다고 생각해보라. 그것이 하나님의 꿈이다. 만유의 주재이신 예수 그리스도께서 반드시 우리를 통하여 그 꿈을 이루실 것이라고 믿는다.

—

만유의 주재이신 주님의 통치는 교회를 넘어
이 지구와 우주를 다 포함하는 것임을 믿습니다.
온 세상을 창조하시고 경영하시는 분,
우리 몸의 설계도를 만드신 전능자,
역사의 주관자이시면서 우리를 위해
한없이 작아지고 섬세해지실 수 있는 분!
교회를 통해 세상을 바꾸길 원하시는
주님의 크고 위대하심을 찬양합니다.
만유의 주재이신 주님의 높고 위대하심을 알 때,
우리는 결코 세상의 강대함 앞에서 기죽지 않습니다.

8

하나님의 아들

J E S U S

요 3:16

하나님이 세상을 이처럼 사랑하사 독생자를 주셨으니 이는 그를 믿는 자마다 멸망하지 않고 영생을 얻게 하려 하심이라

마 3:16, 17

예수께서 세례를 받으시고 곧 물에서 올라오실새 하늘이 열리고 하나님의 성령이 비둘기 같이 내려 자기 위에 임하심을 보시더니 하늘로부터 소리가 있어 말씀하시되 이는 내 사랑하는 아들이요 내 기뻐하는 자라 하시니라

요 14:7-11

너희가 나를 알았더라면 내 아버지도 알았으리로다 이제부터는 너희가 그를 알았고 또 보았느니라 빌립이 이르되 주여 아버지를 우리에게 보여 주옵소서 그리하면 족하겠나이다 예수께서 이르시되 빌립아 내가 이렇게 오래 너희와 함께 있으되 네가 나를 알지 못하느냐 나를 본 자는 아버지를 보았거늘 어찌하여 아버지를 보이라 하느냐 내가 아버지 안에 거하고 아버지는 내 안에 계신 것을 네가 믿지 아니하느냐 내가 너희에게 이르는 말은 스스로 하는 것이 아니라 아버지께서 내 안에 계셔서 그의 일을 하시는 것이라 내가 아버지 안에 거하고 아버지께서 내 안에 계심을 믿으라 그렇지 못하겠거든 행하는 그 일로 말미암아 나를 믿으라

요일 4:15

누구든지 예수를 하나님의 아들이라 시인하면 하나님이 그의 안에 거하시고 그도 하나님 안에 거하느니라

차원이 다르신 분

신약성경에서 '하나님의 아들'이라는 예수님 이름이 49번이나 등장한다. 예수님도 자신을 가리켜 '하나님의 아들'이라고 소개하신 적이 많았다. 하나님의 아들은 하나님의 인격과 능력을 그대로 닮으신 분이시다. 그러므로 우리가 예수님을 '하나님의 아들'이라고 고백할 때, 우리는 예수님이 우리와 차원이 다른 존재이심을 인정하는 것이다.

오늘날 보면 논리적, 윤리적, 도덕적인 신앙만 가지고 있는 사람들이 많다. 하나님 안 믿는 세상 사람들도 예수님을 공자, 맹자, 석가모니 수준으로는 존경한다. 성경 읽을 때도 인간적 상식으로 받아들일 수 있는 내용만 인정한다. 그러나 예수님은 석가모니나 공자처럼 단순히 위대한 성현이 아니시다.

그분은 단순히 인간 중에 가장 위대한 존재가 아니시고, 그 어떤 인간과도 비교할 수 없는 하나님 그 자체이시다. 성경은 단순히 좋은 말들이 담긴 명언집이 아니라, 인간을 만드신 하나님의 지혜와 능력의 스토리인 것이다.

누구든지 예수를 하나님의 아들이라 시인하면 하나님이 그의 안에 거하시고 그

도 하나님 안에 거하느니라 요일 4:15

    우리는 예수님을 위대한 인간이 아니라 하나님의 아들로 고백해야 한다. 우리 인간의 능력과 지혜로 그분을 결코 다 이해할 수가 없다. 예수님은 인간의 지성과 한계로 도저히 알 수 없는 초자연적인 존재이심을 인정하는 것이 진짜 신앙이다.

나와 아버지는 하나이니라 하신대 요 10:30

    예수님을 하나님의 아들이라고 할 때, 예수님이 곧 하나님이심을 믿는 것이다. 하나님의 무한하신 능력과 지혜와 성품을 예수님도 그대로 가지고 계심을 믿는 것이다. 예수님이 이 땅에 너무나 겸손한 인간의 육체를 입고 오셔서 그런지, 당시 예수님 주변 사람들도 예수님이 하늘과 땅을 다스리는 하나님이시라는 사실을 제대로 받아들이지 못했다.

    그 당시 최강대국인 로마의 황제나 하다못해 유대 나라의 왕족으로라도 오셨으면 사람들이 받아들일 수 있었는지 모른다. 그러나 보잘것없는 유대 나라의 나사렛에 평범한 목수의 모습으로 오신 예수님이 하나님의 아들이라고 하시니까, 다들 이 말을 100퍼센트 수용할 수가 없었다. 예수님이 입으신 겸손의 옷이 너무 남루해서 그 안에 숨겨진 하나님의 영광을 사람들이 제대로 알아보지 못했다. 자꾸 인간적인 눈으로 예수님을 판단하려고 하다 보니 크신 예수님을 너무나 작게 보았다.

    하지만 우리가 예수님을 하나님의 아들이라고 고백할 때, 그분이 하늘 아버지와 하나이신 분이라고 믿는 것이다. 하나님은 모든 것을 아시는 전지한 분이시며, 모든 것을 하실 수 있는 전능한 분이시다. 예수님을 하나님의 아들이라 믿을 때 우리는 예수님이 하나님의 전지전능하심을 그대로 갖고 계신 분임을 믿는 것이다. 그분이 우주를 창조하고 운영하시는 크신 분임을, 우리와 차원이 다르신 분임을 인정해드려야 한다.

그런데 우리는 자꾸 우리 수준에서 예수님을 생각하니까 이해가 잘 안 된다. 예수님의 제자들도 그랬다. 예수님이 굶주린 오천 명의 사람들을 보시며 "우리가 어디서 떡을 사서 이 사람들을 먹이겠느냐"(요 6:5)라고 하실 때, 빌립은 "이백 데나리온의 떡이 부족하리이다"(요 6:7)라고 대답했다. 인간적인 수준에서 해결 방법을 생각한 것이다. 그러나 예수님은 그렇게 최소한의 돈으로 간신히 문제를 해결하는 NGO의 리더가 아니시다. 그분은 수백만이 넘는 사람들에게 만나를 먹이실 수 있는 하나님의 아들이셨다.

나사로가 죽은 지 나흘 만에 예수님이 오시자 누이들은 '주께서 여기 나사로와 함께 계셨더라면 죽지 아니하였을 것'이라고 했다. 예수님을 뛰어난 의사 정도로 보았지, 생명의 근원이신 하나님으로 보지 않았던 것이다. 그러나 예수님은 아픈 사람을 고쳐주는 의사의 수준을 뛰어넘으신, 죽은 자에게 생명을 불어넣으시는 하나님의 아들이셨다.

제자들이 예수님을 모시고 배를 타고 갈릴리 바다 위를 건너가고 있었다. 사역에 지치신 예수님이 잠드신 사이, 풍랑이 일어나 배가 엄청나게 흔들렸다. 평생 어부로 잔뼈가 굵은 제자들조차 죽음의 공포를 느낄 정도의 풍랑이었다. 그들은 마침내 예수님을 깨웠다. 잠에서 깨신 예수님은 풍랑을 꾸짖기 전에 제자들의 믿음 없음을 먼저 꾸짖으셨다. 그리고 풍랑을 꾸짖으시니, 순식간에 거친 바다가 잠잠해졌다.

예수님은 왜 제자들을 꾸짖으셨을까? 제자들이 예수님을 하나님의 아들로 제대로 믿지 않았기 때문이다. 예수님이 전지전능하신 하나님의 아들이심을 믿었다면, 그들은 풍랑에 압도되어 그렇게 두려워하지 않았을 것이다.

우리도 그렇다. 우리가 어떤 문제 앞에서 좌절한다면, 그것은 우리 주님이 하나님이심을 인정하지 않는 것이다.

하나님의 지혜를 가지신 분

하나님의 아들이신 예수님은 하나님의 능력을 갖췄으면서 동시에 하나님의 지혜를 가진 분이시다. 예수님이 회당에서 설교하시면 '사람들은 그의 가르치심에 놀랐다'고 했다. 영어성경에 보면 'astonished'(깜짝 놀란, 크게 놀란)라는 단어를 사용하고 있다. 즉, 충격을 받을 정도로 크게 놀랐다는 것이다. 예수님의 가르치심이 그 어떤 율법 학자와 랍비들의 가르침과 비교도 안 될 만큼 뛰어났기 때문이었다.

누가복음에 보면 예수님이 십 대 소년이었을 때도 예루살렘 성전에서 학자들과 토론할 때 그 지혜가 상상을 초월할 정도로 뛰어났다고 했다. 예수님에게는 하나님의 지혜가 가득 넘쳐흘렀다.

세상에는 똑똑한 엘리트들이 얼마나 많은가? 이들이 써낸 철학, 과학, 역사책들은 또 얼마나 많은가? 어지간한 사람들은 그들이 쓴 책들을 이해하기도 힘들다. 그런데 예수님은 너무나 심오한 진리를 너무나 쉽게 말씀하셨다.

우리는 가르치는 것이 어려워 보일수록 실력이 있다고 생각하지만, 진짜 실력자는 어려운 것도 쉽게 풀어서 보여준다. 인류가 펴낸 모든 지식 문명의 지혜들이 작은 호수라면, 예수님의 지혜는 거대한 바다와도 같다.

성경은 예수님의 지혜가 농축된 책이다. 2천 년이 지난 지금도 성경은 역사상 최고의 베스트셀러다. 어지간한 책은 많아야 두어 번 읽고 나면 끝인데, 성경은 평생 읽고 또 읽어도 새로운 깨달음이 솟아난다. 인간의 지혜와 비교할 수 없는 하나님의 지혜가 담긴 책이기 때문에 그렇다.

우리는 예수님에게 기도함으로써 그 지혜에 접속할 수 있다.

> 너희 중에 누구든지 지혜가 부족하거든 모든 사람에게 후히 주시고 꾸짖지 아니 하시는 하나님께 구하라 그리하면 주시리라 약 1:5

어린 나이에 바벨론에 포로로 끌려간 다니엘은 바로 이 비밀을 아는 사람이었다. 변방 유다에서 끌려와 전 세계에서 모여든 쟁쟁한 엘리트들이 가득한 바벨론 궁중 학교에 입학하게 된 다니엘. 그는 과외수업 같은 것도 제대로 받아보지 못한 보잘것없는 소년이었지만, 막상 실력으로 붙어보니 다니엘의 지혜는 경쟁자들보다 훨씬 뛰어났다. 다니엘은 하루에 세 번 간절하게 기도함으로써 하늘의 지혜를 내려받았기 때문이다.

차원이 다르신 분을 의지하라

예수님은 하나님의 무한하신 능력과 지혜를 소유한 분이시다. 한마디로 우리와 차원이 다른 분이시다. 그것을 인정하는 것은 우리의 신앙생활에서 너무나 중요하다.

차원이 다르다는 말을 쉽게들 하지만, 그것이 정확히 무슨 뜻인지 이해하는 사람은 적은 것 같다. 우리가 과학 시간에 배웠듯이 1차원은 길이의 선, 2차원은 넓이를 갖는 평면의 세계다. 그러나 3차원은 거기에 높이가 더해진 세계다.

2차원 세계의 사람은 가다가 길이 막히면 옆으로 돌아가거나 뒤로 후진할 생각만 하지, 그 위를 날아갈 생각은 절대 하지 못한다. 그것은 3차원의 사람에게나 가능한 생각이기 때문이다. 자동차가 아무리 빨리 달려도 비행기와는 게임이 안 되듯이, 2차원의 세계에서 아무리 노력해도 3차원의 세계에 있는 사람과는 게임이 되지 않는다. 이건 노력의 문제가 아니라 차원의 문제이기 때문이다.

하나님은 3차원의 세계에 있는 우리보다 훨씬 높은 차원에 계신 분이다. 그렇기에 우리는 그분이 세상을 운영하시는 능력과 지혜를 감히 어림잡을 수도 없다.

이렇듯 우리가 예수님을 하나님의 아들로 선포할 때, 우리는 그분이 우리와 차원이 다른 세계에서 움직이시는 분임을 선포하고 인정하는 것이다. 어떤 문제를 놓고 '이렇게 힘든 일을 어떻게 할 것인가?'는 우리가 걱정할 일이 아니다. '이것이 과연 그분의 뜻인가, 아닌가?' 이것이 중요할 뿐이다.

이스라엘 사람들이 앞에 놓인 홍해를 건너고 뒤따라오는 애굽의 추격부대를 물리칠 수 있는 인간적인 방법은 전혀 없었다. 아무리 연구하고 회의해도 방법이 없었다. 바다를 갈라서 이스라엘 백성이 건너가게 하고, 갈라졌던 바다를 다시 닫아서 추격부대를 수장하는 방법은 어떤 인간도 상상할 수 없는, 무한한 능력과 지혜를 가지신 하나님만이 하실 수 있는 일이었다.

우리가 예수님을 하나님의 아들로 고백할 때, 우리는 우리가 감히 상상도 못 할 능력을 갖추신 분에게 우리 인생을 맡겨드리는 것이다. 얼마나 가슴 벅차고 흥분되는 일인가! 예수님이 하나님의 아들이심을 믿을 때, 성경 속의 모든 기적이 하나도 의심 없이 그대로 믿어질 것이다.

차원이 다르신 분께 믿음의 순종을 드리라

우리의 상식과 경험, 전문성이 아무리 아니라고 외쳐도 그분께 믿음의 순종을 드려야 한다.

누가복음 5장에 보면 시몬 베드로가 처음 예수님을 만나던 장면이 나온다. 밤이 새도록 그물을 던졌지만, 아무것도 낚지 못해 지치고 허탈해하는 베드로에게 주님이 말씀하셨다.

"깊은 데로 가서 그물을 내려 고기를 잡으라"(눅 5:4).

이때 베드로는 속으로 욱하는 감정이 치밀어 올랐을 것이다. 누구나 자기 전문 분야를 건드리면 자존심이 상하는 법이다. 베드로는 평생 갈릴리 바다에서 고기잡이로 뼈가 굵은 프로 어부다. 그런데 예수님은 척

보기에도 고기잡이와는 거리가 먼 나사렛의 목수 출신이다. 전문가인 자기가 밤새 수고했는데도 안 되는 것을 비전문가인 예수님이 한 수 가르쳐주겠다고 하는데 누가 기분이 좋겠는가?

그러나 그날 베드로는 자존심을 억누르고 "말씀에 의지하여 내가 그물을 내리리이다 하고"(눅 5:5) 그물을 던졌다. 그것은 그의 인생을 바꾸는 위대한 선택이었다. 그물이 찢어지도록 넘치는 고기 떼를 보면서 베드로는 부들부들 떨며 주님 앞에 엎드렸다.

"주여… 나는 죄인이로소이다"(눅 5:8).

베드로는 세계에서 고기를 제일 잘 잡는 사람에게 경의를 표한 것이 아니다. 상식적으로 그 바다에서 밤새 그물질을 했는데도 없던 고기 떼가 그렇게 순식간에 많아진다는 것은 있을 수 없는 일이었다. 전문가이기 때문에 인간의 한계를 너무나 잘 알았다. 베드로는 한 뛰어난 인간을 본 것이 아니라 전능하신 하나님을 만났음을 직감했다.

처음에 자존심 억누르고 그물을 던졌을 때부터 베드로에게는 미약하나마 예수님을 하나님의 아들로 믿는 믿음이 있었다. 그리고 그 믿음이 엄청난 축복을 받았다. 이후로도 베드로는 여러 가지 단점과 실수가 있었지만, 그래도 예수님을 하나님의 아들로 확실히 믿는 믿음으로 엄청난 기적들을 체험하게 된다.

예수님은 따지기 좋아하는 빌립 같은 제자들에게 자신의 이성을 뛰어넘는 믿음의 세계로 가라고 도전하신다.

내가 아버지 안에 거하고 아버지께서 내 안에 계심을 믿으라 요 14:11

성부 하나님과 성자 예수님이 하나이심을 이해하려 하지 말고, 믿으라고 하신다. 믿음은 결단이다. 내가 논리적으로 이해가 안 된다고 해서 완전히 이해될 때까지 기다리겠다고 해서는 안 된다. 세상에서 100퍼센트 확신하고 하는 것은 아무것도 없다. 우리가 중력을 이기고 날아오르는 비행기의 항공역학 논리를 다 이해해서 비행기를 타는 게 아니지 않은가?

사실 우리가 못 믿는 것은 하나님이 부족하셔서가 아니라, 우리 생각이 인간의 한계에 갇혀 있기 때문이다. 현대 과학이 이렇게 발달했어도 아직 우리의 과학과 지성으로 이해하지 못하는 자연현상이 대부분이다. 그런 인간이 어떻게 하나님을 완전히 다 알고 믿을 수 있는가?

그러니 이제 분석은 그만하고, 예수님의 말씀에 따라 그분이 하나님이심을 믿어야 할 때다. 결단할 때다. 믿기로 결단하면 그때부터 새로운 세계가 열린다. 베드로처럼 말이다.

하나님의 능력과 성품을 지니신 하나님의 아들

잘나가는 아버지를 둔 까닭에 어릴 때부터 고생 모르고 자란 재벌 2세, 3세들이 함부로 돈을 쓰고 사람들에게 갑질하는 이야기를 심심찮게 듣는다. 또 역사에 보면 위대한 제국을 이룬 제왕의 아들들이 방탕하여 권력을 함부로 남용하다가 순식간에 나라를 위기에 몰아넣는 경우도 많다.

이 땅에서 잘나가는 아버지를 둔 아들들은 그 힘을 절제하지 못하고 함부로 '부모 찬스'를 쓰다가 망하는 경우가 많다. 그러나 하늘과 땅의 모든 권세를 가지신 하나님의 아들은 전혀 다르셨다. 하나님의 아들이신 예수님은 한 번도 자신에게 주어진 엄청난 힘을 자기 자신을 위해 쓰신 적이 없다.

지난 몇 년간 마블사가 만든 〈어벤져스〉(Avengers) 영화 시리즈가 세계적으로 히트를 했다. 영화를 보면 천둥 번개를 불러오기도 하고, 하늘을 날아다니고, 엄청난 힘으로 탱크 같은 것들을 옮기고, 다른 차원으로 공간 이동을 하기도 하며, 미세먼지처럼 작아지기도 하는 등 온갖 종류의 능력을 가진 슈퍼히어로들이 나온다.

그리고 그들이 다 동원되어야 할 만큼의 초인적인 힘을 가진 악당들과 서로 충돌하는데, 지구 곳곳에 남아나는 곳 없이 부서지고 난리가 난다. 나는 그걸 보면서 '아, 실제로 저런 슈퍼파워를 다 가지신 하나님께서 어떤 인간에게도 그런 파워를 주시지 않은 것이 정말 감사하다'란 생각을 했다. 안 그러면 그 힘을 함부로 쓰는 망나니 슈퍼히어로들 때문에 세상이 남아나질 않았을 것이다.

마귀는 예수님에게 그런 식으로 힘을 사용하여 하나님 아들의 권위를 사람들에게 보여주라고 유혹했다. 광야에서 마귀는 "네가 만일 하나님의 아들이어든 명하여 이 돌들로 떡덩이가 되게 하라"(마 4:3)라고 했으며, 또 높은 성전 꼭대기로 예수님을 데리고 가서 "네가 만일 하나님의 아들이어든 뛰어내리라"(마 4:6)라고 했다. 그렇게 하면 수많은 사람이 "아, 진짜 하나님의 아들이구나!" 하고 감탄하며 예수님을 왕으로 떠받들지 않겠느냐는 것이다.

그러나 예수님은 마귀의 유혹에 절대 넘어가지 않으셨다. 하나님 아들의 능력은 이미 천군 천사가 알고 칭송하며, 마귀들도 알고 두려워한다. 굳이 그것을 이 땅에서 휘두르실 필요가 없었다. 세계 최고의 무술 고수가 꼭 동네 불량 청소년을 때려눕혀야 그 권위가 입증되는 것은 아니다. 차원이 다른 존재는 그렇게 함부로 자신의 힘을 휘두르지 않는다.

예수님은 심지어 자기 목숨을 살리는 데도 하나님 아들의 초자연적인 힘을 사용하지 않으셨다.

> 지나가는 자들은 자기 머리를 흔들며 예수를 모욕하여 이르되 성전을 헐고 사흘에 짓는 자여 네가 만일 하나님의 아들이어든 자기를 구원하고 십자가에서 내려오라 하며 마 27:39,40

그러나 예수님이 그들의 말대로 하나님 아들의 능력으로 십자가에서 내려오셨다면 우리는 모두 각자 자기의 죗값을 지고 죽어야 했을 것이다. 하나님의 아들 예수님이 우리를 구원하시기 위하여 자기 자신을 구원하기를 포기하셨다.

정말로 놀라운 일이다. 우리는 주머니칼 하나만 있어도 그 힘을 과시하고 휘두르고 싶어 한다. 그런데 예수님은 절대 능력이 있는데도 그것을 쓰시지 않았다. 자기 목숨을 잃는 순간까지도. 그것이야말로 하나님 아들의 절제력이니까 가능한 일이다. 앞에서도 얘기했듯이, 이 세상에는 쥐꼬리만 한 힘을 가진 아버지를 믿고 함부로 힘을 휘두르는 사람들이 많다. 그러나, 예수님은 아니셨다.

예수님은 자기에게 주어진 초자연적인 힘을 한 번도 자신을 위해 사용하지 않으시고 절제하셨다. 그것은 예수님이 하늘 아버지에게 순종하는 선하신 아들이었기 때문이다.

그가 아들이시면서도 고난으로 순종함을 배워서 온전하게 되셨은즉 자기에게
순종하는 모든 자에게 영원한 구원의 근원이 되시고 히 5:8,9

절대 권력을 가지고 태어나신 그분은 자신의 힘을 한 번도 이기적으로 쓰지 않으시고 온전히 순종하셨다. 그 순종이 십자가 고난의 길이었다. 그 순종의 십자가가 우리 모두를 죽음에서 구원한 것이다.

예수님이 하나님의 아들로서 가지신 힘을 그토록 절제하실 수 있었던 것은 하나님의 아들이신 그분이 하나님의 성품을 가지고 계셨기 때문이다. 갈라디아서 5장에 언급된 성령의 열매 9가지를 보면 예수님이 가지셨던 하나님의 성품이 어떤 것인지 알 수 있다.

오직 성령의 열매는 사랑과 희락과 화평과 오래 참음과 자비와 양선과 충성과 온
유와 절제니 이 같은 것을 금지할 법이 없느니라 갈 5:22,23

세상에서 가장 겁나는 일이 악한 자가 힘을 가지는 것이다. 반대로 세상에서 가장 축복된 일은 선하고 지혜로우신 분이 절대 능력을 갖추는 것이다.

예수님이 바로 그런 분이셨다. 하나님 아들의 절대 능력은 사랑과 희

락과 화평과 오래 참음과 자비와 양선과 충성과 온유와 절제라는 하나님의 성품에 통제된다. 그러니 얼마나 감사한 일인가!

그래서 예수님이 이 땅에서 하나님의 아들로서 초자연적인 힘을 사용하실 때는 모두 앞에 언급된 하나님의 성품에 따른 사랑과 섬김을 위해서였다. 병자들을 치유하고, 죽은 과부의 아들을 살려내시며, 굶주린 자들을 먹이고, 귀신 들린 자들에게서 귀신을 쫓아내는 기적들을 가만히 살펴보라. 자기의 힘을 과시하기 위한 기적은 단 한 건도 없었다. 모두 절망 속에 있는 사람들의 고통을 덜어주고 소망을 불어넣어 주는 기적이었다.

하나님의 아들 예수님은 하나님의 성품으로 하나님의 능력을 선하게 사용하셨다. 그리고 우리에게도 그것을 배우라고 하셨다.

"나는 온유하고 겸손하니… 내게 배우라"(마 11:29).

세상에서 가장 겁나는 일이 악한 자가 힘을 가지는 것이다.
반대로 세상에서 가장 축복된 일은 선하고 지혜로우신 분이
절대 능력을 갖추는 것이다.

우리를 죄에서 구원하러 오신 하나님의 아들

예수님이 가지셨던 하나님 성품의 하이라이트는 사랑이었다. "하나님은 사랑이시라"(요일 4:16)라고 했는데, 예수님의 인생이 바로 하나님의 사랑을 우리에게 100퍼센트 풀어주신 것이었다.

하나님이 세상을 이처럼 사랑하사 독생자를 주셨으니 이는 그를 믿는 자마다 멸
망하지 않고 영생을 얻게 하려 하심이라 요 3:16

사랑은 상식을 초월하고 논리를 초월한다. 사랑하면 어떤 값비싼 대
가라도 치른다. 독생자란 말 그대로 하나밖에 없는 외동아들이다. 하
나님은 그 귀하디 귀한 하나님의 아들을 우리 같은 죄인들을 구원하시
기 위해 내어놓으셨다. 이 트레이드가 얼마나 비상식적인가 하면, 이건
마치 삼성 같은 대기업을 통째로 넘겨주고 작은 구멍가게 하나 살렸다
는 것이나 마찬가지다. 그런데 이보다 더 말도 안 되는 희생을 하나님이
하셨다. 죄인 된 우리를 위해 귀하신 하나님의 아들 예수 그리스도를 십
자가에 돌아가시게 한 것이다.

주위를 둘러보라. 뉴스를 검색해보라. 자기 자신의 내면을 들여다보
라. 폭력과 음란과 미움과 음모와 분노와 우울과 거짓이 사방에 가득
차 있다. 이 세상이 과연 하나님 아들의 생명과 바꿀 만한 가치가 있는
아름다운 세상인가? 절대 그렇지 않다. 그러나 하나님은 이 세상을 구
원하기 위하여 자기 아들을 보내어 죽게 하셨다. 충격이다. 우리가 귀중
한 존재라서 하나님이 우리를 사랑하신 게 아니다. 하나님이 우리를 사
랑하셨기에 우리가 귀중한 존재가 된 것이다.

사랑의 무게는 그 사랑을 위해 얼마나 값을 치를 수 있느냐가 결정한
다. 볼펜을 내가 천 원 주고 샀으면 그 볼펜은 천 원짜리다. 예수님의 생
명을 바쳐서 나를 사셨으면 나는 예수님만큼의 가치가 있는 것이다. 하
나님 아들의 생명을 주실 만큼 귀중한 존재다.

죄는 그냥 없어지는 게 아니다. 누군가가 그 죗값을 치러야 한다. 또 아무나 죗값을 치를 수 있는 게 아니다. 죗값을 치르려면 자신은 아무 죄 없는 존재여야 한다. 동시에 그 죗값을 치르는 자는 모두가 아무 반론도 제기하지 못할 만큼 고귀한 자여야 한다. 그래서 하나님은 우리의 죗값을 죄 없으신 하나님 아들의 생명으로 치르신 것이다. 그러니 우리의 죄를 씻기 위해서 아들의 생명을 내놓으신 하나님의 사랑이 얼마나 엄청난 것인가?

어둠의 권세를 멸망시키러 오신 하나님의 아들

예수님이 가시는 곳마다 귀신 들린 자들이 비명을 지르며 고꾸라졌고, 그 안의 귀신들이 외쳤다.

"하나님의 아들이여 우리가 당신과 무슨 상관이 있나이까"(마 8:29).

마귀들은 예수님의 영적 권세를 그 누구보다 먼저 알아보고 공포에 떨었다.

> 죄를 짓는 자는 마귀에게 속하나니 마귀는 처음부터 범죄함이라 하나님의 아들
> 이 나타나신 것은 마귀의 일을 멸하려 하심이라 요일 3:8

하나님께 반역하여 쫓겨난 사탄이 잠시 이 세상의 권세를 맡아 가지고 있었다. 그는 가짜 임금이다. 그러나 하나님의 아들이신 예수님, 진짜 임금이신 그분께서 육체를 입고 이 땅에 오시면서 마귀의 권세에 선전

포고하신 것이다. 이제 예수님은 마귀의 힘에 눌려 세상의 노예로 살아가는 우리에게 자유를 주고자 하신다.

주님이 광야에서 마귀를 물리치실 때, 우리의 평강을 위해 싸우신 것이다. 주님이 우리 죄를 위해 십자가에 달려 돌아가셨을 때, 그분은 우리의 구원을 위해 싸우셨다. 주님이 하늘로 가시면서 우리에게 성령을 보내셨을 때, 그분은 우리의 인생을 위해 싸우셨다.

예수님을 하나님의 아들로 믿을 때 우리는 그분이 인간 이상의 존재이심을 믿는 것이다. 인간은 인간을 구원할 수 없다. 인간을 구원하기 위해서는 인간 이상의 존재, 하나님이셔야 한다. 인간의 육체를 입고 오신 하나님의 아들 예수님이 바로 그런 분이셨다.

성경 속 이야기는 우리가 하나님을 위해 싸우는 게 아니라 주님이 우리를 위해 싸워주시는 이야기다. 그리고 전지전능하신 하나님의 아들이 우리를 위해 싸워주심을 알 때 우리는 강하고 담대할 수 있고, 평안할 수 있다.

하나님의 아들은 아버지께로 우리를 연결해준다

예수께서 이르시되 내가 곧 길이요 진리요 생명이니 나로 말미암지 않고는 아버지께로 올 자가 없느니라 요 14:6

요한복음 14장 6절을 영어성경으로 보면 다음과 같다.

"Jesus answered, 'I am the way and the truth and the life. No one comes to the Father except through me'"(NIV).

여기서 먼저 주목할 것은 길(way), 진리(truth), 생명(life), 이 세 가지 명사 앞에 모두 정관사 'the'가 붙어서 절대 고유 명사가 되었다는 것이다. 즉, "I am the way"라고 하면 '나 외에 다른 길은 없다, 내가 유일한 길이다'란 뜻이다. 마찬가지로 "I am the truth"라고 하면 '내가 절대적 진리다'란 뜻이며, "I am the life"라고 하면 '오직 나만이 참 생명을 줄 수 있다'라는 뜻이다.

예수님만이 하나님께로 가는 유일한 길이다. 이것은 다리의 개념으로 이해하면 쉽다. 인간의 죄로 인하여 거룩한 하나님과 죄인 된 인간 사이에는 엄청난 간극이 생겨버렸다. 그래서 이것을 연결하는 길, 다리가 필요하다. 예수님이 말씀하신 길이란 죄인인 인간이 하나님께 이르는 길이다. 우리의 어떤 선행으로도 하나님께 갈 수가 없다. 우리는 하나님의 아들 예수 그리스도의 십자가 보혈을 통해서만 하나님과 화목할 수 있고, 그분을 믿을 때만 하나님께 갈 수 있다.

예수님은 또한 하나님이 우리에게 오시는 길이기도 하시다. 모든 하늘의 축복과 능력과 음성이 다 예수님을 통해서 온다. 우리가 예수님의 이름으로 기도할 때, 예수님의 이름을 높일 때 하나님께서 우리에게 능력과 사랑으로 오시는 것이다.

예수님이 놓아주신 하나님과 우리를 잇는 길은 예수님의 십자가 죽음을 토대로 이뤄진 것이다. 십자가로 인하여 하나님과 우리 사이에 길이 열렸고, 우리에게 영원한 생명이 주어졌다.

"나로 말미암지 않고는 아버지께로 올 자가 없느니라"(요 14:6).

예수님을 모르는 많은 이들이 "세상엔 많은 종교가 있는데, 왜 기독교만 구원으로 가는 유일한 길이라고 하는가? 어떻게 정상으로 가는 길이 한 길만 있을 수 있는가?" 하며 반문할 수도 있지만, 안타깝게도 할 수 없다. 내 컴퓨터에 접속하는 비밀번호는 딱 하나뿐이다. 하나님께로 가는 길은 딱 하나, 예수 그리스도뿐이다.

19세기 중반, 남북 전쟁이 끝난 지 얼마 안 되어서 미국 워싱턴 백악관의 대통령 집무실 밖에는 링컨 대통령을 만나러 온 수많은 사람이 기다리고 있었다. 그때까지만 해도 요즘처럼 컴퓨터나 전화로 사전 예약을 하고, 신상 조회하는 시스템이 없었다. 그래서 대통령을 만나기 원하는 사람들은 매일 아침 일찍 와서 이름을 써놓고 하염없이 기다려야 했다. 물론 정부 고위 관료들이나 대통령과 친분이 있는 사람들은 어떻게 해서든지 좀 빨리 대통령을 만날 수 있었지만, 대부분의 사람은 종일 대책 없이 기다리다가 업무 시간이 끝나면 그냥 집으로 돌아가야만 했다.

그날도 나이 든 참전군인 한 사람이 대통령을 만나러 와서 오후 늦게까지 기다렸으나, 기다리는 사람이 너무 많아 만나지 못하고 있었다. 그런데 한 귀여운 남자아이가 대기실 이곳저곳을 뛰어다니고 있었다. 기다림에 지친 사람들은 귀찮은 듯 짜증 난 표정으로 그 아이를 외면했다. 그러나 이 군인은 집에 있는 자기 아들과 비슷한 또래의 이 아이가 귀여워서 함께 놀아주기도 하고, 이 얘기 저 얘기를 나누기도 했다.

그러고 있는데 저쪽 창구에서 대통령 비서가 나오더니, "자, 오늘의 업무 시간이 끝났습니다. 대통령 각하는 방문객을 더 만나실 수 없습니다. 다들 돌아가주시기 바랍니다" 하는 것이었다. 기다리던 사람들은 한숨을 쉬며 주섬주섬 옷을 챙겨 방을 빠져나갔다. 이 군인도 기가 팍 죽어서 아이에게 작별 인사를 하고 나가려고 하는데, 아이가 "아저씨, 따라오세요. 제가 대통령 각하를 만나게 해드릴게요!"라며 손을 잡고 끄는 게 아닌가. 군인은 기가 차서 "애야, 네가 어떻게…" 하는데, 이미 아이는 군인의 손을 잡고 사무실 문으로 달려가고 있었다. 그런데 놀랍게도 사무실 문 앞에 있던 무서운 비서들과 경호원들이 모두 그 아이를 보고는 웃으면서 길을 비키는 것이 아닌가? 그리고 사무실 문이 열리는 순간, 검은 수염의 링컨 대통령이 보이자 아이가 크게 소리 질렀다.

"아빠, 이 아저씨 좀 만나주세요."

그 아이는 바로 링컨 대통령이 너무나 사랑하는 아들 테드(Ted)였다.

하나님의 아들 예수님은 우리가 저 높고 높은 하늘 아버지의 임재 앞으로 바로 갈 수 있도록 연결해주는 다리가 되신다. 우리가 하나님의 아들 예수의 이름으로 기도할 때, 기적의 응답을 주겠다고 약속하신다.

> 너희가 내 이름으로 무엇을 구하든지 내가 행하리니 이는 아버지로 하여금 아들
> 로 말미암아 영광을 받으시게 하려 함이라 요 14:13

하나님의 아들 예수 그리스도. 그 이름은 기적의 이름이요, 능력의 이름이다. 우리가 그 옛날 갈릴리 호숫가의 베드로처럼 자존심을 버리고, 우리와 차원이 다른 하나님 아들의 이름을 의지하고 순종하면, 기적을 체험할 것이다.

하나님의 아들 예수 그리스도. 그것은 구원받은 우리 하나님의 자녀들이 이 땅에서 살면서 언제든지 붙잡을 수 있는 이름이다. 오늘 그 이름을 붙잡고 일어나 승리하는 우리가 되기를 축원한다.

—

주님을 하나님의 아들이라 고백할 때,
우리와 차원이 다르신 능력과 지혜의 주님을 인정합니다.
한정된 우리의 생각으로 함부로 주님을 판단하지 말고,
오직 믿음의 순종을 드려야 함을 알았습니다.
그 엄청난 능력을 절제하시며 우리를 죄로부터 구원하기 위해
인간의 모습으로 이 땅에 오신 주님의 겸손한 사랑에 감격합니다.
하나님의 아들이신 주님을 통하여
우리는 담대히 하늘 아버지께 나아갈 수 있게 되어 감사하고 또 감사합니다.

9

✳

인자

JESUS
CHRIST
LORD
IMMANUEL
THE LAMB
THE KING OF KINGS
SOVEREIGN
THE SON OF GOD
THE SON OF MAN
ALPHA AND OMEGA
THE WORD INCARNATE
THE PRINCE OF PEACE
THE GREAT HIGH PRIEST
THE VINE
THE GOOD SHEPHERD

J E S U S

요 1:51

또 이르시되 진실로 진실로 너희에게 이르노니 하늘이 열리고 하나님의 사자들이 인자 위에 오르락 내리락 하는 것을 보리라 하시니라

히 2:14-18

자녀들은 혈과 육에 속하였으매 그도 또한 같은 모양으로 혈과 육을 함께 지니심은 죽음을 통하여 죽음의 세력을 잡은 자 곧 마귀를 멸하시며 또 죽기를 무서워하므로 한평생 매여 종 노릇 하는 모든 자들을 놓아 주려 하심이니 이는 확실히 천사들을 붙들어주려 하심이 아니요 오직 아브라함의 자손을 붙들어 주려 하심이라 그러므로 그가 범사에 형제들과 같이 되심이 마땅하도다 이는 하나님의 일에 자비하고 신실한 대제사장이 되어 백성의 죄를 속량하려 하심이라 그가 시험을 받아 고난을 당하셨은즉 시험 받는 자들을 능히 도우실 수 있느니라

눅 9:22

이르시되 인자가 많은 고난을 받고 장로들과 대제사장들과 서기관들에게 버린 바 되어 죽임을 당하고 제삼일에 살아나야 하리라 하시고

눅 19:10

인자가 온 것은 잃어버린 자를 찾아 구원하려 함이니라

눅 21:27

그 때에 사람들이 인자가 구름을 타고 능력과 큰 영광으로 오는 것을 보리라

하나님의 아들과 인자

'인자'(The Son of Man)는 앞 장에서 살펴본 예수님의 이름인 '하나님의 아들'과 짝을 이루는, 그 연결선에 있는 주제이다.

먼저 우리가 반드시 기억해야 할 것은, 예수님은 '이 땅에 육체를 입고 오신 하나님'이시란 것이다. 따라서 예수님은 완전한 하나님이시면서, 완전한 인간이셨다. 앞에서 '하나님의 아들'이란 이름을 통해 우리가 예수님의 신성(神性, Divinity)을 다루었다면, 여기서는 '인자'(사람의 아들, The Son of Man)라는 이름을 통해 예수님의 인성(人性, Humanity)을 다루게 된다.

'하나님의 아들'을 다루면서 우리는 예수님이 우리와 차원이 다르신 분, 무한한 능력과 지혜를 갖추신 하나님이심을 믿고 주님을 대해야 한다고 배웠다. 우리 눈에 불가능하다고 해서 결코 주님에게도 불가능한 게 아님을 알아야 하고, 그렇기에 우리는 어떤 절망적인 상황 속에서도 주님을 믿고 우리 삶의 조종간을 그분께 맡겨드려야 한다. 그때 비로소 우리 마음이 평안하고 담대해질 수 있다. 예수님이 하나님의 아들이심을 믿는 초자연적인 믿음은 그런 것이다.

인간의 삶을 직접 사심으로 우리를 이해하신다

그러나 한 가지 조심해야 할 것은 예수님이 우리와 차원이 다른 하나님이시라는 사실만 너무 강조한다면, 그분은 우리와 너무 동떨어진 분이 되시고 말 것이라는 사실이다. 그렇게 생각하면 그분은 그저 하늘 높은 곳에 계셔서 우리가 매일 겪는 고난과 정기적인 삶의 순간들을 이해하지 못하실 것이고, 관여하지도 않으실 것 같다. 아니, 우리한테는 별 관심이 없으신 것처럼 느껴질지도 모른다. 또 거룩을 타협하지 않으시는 분이라 우리가 잘못하면 호되게 매를 때리는 무서운 분으로 생각되기도 한다.

안타깝게도 구약시대 유대인들이 하나님을 이와 비슷한 시각으로 바라보았다. 그래서 하나님을 예배하는 것도 중재자인 제사장을 세워서 일 년에 몇 번, 제사장이 백성을 대신하여 성전으로 들어가 희생제사를 지내는 것으로 끝났다. 백성들 개개인이 직접 하나님을 예배한다는 것은 감히 생각도 하지 못했다.

구약의 유대인들에게 하나님은 너무 강하시고, 너무 깨끗하시고, 너무 무서운 분이어서 가까이하기에는 너무 먼 분이었다. 그래서 자기들 인생이 죄의 노예가 되어 신음하며 죽어가면서도 감히 하나님의 손을 잡지 못했다. 하나님은 너무나 가슴이 아프셨다. 인간을 향한 하나님의 사랑을 보여주고 전달하고 싶은데, 인간들은 하나님을 너무 멀고 무섭게만 보니까 하나님도 괴로우셨다. 특히 죄의 노예가 된 인간들이 자신들의 힘으로는 결코 죄에서 자유하지 못할 것을 아시니까 더욱 마음이 아프셨다.

그래서 하나님께서 직접 인간의 육체를 입고 이 땅에 오신 것이다. 하나님이 인간의 육체를 입으셨다고 해서, 우리는 이것을 '성육신'(成肉身, Incarnation) 사건이라고 부른다.

성육신은 예수님의 겸손이 얼마나 엄청난 것인지를 보여준다. 창공을 마음껏 활개 치고 다니던 거대한 독수리를 사냥꾼이 잡아서 좁은 새장에 가둬 놓았다. 그랬더니 모이를 잘 주었는데도 몇 주 못 살고 죽었다는 기사를 읽은 적이 있다. 왜 그럴까? 하늘의 왕자인 독수리는 그 큰 날개를 활짝 펼치고, 넓은 창공을 맘껏 누비며 살아야 하기에 그렇다. 그 자유를 빼앗고 하늘에서 떨어뜨리는 것은 하늘의 왕자라는 그의 위엄을 빼앗는 것이며, 그때 그는 그 치욕과 고통을 견디지 못한다. 차라리 죽는 것이 낫다.

미물인 독수리도 그럴진대, 온 우주에 그 임재가 가득하신 전지전능의 하나님, 숨결 하나로 거대한 홍해를 가르시고, 말씀 하나로 천지를 창조하신 하나님이 작은 인간의 몸을 입으시고, 이 좁은 지구에, 3차원의 세계 속에 스스로 갇히셨다. 그 죽음과도 같은 고통을 상상할 수 있는가? 하나님이 사람 되셨다는 것 자체가 얼마나 무서운 고통을 감내한 것인지 우리는 모른다.

지금 우리에게 당장 아프리카 난민들 속에 섞여서 같이 먹고 자라고 하면 어떻겠는가? 인간 세계 안에서도 자기 현재 수준 밑으로 조금 내려가기가 그렇게 힘이 든다. 그런데 그 멋진 천국에 사시던 거룩하신 하나님의 아들이 보좌를 버리고 내려와 이 더러운 인간의 땅에서 사시는 고통은 어땠을까?

선거철이 되면 정치인들이 다 자신이 가난하고 힘든 사람들의 심정을 가장 잘 이해하는 것처럼 서민 코스프레를 한다. 그러나 며칠 시장통을 돌면서 허름한 음식 먹고, 상인들과 악수하고 사진 찍어준다고 해서 그들이 진짜 가난한 서민들의 삶을 이해하는 것이 아니다.

오래전 TV 프로그램 중에 〈체험! 삶의 현장〉이라고 인기 연예인들이나 사회 명사들이 험한 육체노동 현장에 투입되어 종일 일해 보는 프로그램이 있었다. 프로그램을 보면, 그들은 단 하루 일하고 모두 파김치가 되어버리곤 했다. 그러나 그렇게 매일매일 수십 년을 살아온 사람들 앞에서는 그 또한 쇼맨십에 가깝다.

예수님은 다 경험해보셨다

그러나 예수님이 인간이 되셨다는 것은 그렇게 잠깐 카메라 의식해서 하는 쇼가 아니었다. 실제로 예수님은 인간의 몸으로 33년이나 되는 긴 시간을 살아보셨다. 그것도 잘사는 나라의 화려한 왕족이나 재벌의 삶이 아닌, 강대국의 식민지였던 약소국의 가난하고 힘든 흙수저의 삶을 살아보셨다.

누군가를 이해하려면 그 사람과 같은 형편과 상황에 있어봐야만 한다. 배고프지 않으면 배고픈 사람의 고통을 모르고, 아파보지 않은 사람은 아픈 사람의 고통을 모른다. 예수님은 친히 인간의 몸을 입고 인간 세상에 사시면서, 모든 배고픔과 배신과 고독과 아픔을 다 겪어보셨다. 그래서 인간을 가장 잘 이해하신다.

누가복음 2장 51절에 "예수께서 함께 내려가사 나사렛에 이르러 순종하여 받드시더라"라는 말씀이 있다. 단순히 부모에게 순종했다는 말이 아니다. 하늘 아버지께서 정해주신 동안에 평범한 한 인간으로의 삶의 무게를 다 감당하셨다는 이야기다.

예수님의 육신의 아버지 요셉은 시골 마을 나사렛의 목수였다. 가난한 자영업자였다. 나는 성지순례를 하면서 나사렛을 방문했던 적이 있다. 그 당시 목수들이 운영했던 허름한 공방들을 재현해놓은 곳에도 가보았다. 우리 주님은 그런 허름한 곳에서 매일매일 사람들의 농기구와 가구들을 만들어주고 수리해주며 서른 살이 될 때까지 사셨다.

목수 일은 정말 힘들고 지루한 작업이다. 오래전에 이케아(IKEA)에서 조립형 가구를 한 번 주문해서 조립하다가 거의 폭발 직전까지 갔다. 가구 하나 만드는 데 부품이 그렇게 많이 필요한지 몰랐다. 가구 조립한다고 손가락 찧고 다치고 하면서 몇 시간 끙끙댔는데도 진전이 별로 없었다. 결국은 손재주가 뛰어난 아내가 그 힘든 역사(?)를 마무리했다. 그때부터 가구를 만들고 조립하는 분들을 존경하게 됐다.

예수님은 종일 물건 만들고 조립하고 고치는 일을 하시면서 육체노동으로 생계를 유지하는 것이 얼마나 힘든 것인지 경험하셨다. 일을 하다가 다친 적도 많았을 것이다. 상해보험도 없던 시대에 얼마나 힘드셨을까? 기껏 만들어주고 고쳐준 가구를 들고 와서 이게 뭐냐고, 마음에 안 드니 돈 못 내겠다고 난리를 떠는 진상 고객들은 왜 없었겠는가? 직장에서 그렇게 마음고생하는 것이 무엇인지도 다 경험해보셨을 것이다.

게다가 예수님이 자라신 나사렛은 화려한 도시가 아니고 누구든지 촌 동네라고 무시하는 곳이었다. 목수라는 직업도 가난하고 평범한 직업이었다. 안 그래도 그 당시 로마의 식민지였던 유대 사람들은 로마인들에게 무시당했을 텐데, 시골 나사렛의 목수였던 예수님은 또 같은 유대 도시 사람들에게도 무시당하는 일이 많았을 것이다. 예수님은 이렇듯, 전형적인 흙수저에 볼품없는 스펙을 가진 사람으로 사회에 나가서 천대받는 것이 어떤지도 다 경험해보셨다.

오래전 우리 성도 중에 한 명이 교회에서 은혜받고 나서 기도 생활이 깊어지는 가운데, 자신이 평생 가지고 살았던 가방끈 짧은 것에 대한 열등감을 토로했다고 한다(집안 형편 때문에 대학을 나오지 못했었다). 그런데 주님께 이 문제를 놓고 깊이 기도하는 중에 주님이 이렇게 말씀하시더란다.

'애야, 나도 대학 못 나왔다.'

그 얘기를 듣고 다 함께 배를 잡고 웃었다.

그뿐이 아니다. 예수님은 사람이 사람에게 받는 상처가 얼마나 큰지도 몸소 경험해보셨다. 자신의 집안 식구들에게 인정받지 못하셨고, 자신이 성장했던 나사렛에서도 성난 군중에게 테러당할 뻔하셨다.

당시 종교 지도자들은 예수님이 가는 곳마다 따라다니며 온갖 빌미를 잡아 예수님을 공격하고 비판했다. 나중에는 거짓 증인들을 동원하고 힘 있는 자들끼리 야합하여 불법 재판으로 예수님에게 사형을 언도했다. 그 과정에서 예수님과 함께 동고동락했던 제자들은 예수님을 배신하거나, 예수님을 버려두고 도망갔다. 살면서 우리가 인간에게 받을 수 있는 모든 상처와 아픔을 예수님도 다 겪어보셨다. 그래서 인자이신 예수님은 우리를 철저히 이해하신다.

지도자가 되려면 자기가 이끌고 다스리려는 사람들과 공감대를 형성해야 한다. 그러나 화려한 사무실에 앉아만 있어서 어떻게 공감대를 형성하겠는가? 처절한 삶의 현장에서 사람들과 함께 땀을 흘리며 살아봐야 공감대가 형성된다. 그런 맥락에서 인자 예수님은 최고의 공감대 형성자이시다.

우리를 도우실 수 있는 분

그러나 예수님이 인간이 되셔서 우리를 이해해주는 것만으로 끝나고 도움을 줄 수 없다면 무슨 의미가 있겠는가? 예수님이 우리의 아픔에 함께 눈물 흘려주실 수는 있지만, 상황을 뚫고 나갈 도움은 주실 수 없는 분이라면, 즉 예수님이 너무 착하시지만, 너무 무능력한 분이시라면 그 또한 기운 빠지는 일이다.

그러나 예수님은 인간의 몸을 입고 인간의 고통을 다 겪어보셨지만, 인간의 한계를 초월한 분이셨다. 인자이신 예수님은 완전한 인간이시면서 또 완전한 하나님이셨기 때문이다. 예수님은 창세전에 하나님과 함께 계셨고, 만물이 그를 통해 창조되었다. 성자 예수님은 완전한 인간이시고, 완전한 하나님이시다. 신약성경에서 성자가 성부보다 못한 존재라고 오해될 수 있는 부분은 성자 하나님의 겸손 때문이다. 겸손한 인간의 옷을 입으셨지만, 예수님은 여전히 하나님이셨다.

너희 안에 이 마음을 품으라 곧 그리스도 예수의 마음이니 그는 근본 하나님의 본체시나 하나님과 동등됨을 취할 것으로 여기지 아니하시고 오히려 자기를 비워 종의 형체를 가지사 사람들과 같이 되셨고 사람의 모양으로 나타나사 자기를 낮추시고 죽기까지 복종하셨으니 곧 십자가에 죽으심이라 빌 2:5-8

특히 여기서 '자기를 비웠다'라는 말을 잘 이해해야 하는데, 자유주의 신학자들은 이 단어를 잘못 해석해서, 예수님이 이 세상에 사시면서 인간의 육체를 입고 있었을 때는 하나님이 아니셨다는 논리를 폈다.

그러나 여기서 예수님이 비우신 것, 혹은 '잠시 내려놓으신 것'은 하나님의 포장, 외형적으로 드러난 하나님 영광의 모습이지 하나님의 본질은 아니다. 그분이 이 땅에 태어난 것, 그분이 성육신 되신 것은 이미 하나님 되신 그분의 본질 위에 인성(humanity)을 덧입으신 것뿐이다. 그러므로 이 땅에 오신 예수 그리스도께서는 인간이 되셨지만, 하나님의 성품과 능력을 그대로 갖추고 계셨다.

그래서 이 땅에서 사실 때 예수님은 돈도 없고, 집도 없고, 정치적 배경도 없는 몸이셨으면서도, 어떤 문제를 대하든 보통 사람들처럼 당황하지 않으셨다. 당시 유다는 로마의 식민지였지만, 예수님은 로마의 총독 바라보기를 마치 어린아이 바라보듯 하셨다. 오천 명의 군중이 먹을 것이 없어 지쳐 있을 때, 너무나 태연하게 감사 기도를 하시고 오병이어의 기적을 일으키셔서 그들을 먹이셨다.

그 당시의 문둥병이나 혈우병, 눈 먼 것, 말 못하는 것 등은 불치병이었는데, 예수님은 감기 고치는 것보다 더 간단하게 그들을 치유하셨다.

절망의 끝인 죽음까지도 예수님은 두려워하지 않으셨고, 죽은 나사로를 살리셨다. 인간의 육체를 입고 계셨지만, 예수님은 항상 하늘의 능력을 내려받아서 문제를 돌파하셨다.

이렇듯 인간의 몸을 입고 계셨지만, 예수님은 인간의 무기력함이 없었고, 대신 하나님의 전능하심이 있었다. 문제를 이해하기만 할 뿐, 그 자신도 문제에 압도되어버린다면 얼마나 슬픈 일인가! 영화나 드라마에서도 보면 제일 안타까운 사람이 착한데 능력 없는 사람이다. 그러나 인자이신 예수님은 문제를 이해하시면서 너끈히 넘어설 수 있는 분이셨다. 그리고 우리에게도 문제를 넘어설 수 있는 길을 보여주시는 분이다.

인자이신 예수님은 우리의 문제를 완벽하게 이해하시고 우리의 눈물을 닦아주시면서도, 동시에 문제를 극복할 힘을 불어넣어 주시는 분인 줄 믿는다.

인자의 십자가 죽음의 의미

인자로 오신 예수 그리스도에게 주어진 가장 중요한 미션, 절대 사명은 우리를 죄에서 구원하는 것이었다.

> 그도 또한 같은 모양으로 혈과 육을 함께 지니심은 죽음을 통하여 죽음의 세력을
> 잡은 자 곧 마귀를 멸하시며 히 2:14

예수님이 인간이 되시는 것이 마귀를 멸망시키는 일에 필요했다는 말

이다. 인류의 조상 아담은 마귀의 유혹으로 죄를 범하게 되었고, 그 결과 사망이 아담과 그의 모든 후손에게 이르렀다. 이제 예수님이 십자가 죽음으로 인류의 죗값을 대신 갚으시고, 인간을 구원하셨다. 이로 인간을 미혹하여 범죄하게 하고 사망에 이르게 한 장본인인 마귀의 권세, 죽음의 권세를 무너뜨리셨다.

하나님의 성품은 정의와 사랑, 두 가지로 요약할 수 있다. 죄로 인해 죽게 된 인간에게 하나님은 "그냥 내가 네 죄를 눈감아주마. 그냥 용서해주마"라고 하실 수 있었다. 그러나 그것은 하나님의 정의를 깨는 일이 될 것이다. 또 한편, 하나님은 우리에게 "죄를 지었으니 네 죗값은 네가 치르고 죽어라"라고 하실 수도 있었다. 그러나 그것은 하나님의 사랑에 위배된다. 하나님의 정의와 하나님의 사랑을 동시에 만족시킬 방법은 오직 하나, 누군가 우리를 위해 대신 죽어주는 것이다.

왜 굳이 예수님이 그 희생제물이 되어야 했을까?

첫째, 인간의 죗값을 치르기 위해 대신 죽어줄 사람은 죄가 없어야 한다. 죄 있는 인간은 결코 남의 죄를 위해 죽어줄 수 없다. 그는 자기 죄로 죽는 셈이 되기 때문이다. 두 명의 살인범이 있는데, 둘 다 사형 선고를 받았다. 그중 하나가 "야, 내가 네 죄를 위해 대신 죽어줄게"라고 할 수 없다. 그 사람은 자기 죄 때문에 어차피 죽어야 하므로 다른 사람의 죄를 위해 죽어줄 목숨이 없다. 그래서 죄 없는 사람만이 남의 죄를 위해 대신 죽어줄 수 있는데, 죄 없으신 분은 세상에 예수 그리스도 한 분밖에 없다.

둘째, 희생제물은 완전한 인간이어야 한다. 죄는 반드시 죽음으로 갚아야 하는데, 하나님은 죽을 수가 없는 존재이기 때문이다. 하나님이 죽었다고 하면 그건 완전히 가짜 쇼가 된다. 죽으려면 인간이어야한다. 그래서 죄 없는 하나님의 아들이 완전히 인간이 되셔야 했다. 그렇게 인간의 육체를 입고 와서 죽으셔야 완전한 희생제물의 자격을 갖추는 것이기 때문이다. 그래서 예수님이 '인자', 사람의 아들이신 것이중요하다.

은혜란 죄를 그냥 눈감아주는 게 아니다. 누군가 대신 갚아주는 것이다. 죄 없으신 하나님의 아들 예수님이 자신의 목숨으로 우리 죗값을 대신 치르신 것, 그것이 바로 십자가다. 신학적 용어로는 '대속'(代贖, atonement)이라고 한다. 이는 '남의 죄를 대신하여 벌을 받고 값을 치른다, 속죄한다'란 뜻이다. 우리를 살리기 위한 믿을 수 없는 하나님의 희생, 그것이 바로 복음의 진수다.

주님이 십자가상에서 마지막 숨을 거두시기 전에 한 이 선포를 기억하는가?

"다 이루었다!"(It is finished!)

끝났다는 것이다. 인자이신 예수님이 십자가에서 그렇게 선포하셨을 때, 모든 죽음의 공포도, 죄의 권세도 십자가에서 부서지고 끝났다. 그 주님의 십자가에서 우리의 죄악 된 옛사람도 완전히 끝났다.

> 누구든지 그리스도 안에 있으면 새로운 피조물이라 이전 것은 지나갔으니 보라
> 새 것이 되었도다 고후 5:17

또 죽기를 무서워하므로 한평생 매여 종 노릇 하는 모든 자들을 놓아주려 하심이

니 히 2:15

인간에게는 죽음에 대한 공포가 있다. 사탄은 이 죽음에 대한 공포로 우리를 괴롭히고 협박하고 위협해왔다. 그러나 이 죽음의 권총에는 총알이 한 개밖에 없다. 그 사망의 권세로 나를 쐈는데, 예수님이 나를 뒤로 밀쳐내고 대신 맞아주셨다. 그것이 십자가다.

십자가 죽음과 부활로 예수님은 죽음의 권세를 이기셨다. 그런데도 사탄은 총알도 없는 권총으로 아직도 우리를 협박하고 있다. 하지만 죽음의 권세는 우리를 지배하지 못한다.

죽음 이후에 죽음이 없는 영원한 하나님나라가 있다는 것을 알려주려고 예수님은 완전한 사람이 되셨다. 예수 그리스도가 죽음을 이기고 부활하셨듯이, 그를 믿는 우리도 그와 함께 부활할 것이다. 비록 지금은 육신의 죽임을 당할지라도, 장차 부활하여 영원히 주님과 함께 살게 될 것을 믿으니, 죽음의 공포에서 벗어나게 되는 것이다.

예수께서 말씀하시기를 "나는 부활이요 생명이니 나를 믿는 자는 죽어도 살겠고 무릇 살아서 나를 믿는 자는 영원히 죽지 아니하리니"(요 11:25,26)라고 하셨다. 그 약속을 믿고 우리는 죽음의 공포를 이겨낼 수 있다.

인간의 몸을 입고 십자가 죽음을 이기고 승리하신 예수 그리스도의 사역은 훗날 세상 마지막 날에 심판 주로 다시 오실 그분의 영광으로 이어질 것이다.

그때에 사람들이 인자가 구름을 타고 능력과 큰 영광으로 오는 것을 보리라

눅 21:27

여기서 예수님은 왜 영광의 심판 주로 다시 오실 자신을 '인자'(사람의 아들)라고 말씀하셨을까? 그냥 '하나님의 아들'이라고 하는 것이 더 영광스러워 보이지 않았을까? 그것은 예수님이 인간의 육신을 입고 이 땅에 오셔서 십자가에서 돌아가시고 부활하신 그 모든 일들, 즉 인자(사람의 아들)로서 겪으시고 행하신 모든 일이 하나님의 위대한 구원 역사에 필요한 과정이었기 때문이다.

이 땅에 인자로 오신 예수님이 전하신 복음, 그의 십자가 죽음과 부활의 복음을 믿지 않으면 결코 다시 오실 주님을 당당히 맞이할 수 없다. 인자로 오신 예수님의 십자가 보혈을 통과한 자만이 주님의 심판대가 시상대로 바뀌는 축복을 누릴 것이다.

우리가 예수님을 '인자'라고 고백할 때, 완전한 인간이시면서도 완전한 하나님이셨던 예수 그리스도를 인정하는 것이다. 인자이신 예수님은 단순히 우리가 본받아야 할 위대한 도덕적 스승 정도가 아니셨다. 그는 이 땅에 사시면서도 하늘의 능력을 내려받으실 수 있었다. 그는 완전한 인간이시면서 완전한 하나님이셨기에, 우리를 이해하실 뿐 아니라 우리를 도우실 수 있는 것이다.

그러므로 그가 범사에 형제들과 같이 되심이 마땅하도다 이는 하나님의 일에 자비하고 신실한 대제사장이 되어 백성의 죄를 속량하려 하심이라 그가 시험을 받

아 고난을 당하셨은즉 시험받는 자들을 능히 도우실 수 있느니라 히 2:17,18

예수님은 우리와 똑같은 연약한 육체를 입으시고, 우리가 겪는 모든 고난을 똑같이 겪으셨다. "그가 시험을 받아 고난을 당하셨은즉 시험받는 자들을 능히 도우실 수 있느니라"라고 하셨듯이, 예수님은 이 땅에 계실 때 마귀의 시험을 이겨내셨고, 또 십자가의 고난도 이겨내셨다.

자신이 먼저 우리가 겪을 수 있는 모든 육신의 시험, 영의 시험을 당해 보셨기 때문에, 같은 시험을 당하고 있는 인간의 사정을 헤아릴 수 있으시다. 이해할 수 있으시다. 그리고 시험을 이기도록 도울 수 있으시다. 그가 완전한 인간이시기 때문에 이해할 수 있으시고, 완전한 하나님이시기에 도울 수 있으시다.

특히 히브리서에서 말하는 고난은 우리가 세상 살면서 겪는 크고 작은 고통과는 조금 다른 것이다. 그것은 예수님을 믿는 믿음 때문에 겪는 고난, 하나님이 맡기신 사역을 하는 과정에서 겪는 어려움과 영적인 공격들과 유혹을 말하는 것이다.

> 그는 완전한 인간이시면서 완전한 하나님이셨기에,
> 우리를 이해하실 뿐 아니라 우리를 도우실 수 있는 것이다.

목회자나 선교사, 주일학교 선생님이나 교회의 여러 사역에 헌신한 분들에게 물어보라. 하나님의 일에 헌신했을 때, 이전보다 훨씬 많은 영적 공격과 시련을 겪게 된다. 이때, 우리는 낙담하지 말고, 우리보다 먼저 그 길을 가시고 이겨내신 인자 예수 그리스도의 도움을 구해야 한다. 주님이 반드시 우리가 선한 싸움을 다 싸울 수 있도록 도와주실 것이다. 우리가 주님의 일을 하는 과정에서 주님의 도우심이 필요하다.

인자이신 예수님은 하늘과 땅의 연결통로이시다

또 이르시되 진실로 진실로 너희에게 이르노니 하늘이 열리고 하나님의 사자들이 인자 위에 오르락 내리락 하는 것을 보리라 하시니라 요 1:51

이 말씀은 구약성경 창세기 28장에 나오는 야곱이 꿈에 본 하늘과 땅을 잇는 사닥다리의 환상을 말하는 것이다. 중요한 것은 이 사닥다리가 하늘에서 내려온 것이라는 사실이다. 야곱이 하나님을 만난 것이 아니라, 하나님이 야곱을 만나주러 오셨다.

야곱이 본 사닥다리는 하나님이 하늘에서 내려주신 은혜의 사닥다리이다. 하늘의 하나님께서 땅의 야곱과 교제하기 위해 다리를 놓아주신 것이다. 인간이 자기 노력으로 하나님께 갈 수는 없고, 하나님께서 은혜로 인간에게 내려와주셔야 한다.

하나님의 축복 사다리는 계속해서 야곱에게 걸쳐져 있다. 야곱은 이때 형과 아버지를 속인 죄로 집에서 빈털터리로 도망쳐 나온 도망자였다. 그런 야곱에게 하늘에서 사닥다리가 내려졌다. 이것은 야곱에게 자격이 있어서가 아니라 하나님이 선택해주셨기 때문이다. 천사들이 사닥다리를 오르락내리락했다는 것은 하나님께로 향한 길이 항상 열려 있음을 뜻한다.

야곱이 본 하늘과 땅을 잇는 사닥다리는 바로 인자이신 예수 그리스도이시다. 앞날이 불안하고, 외롭고 가진 것 없는 야곱과 같은 우리가 하나님께 가고 싶었지만, 하늘에 계신 하나님이 너무 멀게 느껴졌다. 그러나 사닥다리는 하나님께 갈 수 있는 소망을 열어주었다. 하늘과 땅의 연결통로, 그분이 바로 인자 예수 그리스도이시다.

죄 많고 연약한 우리가 하나님을 보면 너무 멀리 느껴지지만, 예수 그리스도께서 하늘과 땅을 잇는 사닥다리가 되시니 두렵지 않다. 우리는 예수님을 통해 언제든지 하나님의 임재 앞으로 갈 수 있다. 예수 이름을 부르는 자는 하늘의 문을 열 수 있고, 하나님의 은혜를 누릴 수 있다.

예수님은 자신 있게 우리에게 말씀하셨다.

> 너희가 내 이름으로 무엇을 구하든지 내가 행하리니 이는 아버지로 하여금 아들로 말미암아 영광을 받으시게 하려 함이라 요 14:13

우리가 살면서 힘들고 어려운 일을 겪을 때마다 '높고 높은 곳에 계신 하나님이 어떻게 내 상황 이해하시겠어?'라고 생각하지 말아야 한다. 오히려 '인자이신 예수께서는 다 아실 것입니다. 예수 이름으로 구하오니 저를 살려주옵소서'라고 기도하라. 하늘과 땅을 잇는 사닥다리가 되시는 예수님을 통해 하나님이 우리에게 임하실 것이다.

가장 낮고 천한 자를 구원하러 오신 사랑의 추적자

인자가 온 것은 잃어버린 자를 찾아 구원하려 함이니라 눅 19:10

이 말씀은 예수님이 여리고의 세리장 삭개오를 찾아오셔서 그의 집에 구원이 임했음을 선포해주시면서 하신 말씀이다. 당시 세리들은 로마와 유대 정부 앞잡이가 되어서 갖은 명목으로 세금을 징수했기 때문에 수입은 좋았지만, 사람들의 미움과 질시를 받던 계층이었다.

당시 사람들은 세리들을 창녀, 도둑, 강도, 살인자와 동급으로 상종 못 할 '죄인' 취급을 했다. 돈은 많이 벌었지만, 삭개오와 가족들은 항상 사람들에게 욕을 먹고 따돌림당했을 것이다.

그런 삭개오의 집에 예수님이 찾아와서 식사하셨다. 사람들이 다 무시하고 경멸하는 그를 예수님의 친구로 인정한다는 뜻이었다. 예수님은 잃어버린 영혼들을 찾으려는 목적 하나로 이 땅에 오신 분이셨다. 삭개오처럼 가장 낮고 비천한 사람들까지도 절대 포기하지 않으신다.

예수님은 한 영혼을 향한 하나님의 꺼지지 않는 열정을 가지고 이 땅에 오셨다. 세상 사람들이 우리를 뭐라고 욕해도, 하나님은 우리를 포기하지 않으신다. 끝까지 축복하고, 사랑하실 것이다.

예수님은 우리를 구원하러 이 땅에 오신 사랑의 추적자이셨다. 도망자가 쓰레기통으로 도망가면 자기도 쓰레기통으로 들어가는 고생을 마다하지 않는 게 추적자다. 자신한테 어떤 이득이 돌아오기 때문도 아닌데, 자신을 그토록 철저히 배신하고 도망간 인간을 정죄하기 위해서가 아니라 용서하기 위해서 냄새나는 마구간까지 내려오신 사랑의 추적자. 그가 바로 인자이신 예수님이다. 정말 이해가 안 가는 겸손이다. 표현할 수 없는 사랑이다.

인자로 오신 예수님은 오늘도 삭개오같이 변방에 밀려 있던 가련한 영혼들을 구원하고 도와주려 하신다. 인자로 오신 주님은 완전한 인간이시기에 우리를 이해하실 수 있고, 완전한 하나님이시기에 우리를 도우실 수 있다. 지금 우리를 힘들게 하는 현실의 문제가 무엇이든지 주님은 다 알고 계시고 이해하고 계신다.

어떤 힘든 문제도 인자이신 예수님에게 가지고 가면, 우리 주님은 우리를 위로하시고, 우리에게 새 힘을 주셔서 문제를 해결해주실 것이다. 인자이신 예수님으로 인하여 새 힘을 얻게 되기를 바란다.

—

인자이신 예수님을 고백할 때,

우리의 모든 연약함을 직접 체험하여 이해해주시는 겸손한 주님,

그러면서도 하나님의 능력으로 우리를 도우실 수 있는 주님이심을 믿습니다.

가장 낮고 보잘것없는 우리 같은 존재들을 구원하시려

이 땅에 오신 사랑의 추적자, 인자이신 예수님을 영원히 사랑합니다.

10

알파와 오메가

계 22:12,13

보라 내가 속히 오리니 내가 줄 상이 내게 있어 각 사람에게 그가 행한 대로 갚아 주리라 나는 알파와 오메가요 처음과 마지막이요 시작과 마침이라

사 44:6

이스라엘의 왕인 여호와, 이스라엘의 구원자인 만군의 여호와가 이같이 말하노라 나는 처음이요 나는 마지막이라 나 외에 다른 신이 없느니라

완전체로서의 알파와 오메가

알파(A)와 오메가(Ω)는 헬라어 알파벳의 첫 글자와 마지막 글자다. 한글로 치면 'ㄱ'에서 'ㅎ'까지다. '알파와 오메가'라 함은 하나에서 열까지, 즉, 모든 것을 말하는 것이다.

인간이 이룩한 지식 문명은 모두 예수님의 넓은 지혜의 바다 안에 있다. 위키피디아(Wikipedia)에 있는 모든 지식을 다 합쳐도 예수님의 지식 안에 작은 일부분일 뿐이다. 과학, 역사, 교육, 의학, 음악, 미술, 그 어떤 분야의 학문도 다 예수님의 지식 안에 있다.

16세기 독일의 유명한 천문학자 케플러도, 프랑스의 천재 수학자 파스칼도, 영국의 셰익스피어 같은 문인도, 독일의 바흐 같은 음악가도, 이탈리아 르네상스의 천재 화가이자 조각가인 미켈란젤로도 다 깊은 신앙심을 가진 크리스천들이었다. 그들은 하나같이 모든 학문과 예술과 지성의 영감은 예수님에게서 온다고 고백했다.

과학 문명이 발달했다고는 하나 아직도 인간이 모르는 것이 너무 많다. 아직도 인간이 손도 대지 못하는 불치병, 난치병도 너무 많다. 우주의 신비에 대해서도 인간은 모래알만큼이나 알까, 아주 조금 알 뿐이다. 그래서 인간은 배우면 배울수록 겸손해야 한다.

오래전에 나는 세계적인 명문대들에서 각기 다른 분야로 박사학위를 5개나 가진 한 신실한 크리스천에게서 이런 고백을 들은 적이 있다.

"저는 배우면 배울수록 제가 얼마나 무식한지를 알게 되고, 하나님의 지혜가 얼마나 큰 것인지를 알게 됩니다."

어떤 지식과 지혜도 알파요, 오메가이신 예수님을 벗어나지 못한다.

우리가 보기엔 없는 것 같아도 예수님이 있다 하시면 있는 것이고, 우리가 있다고 해도 예수님에게 없으시면 없는 것이다. 예를 들어, 우리는 천국을 본 적이 없다. 그러나 예수님이 천국이 있다고 말씀하셨기에 우리는 있다고 믿는다.

주님이 '알파와 오메가' 즉 완전체라 하심은 주님 외에 그 어떤 다른 신도 있을 수 없음을 뜻한다.

> 이스라엘의 왕인 여호와, 이스라엘의 구원자인 만군의 여호와가 이같이 말하노
> 라 나는 처음이요 나는 마지막이라 나 외에 다른 신이 없느니라 사 44:6

이 말씀을 자세히 보라. "나는 처음이요 마지막이라"라고 하신 뒤에 "나 외에 다른 신이 없느니라"란 말씀이 붙어 나온다. 그것은 세상의 모든 열방이 섬기는 신이 거짓임을 말하는 것이다. 그것은 인간들이 만들어낸 거짓된 신이다. 그래서 하나님은 우상숭배를 싫어하신다.

우상 신들은 인간들 가슴 속에 있는 음란과 폭력과 욕심이 흘러나가 만들어진 것들이다. 어둠의 권세 마귀가 그런 것들로 신을 만들게끔 부채질했다. 그리고, 그 거짓 신들로 하나님을 대체하라고 부추겼다.

그러나 하나님께서는 "나는 처음이요 마지막이라"라고 하시며, 자신 외에는 그 어떤 신도 존재하지 않는다고 선포하신다. 그러므로 하나님이 아닌 다른 신들을 예배하는 것은 잘못된 것이고 의미 없는 일이다. 하나님이 주시는 계시 외에 다른 하늘의 계시는 어떤 것도 없다. 있다고 하면 그것은 거짓의 영 마귀가 조작하여 인간들에게 흘린 것이다.

세상에는 딱 두 가지 의견이 있다. 하나는 예수님의 의견이고, 또 하나는 틀린 의견이다. 세상 모든 사람이 예수님과 다른 말을 하면, 그것은 세상 모든 사람이 틀린 것이다. 알파와 오메가이신 예수님은 완전하시고 절대로 틀리지 않으신다. 특별히 하나님에 관해 알고자 할 때는 더더욱 그러하다. 예수님은 "내가 곧 길이요 진리요 생명이니 나로 말미암지 않고는 아버지께로 올 자가 없느니라"(요 14:6)라고 하셨다.

예수님의 말씀 밖에서 하나님을 알려고 하는 것은 불가능하다. 그래서 말씀은 말씀으로 풀어야 한다. 예수님을 통하지 않고 하나님께 간다는 것도 불가능하다. 하나님 아버지를 아는 모든 지식은 아들이신 예수님을 통해서 나온다. 예수님을 구주로 영접하여 거듭나고 나면, 성경을 보는 눈이 열리기 시작한다.

성경은 예수님이 주신 완전한 말씀이기 때문에, 하나님을 아는 진리가 이 외에 또 있다고 하면 그건 거짓이다. 즉, 알파와 오메가 되신 예수님의 말씀은 있는 그대로 완전하기 때문에 거기에다 무엇을 더하거나 빼는 것은 다 거짓이다. 이단들이 그래서 거짓된 자들인 것이다.

다이아몬드는 색칠하지 않는다. 원색 그대로 완전하기 때문이다. 알파와 오메가이신 예수님이 그러하시다. 있는 그대로 완전하시기 때문에 우리가 예수님을 도와드릴 수 있는 것은 하나도 없다. 오히려 우리가 손을 대면 그때부터 문제가 생긴다. 그래서 주님은 우리의 온전한 순종을 요구하신다.

예수님은 세상 모든 지식의 완성체이시고, 특히 하나님을 아는 지식의 완성체이시다. 그러므로 예수님이 자신을 알파와 오메가라고 할 때는 모든 논쟁과 회의는 예수님에게서 끝난다는 뜻이다.

복음서에 보면 당시 사람들은 어려운 문제들은 모조리 예수님 앞으로 가지고 갔다. 안식일 성수 문제, 간음한 여인을 용서할 것이냐 정죄할 것이냐의 문제, 날 때부터 소경인 사람의 아픔이 자기 죄 때문인지 아니면 부모의 죄 때문인지의 문제, 영생이 무엇인가의 문제 등등. 실제로 몰라서 물어본 것도 있지만, 인간들끼리 다투다가 결론이 나지 않아서, 혹은 예수님의 권위를 실추시키기 위해서 물어본 것도 많다. 하지만 이유가 어찌 되었든 그 어려운 문제들이 예수님 앞에만 가면 너무나 간단하고 명확하게 정리가 되었다.

예수님은 한 번도 "하, 이 문제 정말 어렵네" 하시거나 "아, 거기까진 미처 생각 못 했네" 하시면서 머리를 긁으며 고민하신 적이 없다. 그분은 모든 지혜의 완성체이신 알파와 오메가이시기 때문이다.

지금도 그렇다. 예수님이 모든 논쟁에 마침표를 찍으신다. 예수님이 정리해주셨는데도 따질 게 더 있으면, 그것은 선을 넘은 것이다. 많은 경우, 우리의 회의나 토론은 쓸데없이 길다. 그 중요한 이유는 우리 한 사람 한 사람이 알파와 오메가이신 예수님께 그 문제를 충분히 의논드리지 않았기 때문이다.

> 예수님이 자신을 알파와 오메가라고 할 때는
>
> 모든 논쟁과 회의는 예수님에게서 끝난다는 뜻이다.

그 문제를 토론할 때 기도하며 주님의 지혜를 구하지 않았고, 그 문제에 대한 결론을 낼 때도 알파와 오메가이신 주님께 기도하며 인도하심을 구하지 않았다. 그저 인간적인 조사만 하고, 인간들끼리 입씨름하다가 시간 낭비, 감정 낭비 다 해버리고 결과도 흐지부지하다.

버클리대학 시절, 나는 한 저명한 정치학 교수의 강의를 듣다가 몹시 실망한 기억이 있다. 그는 어떤 학설에 대해서 여러 유명한 학자들의 의견을 다 나열했다. 그러나 그는 결론을 내리지 못했다. 그 자신도 무엇이 확실히 옳은지 확신이 없는 듯했다.

자신 있게 "이건 이거다!" 하고 결정 내리고 결론을 내릴 수 있는 존재는 완벽한 실력을 갖춘 존재뿐이다. 알파와 오메가이신 예수님이 바로 그런 분이시다. 그분에게서 모든 논쟁이 끝이 나고, 마침표가 찍힌다. 그분이 결론을 내어주신다.

예수님은 시간의 주인이시다

창세기 1장 1절은 "태초에 하나님이 천지를 창조하시니라"로 시작한다. 여기서 '태초'란 말은 영어로 'in the beginning', 즉, 모든 시간의 절대적 처음인 어느 순간을 말한다. 즉, 하나님께서 우리가 사는 시간을 만드신 분이라는 뜻이다.

> 주 하나님이 이르시되 나는 알파와 오메가라 이제도 있고 전에도 있었고 장차 올
> 자요 전능한 자라 하시더라 계 1:8

예수님은 우리의 과거, 현재, 미래를 어우르시는 분이다. 즉, 우리가 사는 3차원적 시간에 구애받지 않는 분이시다. 알파와 오메가이신 예수님은 시간의 주인이시다.

시간의 주관자

예수님이 시간의 주인이시란 말의 뜻은 첫째로, 예수님이 시간의 주관자이시라는 것이다.

시간을 거꾸로 가기도 하고, 앞질러 가기도 하는 타임머신을 소재로 한 드라마나 영화를 심심찮게 본 기억이 있을 것이다. 그러나 하나님은 인간에게 타임머신의 능력을 주시지 않았다. 오직 예수님만이 과거, 현재, 미래를 관통하는 분이시다.

C.S. 루이스는 하나님의 시간은 인간의 시간과는 달리 마치 소설을 쓰고 있는 작가의 시간과 같다고 했다. 소설 속의 주인공이 어떤 일을 하는 것을 묘사할 때 작가는 주인공과 같은 시간의 흐름 속에 있을 필요가 없다. 작가는 그 주인공의 과거, 현재, 미래를 한꺼번에 보고 있기 때문에 과거를 다시 고쳐 쓸 수도 있고, 미래의 결과를 바꿀 수도 있다. 하나님의 시간도 마찬가지다. 그래서 성경이 "주께는 하루가 천 년 같고

천 년이 하루 같다"(벧후 3:8)라고 말하는 것이다.

성경을 보면, 예수님이 과거와 현재와 미래를 한눈에 다 보시며 주관하는 분이심을 알 수 있는 구절이 많이 나온다. 예를 들어, 하나님은 다니엘을 통해 앞으로 등장할 페르시아, 헬라, 로마 제국들이 어디서 어떻게 누구를 중심으로 일어나고, 어떻게 무너지고 갈라지는 것까지 아주 상세하게 예언해주셨다. 역사를 전공한 나는, 다니엘서가 수백 년의 고대 세계 역사의 소용돌이를 얼마나 무섭도록 정확하게 예언하고 있는지 감탄을 금치 못한다.

구약성경에는 이런 식으로 앞으로 다가올 일에 대한 수많은 예언이 있다. 마치 이미 이뤄진 것처럼 언제, 어디서, 누가, 어떻게, 왜 그렇게 하는지를 기록해놓았는데, 놀랍게도 이것들이 수백 년 뒤에 그대로 다 이루어졌다. "처녀가 잉태하여 아들을 낳을 것이요"(사 7:14)라는 예수님의 탄생 예언도 실제로 이뤄지기 7백 년 전에 이사야를 통해 하나님이 예언해주신 것이다. 아직 일어나지 않은 미래를 이미 아시는 분이 아니라면, 결코 이런 담대하고 정확한 예언을 하실 수 없다. 성경의 수많은 예언은 알파요 오메가이신 예수님을 전제하고 읽으면 이해가 된다.

그래서 그런지, 구약성경을 기록한 히브리어의 특징은 시제가 없다는 것이다. 과거, 현재, 미래가 없고 '있다', '없다'가 있을 뿐이다. 히브리어는 문법적 의미에서도 '완료형'과 '미완료형'만 있다.

하나님이 주어가 될 경우, 과거와 미래를 엄밀하게 나누는 것이 불가능하고 별 의미도 없다. 하나님은 언제나 일하는 분이시며, 시간을 초월하는 분이시기 때문이다.

예를 들어, 예수님은 배고픈 오천 명의 군중 앞에서 오병이어를 들고 감사기도부터 하셨다. 아직 이뤄지지 않은 미래의 기적이 이미 예수님에게는 과거완료형이었기 때문이다.

또 "아브라함의 하나님, 이삭의 하나님, 야곱의 하나님"이라는 표현을 구약성경에서 많이 보았을 것이다. 아브라함과 이삭과 야곱은 각기 서로 다른 시대에서 다른 인생을 산다고 생각했겠지만, 시간을 주관하시는 하나님께서는 그들 한 사람 한 사람의 인생을 관통하는 큰 맥을 보고 계셨다. 그래서 어떤 거대한 목적을 향해서 이들 한 사람 한 사람의 인생을 쌓아가시면서 나중에 합력하여 선을 이루게 하셨다.

야곱의 일가족 70명을 애굽으로 이주시키실 때, 야곱 일가는 몰랐지만 하나님께서는 그들 70여 명이 4백여 년 뒤에는 2백만 명이 넘은 대민족으로 성장할 것을 보고 계셨다. 주님은 항상 우리가 모르는 큰 그림을 그리며 보고 계신다.

하나님이 출애굽을 감당할 지도자로 모세를 부르실 때 '나는 아브라함과 이삭과 야곱의 하나님이며, 가나안 땅을 그들에게 주기로 언약하셨음'을 말씀해주셨다. 사람은 바뀌지만, 하나님의 말씀은 영원하다.

사실 우리는 믿음의 긴 경주에서 이전 믿음의 선진이 물려준 바통을 받아 한 구간을 뛰는 릴레이 경주 주자다. 우리에게 바통을 넘겨준 선배들에게 감사하는 역사의식이 있어야 하고, 우리가 앞으로 바통을 넘겨줄 후배들을 위해 최선을 다하는 비전이 있어야 한다.

시간의 소유주

둘째로 알파와 오메가이신 예수님은 시간의 소유주가 되신다. 시간은 소유주이신 예수님이 우리에게 주시는 선물이다. 하루하루 우리가 살아 있음은 그분이 살려두시기 때문이다. 이 하루를 허투루 써버려선 안 되며, 이 한순간을 쉽게 생각해선 안 된다. 왜냐하면 오늘 우리가 대충 써버리는 이 하루가 어제 죽은 누군가에게는 그토록 간절히 살고 싶어 했던 내일이기 때문이다.

오늘 하루가 예수님이 주신 소중한 선물임을 알아 우리는 예수님의 뜻대로 귀하게 살아야 한다. 우리는 언젠가 시간의 주인이신 그분 앞에 우리가 써버린 시간에 책임을 져야 할 것이다.

아브라함이 할 일이 있었고, 이삭이 할 일이 있었고, 야곱이 할 일이 또 달랐다. 그러나 처음과 나중 되시는 주님의 역사에서 그들 한 사람 한 사람이 자기에게 주어진 선한 싸움을 다 달려주는 것은 너무도 중요했다.

지금 우리에게도 하나님만이 우리 시대에 반드시 감당해야 하는 사명을 주셨다. 적당히 살아선 안 된다. 주님이 주신 꿈을 위해 최선을 다해야 한다.

예수님은 모든 것의 시작이 되심

나는 알파와 오메가요 처음과 마지막이요 시작과 마침이라 계 22:13

우리는 예수님이 모든 것의 '알파' 혹은 '처음'이 되신다는 것을 기억해야 한다. '시작이 반'이란 말이 있다. 실제로 비행기는 출발해서 이륙할 때 엄청난 양의 기름을 쓴다고 한다. 무언가를 시작해서 어느 정도 궤도에 올려놓기까지는 너무나 많은 힘이 든다. 창업자의 몸과 마음이 탈진되도록 힘이 든다. 아무리 대기업의 임원이라도 작은 구멍가게일망정 처음부터 시작해본 경험이 없다면 창업자의 마음을 결코 모른다. 무언가를 시작한다는 것, 무(無)에서 유(有)를 창조한다는 것은 정말 엄청나게 힘든 일이다.

예수님은 이 세상을 처음 시작한 분이시다. 지구뿐 아니라 온 우주 만물을 예수님이 창조하셨다. 작은 건물 하나 짓는 것도 보통 일이 아니거늘, 천하 만물을 창조하는 것은 얼마나 힘든 일이겠는가! 그것도 아무렇게나 막 만드시고 시작하신 게 아니다. 창세기 1장에 나오는 천지창조 과정을 보면 건물의 기초공사를 하시듯, 주님은 하나하나 놀라운 지혜와 법칙으로 세상을 만드셨다. 천지 만물을 지으시며 하나님이 처음에 워낙 기초공사를 잘해놓으셨기 때문에 인간들이 이렇게 환경파괴를 하는데도 지금까지 지구가 이만큼이나마 버티고 있는 것 같다.

무엇이든 목적 없이 만드는 것은 없다. 집은 사람이 들어가 살려고 짓는 것이고, 자동차는 타고 다니려고 만드는 것이다. 세상의 모든 좋은 것들은 하나님이 좋은 목적을 가지고 시작하신 것이다. 천지 만물을 처음 지으시고, 사람을 창조하셨을 때도 하나님은 분명한 목적을 두고 만드셨다. 사람을 결혼시켜서 가정을 이루게 하신 것도 주님이 처음 시작하신 것이다. 사람을 만드시고 가정을 만드실 때, 주님은 각자 주어진 재능과 열정을 마음껏 발휘하여 하나님께 영광을 돌리고, 이웃을 섬기며, 아름다운 하나님의 나라를 이루어가라는 꿈을 가지고 만드셨다.

그러나 하나님의 그 창조 목적을 죄가 들어와 망가뜨리기 시작했다. 첫 사람 아담이 선악과를 따먹고 하나님같이 되려다 오히려 추락하여 에덴동산 밖으로 쫓겨났다. 하나님의 처음 창조 목적이 심각하게 손상을 입었다. 그러나 마지막 아담 예수 그리스도의 십자가 은혜로 모든 것을 회복시키셨다.

모든 것이 처음 주님이 만드셨을 때가 제일 좋았다. 천지 만물도 그렇고, 사람도 그렇다. 환경보호라는 것도 바꾸어 말하면 처음 하나님이 만들어놓으신 환경으로 회복하는 것이다. 예술이나 패션, 건축, 운동 등 여러 분야의 대가들이 자주 강조하는 말이 있다. '자연스럽게 하라'는 것이다. '자연스럽게 한다'는 것은 하나님이 처음 세팅하신 대로 회복하라는 것이다.

창조 목적으로 돌아가라

알파와 오메가이신 예수님은 처음 창조 목적으로 돌아가는 것을 중요하게 생각하신다. 요한계시록을 보면 에베소교회를 향해 '처음 사랑을 회복하라'고 하셨다(계 2:4,5 참조).

교회도 처음 하나님이 세우셨을 때 가지셨던 순수함과 꿈이 있다. 세월이 가면서 교회가 그 첫사랑의 정신을 잃어버리고 타락하니까 주님은 처음 사랑으로 돌아가라고 하신다. 그것은 교회를 시작하신 분만이 하실 수 있는 말씀이다.

우리 인생에서 무언인가에 문제가 생기면, 처음 시작하던 때를 기억해야 한다. 어떻게 시작했는가? 그때 주님께 어떤 기도를 드렸는가? 그것을 기억하라. 세상에서는 '초심을 회복한다'는 말로 표현하지만, 우리는 처음 빈손 들고 시작할 때 주님 앞에 두렵고 떨리던 겸손의 기도를 회복하는 것이리라. 그 마음을 회복하면 주님이 은혜를 주실 것이다.

또한 무엇이든 처음 시작할 때, 우리는 모든 것의 알파와 오메가이신 예수님께 간절히 의존해야 한다. 무엇이든 시작할 때 방향을 잘 잡아야 하기 때문이다. 인간관계나 결혼이나 사업, 목회도 다 처음 발걸음을 내디딜 때 어떤 틀을 놓고 어떻게 시작하는가가 매우 중요하다. 그러니 무언가를 시작할 때 알파와 오메가 되시는 예수님의 지혜를 반드시 구해야 한다.

볼품없는 우리의 인생도 알파와 오메가이신
예수님을 만나면 새롭게 시작할 수 있다.

알파와 오메가이신 예수님은 우리의 모든 것을 시작해주신 분이다. 우리 한 사람 한 사람 인생의 시작에도 주님이 함께하셨다. 성경은 우리가 어머니의 태중에 생성되기 전부터 주님이 나를 아셨다고 했다. 우리의 외모와 성격과 재능 모두 주님이 디자인하신 것이다.

우리가 어머니의 배 속에서 나와 귀여운 아기로 기어다닐 때부터 주님은 사랑의 눈으로 우리를 보고 계셨다. 우리가 처음 걷기 시작했을 때,

처음 말하기 시작했을 때, 처음 기도하고 찬양했을 때, 처음 학교에 가기 시작했을 때, 주님은 우리와 함께 계셨다. 우리가 처음 사랑에 빠졌을 때, 첫 직장에 들어갔을 때, 가정을 처음 꾸렸을 때, 처음 실패를 경험했을 때, 처음 사업을 시작했을 때, 그때도 주님은 우리와 함께 계셨다. 우리 인생의 모든 시작에 주님이 함께하셨다. 우리가 주님을 모르고 있었을 때도 주님은 함께하셨다. 우리가 모든 것을 처음 시작할 때마다 겸손히 예배드리며 주님의 은혜를 구한다면, 주님은 기뻐하시며 우리의 미약한 시작을 창대하게 만들어주실 것이다!

볼품없는 우리의 인생도 알파와 오메가이신 예수님을 만나면 새롭게 시작할 수 있다. 스포츠계에는 아무도 주목하지 않는 무명의 선수에게서 다른 사람들이 못 보는 가능성을 보고 발탁하여 뛰어난 스타 선수로 키워내는 명 감독들이 있다. 예수님이 바로 그런 분이시다. 겉모습만 보고 그 가치를 인정받지 못하던 사람도 주님은 알파와 오메가의 눈으로 보시고 훗날 하나님의 손에 다듬어져서 빛나는 별이 될 것을 아셨다.

주님이 갈릴리의 볼품없는 어부 베드로를 처음 스카우트하실 때도 그랬다. 그를 향해 "내가 너희를 사람을 낚는 어부가 되게 하리라"(마 4:19)라고 하셨을 때, 주님은 수년 뒤 성령 받은 베드로가 한 번의 설교로 3천 명이 넘는 사람들이 복음을 영접하게 할 능력 있는 설교자가 될 것을 미리 보고 계셨다.

알파와 오메가이신 주님은 우리가 모르는 큰 그림을 보고 계신다. 우리의 과거와 현재와 미래가 어떻게 연결될 것인지를 보고 계시기 때문에, 우리는 이해할 수 없어도 그분의 인도하심에 온전히 자신을 맡겨야 한다.

개인뿐 아니라 교회도 그렇다. 12년 전, 새로운교회가 처음 이 땅에 태어났을 때 주님은 우리와 함께 계셨다. 첫 준비 기도모임, 첫 예배, 첫 번째 새가족, 첫 번째 주일학교 학생들, 첫 크리스마스 예배 등. 하나하나 다 기억난다. 주님은 우리 교회의 연약한 시작 위에 함께 계셨다.

그때 미약하게 시작한 이 교회가 오늘날 이렇게 사도행전적 부흥을 이뤄가는 교회로 성장할 줄 상상하지 못했다. 그러나 알파와 오메가이신 주님은 다 아셨을 것이다. '네 시작은 미약하지만 네 나중은 심히 창대하리라'고 내 귀에 속삭이셨을 것이다.

예수님은 모든 것의 마지막이 되심

"야구는 9회 말 투아웃부터 시작"이란 말이 있다. 미국의 전설적인 야구선수 요기 베라(Yogi Berra)의 말처럼 "끝날 때까지 끝난 게 아니다." 실제로 야구 경기를 보다 보면, 다 이겨가던 경기를 마지막에 집중력을 놓쳐서 역전당하는 경우가 한두 번이 아니다. 그러니 초중반에 잘한다고 방심하지 말고, 끝까지 긴장을 놓치지 말고 마무리를 잘해야 한다.

우리가 믿음의 경주를 하는 데도 그렇다. 아무리 시작을 기운차게 잘해도, 끝까지 완주하는 것이 중요하다. 그런데 안타깝게도 처음 시작할 때는 흥분하여 열정을 가지고 달려가던 사람 중에 끝까지 남아 경주를 마치는 사람은 소수에 불과하다. 요한계시록에서 서머나교회에게 예수님이 "네가 죽도록 충성하라"(계 2:10)라고 하신 말씀은 바꿔 말하면 '끝까지 충성하라'는 뜻이다.

신대원 졸업반 시절, 나는 에드먼드 클라우니(Edmund Clowney)라는 미국의 존경받는 설교학 교수님의 목회 리더십 강의를 감명 깊게 들었다. 그때 이미 70세가 넘으신 그 분은 '그리스도를 설교하라'는 주제를 팀 켈러 목사에게 가르치셨던 20세기 말 미국 기독교계의 훌륭한 영적 어른이시다. 막 신학교 졸업을 앞두고 있던 우리에게 그 분은 눈을 지그시 감고 이렇게 말씀하셨다.

"여러분 중에 3분의 1 정도만이 무사히 명예롭게 목회자로 은퇴할 것이고, 나머지 3분의 2는 어떤 이유에서건 중간에 목회를 그만두게 될 것입니다. 나의 세대를 비롯하여 현재까지 우리 미국 목사들 전체 통계가 그렇습니다. 돈 문제, 여자 문제, 명예와 욕심 문제, 그 외의 여러 가지 문제로 인해 수많은 목회자가 중간에서 목회의 길을 포기합니다. 그러니 제군들, 내가 꼭 부탁하고 싶습니다. 목회는 장거리 경주입니다. 끝까지 가야 합니다. 여러분, 목회 인생 마무리를 잘하십시오(Please finish strong)."

나는 그때부터 하나님께 "선한 싸움 다 싸우고 명예롭게 은퇴할 수 있도록, 끝까지 포기하지 않고 하나님께 영광 돌리며 목회를 잘 감당하는 신실한 종이 되게 해주세요"라고 기도하며 지난 30년을 목회해왔다.

로마 지하 감옥에 갇혀 죽음을 눈앞에 두고 있던 사도 바울은 제자 디모데에게 쓴 편지에서 이렇게 말했다.

나는 선한 싸움을 싸우고 '나의 달려갈 길을 마치고'(I have finished the race) 믿음을 지켰으니 이제 후로는 나를 위하여 의의 면류관이 예비되었으므

로 주 곧 의로우신 재판장이 그 날에 내게 주실 것이며 내게만 아니라 주의 나타
나심을 사모하는 모든 자에게도니라 딤후 4:7,8

"나의 달려갈 길을 마치고"(I have finished the race)라는 말이 큰 울림
으로 와닿는다. 어느덧 오십 대 중반의 나이가 된 지금, 끝까지 목회의
길을 완주하는 선배들이 얼마나 존경스럽게 느껴지는지 모른다.

다메섹 도상에서 처음 주님을 만난 이후로 수십 년이란 세월이 흐르는
동안, 바울은 복음을 전하기 위해 몸이 부서져라 정말 열심히 뛰었다.
수많은 도시에 가서 불신자들에게 복음을 전했으며, 제자를 양육하여
교회를 세웠다.

매 맞고 돌 맞고 쫓겨나기도 하고, 밥을 굶고 감옥에 갇히기도 하고,
배가 난파되는 일을 수도 없이 겪었지만, 결코 포기하지 않았다. 알파와
오메가 되신 주님이 바울이 끝까지 선한 싸움을 다 싸우고 믿음의 경주
를 완주할 수 있도록 도우셨다. '의의 면류관'은 믿음의 경주를 완주한
자에게 주어지는 하나님의 상이다.

인생의 마지막 마침표인 죽음까지도 주님이 동행하시며 잘 끝낼 수 있
게 도와주신다. 많은 사람이 죽음을 두려워한다. 그러나 알파요 오메가
이신 주님, 우리가 세상에 태어나던 때부터 우리를 보셨던 주님이 우리
가 세상을 마무리할 때도 함께해주실 것을 믿으라. 아무도 우리와 함께
갈 수 없는 죽음 너머의 영원한 하늘나라로 주님이 우리 손을 잡고 가주
실 것을 믿으라. 그러면 평안할 수 있다.

알파에서 오메가로 향하는 그 중간

장거리 경주에서 정말 힘든 구간은 시작할 때도 아니고, 끝날 때도 아니고, 중간 과정이라고 한다. 시작할 때는 새롭게 시작한다는 흥분에 피곤할 줄도 모른다. 끝날 때는 이제 고지가 눈앞에 있다는 마음에 막판 스퍼트를 내니 그래도 괜찮다. 하지만 중간 과정은 너무나 지루하고 힘들다. 이 중간 과정을 인내하지 못하고 중간에 포기하는 사람들이 너무 많다. 시작할 때부터 포기하는 사람은 별로 없다. 또 다 와서 끝나갈 무렵에 포기하는 사람도 별로 없다. 포기하는 사람들은 다 중간에 포기한다.

그래서 사람도 불혹의 나이, 중년으로 접어들기 시작하면 자기 관리를 정말 잘해야 한다. 이때가 인생의 전반전이 끝나가는 때라 피로가 온 몸과 마음으로 밀려오기 때문이다. 이제 그만 하고 싶은데, 자기를 의지하고 있는 가족들 때문에 지친 몸으로 다시 일터로 나가는 중년들이다. 이 중간 과정에서 지치고 힘들 때 알파와 오메가이신 주님의 손을 붙잡으라. 그러면 "독수리가 날개치며 올라감"(사 40:31)같이 비상할 새 힘이 주어질 것이다.

> 너희 안에서 착한 일을 시작하신 이가 그리스도 예수의 날까지 이루실 줄을 우리는 확신하노라 빌 1:6

여기서 '착한 일'은 우리를 구원하신 일을 말하며, 우리를 구원하신 주님이 '그리스도 예수의 날까지 이루신다'는 것은 이제 우리가 이 땅에 살면서 구원받은 사람으로서 모든 영적 싸움을 이겨내며 믿음의 선한 싸움 다 싸우고 천국 문에 들어갈 때까지 주님이 옆에서 함께해주실 것을 말한다. 알파와 오메가, 처음과 나중이신 주님은 우리가 믿음의 기나긴 경주를 하는 동안 옆에서 끊임없이 힘주시고 도와주실 것이다.

출발선과 결승선만 중요한 게 아니라, 중간 과정도 그에 못지않게 중요하다는 사실은 이스라엘 백성의 40년 광야 생활을 보면 알 수 있다. 애굽의 노예 생활에서 해방되어 홍해를 건넌 이스라엘 백성들 앞에는 바로 약속의 땅이 나타나지 않고, 뜨거운 광야가 나타났다.

낮에는 불같이 덥고, 밤에는 몸이 시리도록 추운 광야. 먹을 것, 마실 것도 절대 부족한 그곳. 거기서 40년을 보내고 나서 그들은 비로소 약속의 땅에 들어갈 수 있었다. 그러나 이 광야의 시간은 결코 쓸모없는 시간이 아니었다.

이스라엘 백성들은 광야에서 그들의 옛사람이 부서지는 경험을 했다. 우상숭배를 하나님이 얼마나 싫어하시는지를 배웠고, 거룩이 얼마나 중요한 것인지를 배웠다. 불평과 원망은 죽음을 자초하는 일이며, 힘든 가운데서도 비전과 소망을 선포하는 자만이 약속의 땅으로 들어갈 수 있다는 것도 배웠다.

광야에서 그들은 인간의 노력이 아닌 하나님이 내려주시는 만나와 메추라기, 그리고 반석에서 터지는 물로 살아가는 축복을 경험했다. 광야에서 그들은 겸손을 배웠고, 부르짖는 기도를 배웠으며, 돌판에 새겨진 하나님의 말씀, 십계명을 받았다.

모세오경 중 출애굽기, 민수기, 레위기, 신명기가 다 이 광야의 때에 있었던 사건들을 다룬 책들이며, 이 책들은 다 쓰인 직후 그들에게 선포되었다. 이스라엘 백성들은 고난을 통해 마음밭이 잘 일구어져 선포된 말씀을 쑥쑥 흡수했다. 즉, 시작과 끝, 홍해에서 약속의 땅으로 가는 중간 지대인 광야 생활은 그들의 영적 성장에 있어서 너무나 소중한 과정이었다. 알파와 오메가이신 주님은 하나님의 백성들이 40년 광야의 중간 과정을 인내할 수 있도록 도우셨다. 그 시간은 그냥 죽은 시간이 아니다. 주님은 이스라엘 백성들이 마음이 겸손해지고, 영적인 교훈을 배워 지혜로워지고, 영성이 강해지도록, 그래서 고통을 낭비하지 않도록 인도하셨다.

주님은 우리의 인생도 그렇게 인도하실 것이다. 꿈을 주시는 출발선에서부터 꿈을 완성하는 결승선까지 가는 중간 광야지대에서 우리가 지치고 낙망할 때가 있을 것이다. 혹시 중간 지대에서 낙담하고 지쳐서 그만두고 싶은 마음이 든다면, 속으로 '도대체 언제쯤 이 광야가 끝이 날까?' 싶은 마음이 든다면, 오늘 주님이 당신을 격려하고 싶어 하신다는 것을 기억하라.

지금은 사방이 막혀서 길이 없는 것 같고, 답답하고 지루한 광야가 끝없이 계속될 것만 같지만, 절대 그렇지 않다. 요셉이 노예 생활하면서도 주님을 바라보며 꿈을 잃지 않았듯이, 우리도 주님을 바라보며 꿈을 잃지 말아야 한다.

주님은 우리가 과연 꿈을 감당할 만한 그릇이 될 수 있는지를 시험하고 계시고 연단하고 계신다. 때가 되면 기적 같은 돌파구가 열릴 것이며, 주님을 위해 날개를 펴고 비상하게 될 것이다. 그러니 외롭고 힘들고 답

답해도 눈을 들어 하늘을 보고 주님을 바라보라. 주님은 아마 이렇게 말씀하고 계실 것이다.

'힘을 내라! 나는 알파와 오메가다. 이 비전을 네게 주며 시작한 것도 나이고, 이 비전이 어떻게 마무리될지 결승선에서 너를 기다릴 것도 나이다. 너는 이 과정을 반드시 이겨내고 결승 테이프를 끊을 수 있을 것이다. 내 손을 잡고 힘을 내라!'

우리 모두 알파와 오메가이신 주님의 손을 잡고 일어나 승리하자!

—

알파와 오메가이신 주님은 완전하신 하나님이십니다.
모든 논쟁과 고민의 끝이 되시는 주님으로 인하여
이제 더는 고민하지 않습니다.
알파와 오메가이신 주님은
역사의 시작과 끝이 되시는 시간의 주인이십니다.
모든 상황 속에서 우리와 끝까지 동행하실
주님이 계셔서 든든합니다.

11 CHAPTER

성육신 되신 말씀

✳

JESUS
CHRIST
LORD
IMMANUEL
THE LAMB
THE KING OF KINGS
SOVEREIGN
THE SON OF GOD
THE SON OF MAN
ALPHA AND OMEGA
THE WORD INCARNATE
THE PRINCE OF PEACE
THE GREAT HIGH PRIEST
THE VINE
THE GOOD SHEPHERD

J E S U S

요 1:1, 14

태초에 말씀이 계시니라 이 말씀이 하나님과 함께 계셨으니 이 말씀은 곧 하나님이시니라 … 말씀이 육신이 되어 우리 가운데 거하시매 우리가 그의 영광을 보니 아버지의 독생자의 영광이요 은혜와 진리가 충만하더라

히 1:1, 2

옛적에 선지자들을 통하여 여러 부분과 여러 모양으로 우리 조상들에게 말씀하신 하나님이 이 모든 날 마지막에는 아들을 통하여 우리에게 말씀하셨으니 이 아들을 만유의 상속자로 세우시고 또 그로 말미암아 모든 세계를 지으셨느니라

말씀이 성육신 되신 분

요한복음 1장 1절과 14절 말씀은 예수님을 "태초부터 계셨던 말씀이 육신이 되어 우리 가운데 거하신 분"이라고 정의했다. 신약성경에서 예수님의 이름을 '말씀이 육신이 되신 분'이라고 부른 사람은 사도 요한밖에 없다.

요한은 예수님이 가장 사랑하셨던 제자다. 열두 제자 중에서 가장 오래 생존하며 요한계시록, 요한복음, 요한일이삼서를 기록한 요한은 자신이 쓴 모든 성경에서 예수님을 '말씀이 육체를 입으신 분'이라고 소개한다. 즉, 예수님을 성육신 되신 말씀이라고 소개했다.

요한이 이 점을 특히 강조했던 이유가 있었다. 당시 소아시아 초대교회들 안에 엄청난 혼란과 분열을 일으키던 영지주의(Gnosticism)라는 무서운 이단이 있었다. 이들은 인간의 육체는 무조건 악하다면서, 거룩하신 하나님이 인간의 몸을 입고 오셨을 리가 없다고 주장하며 예수님의 성육신을 부인했다. 또한 하나님이 성도들 모두에게 알려주시지 않은 어떤 신비한 영적 비밀이 있다고 주장했다(태초에 아담과 하와에게 선악과를 따먹게끔 유혹한 사탄의 전략과 똑같다). 하나님은 모든 것을 말씀이 성육신 되신 예수님을 통하여 우리에게 투명하게 알려주셨다. 그런데 영지

주의는 그 사실을 부인하고 나선 것이다.

20세기 말, 미국을 비롯한 서구 사회를 휩쓸었던 뉴에이지(New Age) 운동의 모체가 되는 이 무서운 이단 영지주의 때문에 당시 많은 초대교회가 흔들리고 있었다. 그래서 가장 마지막까지 살아 있으면서 예수님의 마지막 남은 제자로서의 권위를 당시 초대교회 전체에서 인정받고 있던 사도 요한이 이 문제를 정리해주고자 요한 서신들을 썼고, 거기에서 강조된 것이 바로 '성육신 되신 말씀'이라는 예수님의 이름이다.

이제부터 우리는 예수님이 말씀이 성육신 되신 분임을 아는 것이 얼마나 중요한지를 함께 살펴볼 것이다.

태초부터 말씀으로 존재하신 분

태초에 말씀이 계시니라 이 말씀이 하나님과 함께 계셨으니 이 말씀은 곧 하나님 이시니라 요 1:1

예수님은 태초부터 말씀으로 존재하신 분이시다. 말씀이 육신이 되어 우리 가운데 오셨으니, 그분이 예수님이다. 그러니까 '말씀'은 단순히 어떤 메시지가 아니라, 인격체이다. 그래서 성경에서 말씀을 표현할 때 '그것'(it)이라고 하지 않고 '그분'(He)이라고 한다.

말씀은 하나님의 능력과 인품과 생각과 존재 그 자체를 의미했다. 그러므로 우리에게 말씀을 주시는 것은 하나님 자신을 주시는 것이다. 우리에게 말씀이 올 때 하나님이 오시는 것이다. 하나님과 우리와의 교제가 끊어지면 말씀이 임하지 않게 된다.

그러므로 말씀은 단순한 지식 콘텐츠가 아니라, 하나님의 임재다. '하나님이 어디 계시느냐'라고 하지 말라. 주신 말씀 속에 이미 하나님이 임재하고 계신다.

따라서 사람이 말씀을 붙잡게 되면 하나님의 실체를 경험하게 된다. 우리가 말씀을 읽거나 들을 때, 살아 계신 주님의 실체를 느끼고, 인격체이신 예수님과 교제하게 되는 것이다. 우리에게 말씀이 임할 때 단순히 머리가 커지는 것이 아니라, 하나님의 역사가 우리 삶에 이뤄지기 시작하는 것이다.

> 말씀은 하나님의 능력과 인품과 생각과 존재 그 자체를 의미했다.
> 그러므로 우리에게 말씀을 주시는 것은 하나님 자신을 주시는 것이다.

예수님은 인간 이상의 존재이시다. 인간은 인간을 구원할 수 없다. 인간을 구원하기 위해서는 인간 이상의 존재, 즉 하나님이셔야 한다. 말씀이 육신을 입으신 예수님이 바로 하나님이셨다.

영지주의와 함께 초대교회 전체를 뒤흔들어 놓은 또 하나의 무서운 이단인 아리우스(Arius)는, 성자 예수님은 하나님이 아니라고 했다. 예수님도 사람이나 천사들처럼 하나의 피조물(creation)에 불과하다고 주장했다. 성자 예수님은 하나님이 아닌 하나님보다 열등한 존재로서, 영원하지도 전능하지도 않다고 했다(이것은 훗날 이단 여호와의 증인의 핵심 교리가 된다).

아리우스주의를 승계하는 19세기 독일의 자유주의 신학자들은 예수 님은 하나님이 성육신하신 게 아니라 그저 한 위대한 도덕적 스승이요, 성부 하나님께 순종하는 분이라고 했다. 예수님은 우리에게 도전을 주 고 모범을 보여주시는 한 위대한 인간일 뿐이라는 것이다.

그러나 성경은 분명히 말한다.

"이 말씀은 곧 하나님이시니라."

우리가 예수님을 '말씀이 성육신 되신 분'이라고 할 때, 예수님은 단지 한 위대한 인간이 아니라 바로 하나님이심을 인정하는 것이다.

만물의 창조주

예수님이 하나님이시라는 확실한 증거는 그가 태초에 천지를 창조하 신 분이라는 사실이다.

> 그가 태초에 하나님과 함께 계셨고 만물이 그로 말미암아 지은 바 되었으니 지은
> 것이 하나도 그가 없이는 된 것이 없느니라 요 1:2,3

예수님은 태초에 하나님과 함께 계셨을 뿐 아니라, "만물이 그로 말미 암아 지은 바" 되었다. 즉, 예수님은 만물의 창조주이시다. 히브리서 1 장 2절의 "아들을 만유의 상속자로 세우시고 또 그로 말미암아 모든 세 계를 지으셨느니라"라는 말씀과 일맥상통한다.

창세기 1장을 보면 하나님은 오직 말씀만으로 세상 모든 것을 창조하셨다. 태초에 하나님이 말씀으로 천지를 창조하셨고 예수님은 말씀이라고 했다. 즉, 하나님께서는 예수님과 함께, 혹은 예수님을 통하여 천지를 창조하신 것이다.

천지 만물은 예수님으로 인하여 지은 바 되었고, 예수님 없이 지어진 것은 없다. 저 설악산에, 제주도 일출봉에, 그랜드 캐니언에, 알프스산맥에 예수님의 손길이 다 배어 있다. 우리가 웅장한 자연경관을 보면서 가끔 말을 잃고 압도당하는 까닭은 거기서 창조주 예수님의 손길을 느끼기 때문이다.

예수님은 단순히 역사의 한 부분에 나타났다가 사라지신 분이 아니다. 그분이야말로 역사 그 자체를 있게 하신 분이다. 예수님은 태초에 모든 세계를 지으심으로써 역사의 문을 여신 분이다.

주님은 과거와 현재, 미래에 걸쳐 항상 우리와 함께하시며, 우리의 삶과 역사를 친히 주관하시는 분이다. 이를 알고 믿는다는 것은 우리가 어디에서 와서 어디로 가는가를 아는 것이고, 또 누구의 주권에 의해서 살아가는 것인가를 분명히 아는 것이다.

창조주 예수님은 나를 만드신 분이시기에 나에 대해 가장 잘 아신다. 세상을 만드신 분이기에 세상을 어떻게 다스려야 할지 가장 잘 아신다. 그분은 시간을 만드시고, 역사를 만드신 분이기에 역사의 주관자 되심이 마땅하다. 그러므로 나의 생을 주님께 맡길 때, 나는 최고의 선택을 한 것이다.

성육신 되신 말씀이 우리와 함께 사심

말씀이 육신이 되어 우리 가운데 거하시매 우리가 그의 영광을 보니 아버지의 독
생자의 영광이요 은혜와 진리가 충만하더라 요 1:14

여기서 '말씀이 육신이 되어 우리 가운데 거하신 분'이 예수님이시라는
말을 조금 쉽게 설명하자면 이렇다. 예수님이 오시기 전에는 사람들이
하나님을 알 때 멀리서, 어렴풋이 알았다. 그러나 주님이 육체로 이 땅에
오셨을 때 사람들은 하나님을 가까이서, 확실하게 알 수 있었다.

마치 피겨 스케이팅 기술이 어떤 것인지 책으로 공부할 때는 확실한
그림이 그려지지 않다가 김연아 선수가 타는 것을 보면 '아, 저렇게 하는
구나' 하고 분명히 볼 수 있듯이 말이다.

성경 말씀이 인간의 육체를 입으신 분이 예수님이시다. 주님이 오지 않
으셨다면, 그래서 주님의 말씀과 행적을 기록한 사복음서가 없었다면
우리는 결코 하나님을 그렇게 사실적으로 알지 못했을 것이다.

하나님은 이론을 통해서 만나는 분이 아니시다. 하나님은 체험으로
만날 수 있다. 예수님은 바로 우리가 체험할 수 있는 하나님이셨다!

제자들은 예수님을 통해 하나님을 생생하게 체험할 수 있었다.

태초부터 있는 생명의 말씀에 관하여는 우리가 들은 바요 눈으로 본 바요 자세히
보고 우리의 손으로 만진 바라 요일 1:1

여기에서 먼저 주목할 것은 예수님은 "태초부터 있는 생명의 말씀"이라는 부분이다. 세상 모든 동식물을 창조하시고 인간을 창조하신 예수님은 생명의 근원이 되신다. '생명'과 '삶'은 둘 다 영어로는 'life'이다. 인간이 가진 '생명'은 동물적 생명일 뿐이다. 그러나 생명의 말씀이신 예수 그리스도에게 접속할 때 우리 속에는 비로소 영원한 생명이 들어온다. 영원한 생명은 예수님 안에만 있는 까닭이다.

예수를 만나기 전에는 살아도 산 게 아니었다. 그냥 숨 쉬면서 먹고 잘 뿐이었다. 그러나 예수님을 만남으로써 비로소 천국의 생명, 영원한 생명을 누리게 되었다. 진짜 풍성한 인생, 충만한 인생이 된다.

구약의 에스겔 선교사가 본 환상에서는 골짜기의 메마른 뼈들이 하나님의 말씀이 선포될 때 생기가 들어가서 다 살아났다고 했다. 말씀을 통해 하나님의 생기가 우리를 살려낸다. 생기는 성령이다. 말씀을 통해 성령이 임할 때, 죽었던 몸과 마음이 살아나는 역사가 일어난다.

지금 이 책을 읽고 있는 독자 가운데 죽고 싶다는 생각이 들 만큼 몸과 마음이 힘든 사람이 있다면, 말씀을 통해 살아나기를 바란다. 말씀을 통해 성령의 생기를 체험하고, 살아나는 역사가 있기를 바란다.

들은 바요, 만진 바요, 본 바라

"생명의 말씀에 관하여는 우리가 들은 바요."

요한을 비롯한 예수님 당시의 사람들은 예수님의 음성을 실제로 들었다. 예수님의 수많은 설교를 들었고, 각 사람에게 특별히 주시는 격려와 치유의 말씀을 들었다. 그들은 직접 그분에게 질문했고, 주님의 대답을 들었다.

"우리의 손으로 만진 바라."

요한과 제자들은 하나님의 아들 예수 그리스도를 손으로 만져보았다고 했다. 실제로 도마는 부활하신 예수님의 못 자국 난 손과 발을 만져보았다.

"눈으로 본 바요."

요한은 예수가 환영이나 유령 같은 존재가 아니었음을 강조한다. 자기를 비롯한 제자들과 수많은 사람이 분명히 예수님을 눈으로 수없이 많이 보았다.

간혹 어떤 사람은 '우리도 2천 년 전 열두 제자들처럼 육체로 오신 주님을 직접 만날 수 있다면 얼마나 좋을까?'라고 생각한다. 그러나 오늘날 주님은 말씀을 통해 자신을 드러내신다. 우리가 말씀을 붙잡으면 예수님의 실체를 경험하게 된다.

믿음은 이론이 아니라, 실체이며 체험이다. 하나님의 말씀을 읽을 때마다 우리는 살아 계신 주님을 만날 수 있다. 그분의 생각을 알 수 있고, 그분의 사랑을 느낄 수 있으며, 그분의 마음을 이해할 수 있다.

신앙이란 책 속의 하나님, 지식적 하나님, 남들이 얘기하는 하나님, 종교의식의 하나님을 아는 게 아니다. 바로 내가 숨결처럼 느낄 수 있는 하나님과의 인격적 만남, 내 오감과 전인격으로 하나님을 체험하는 것이다. '말씀'이 예수님의 이름이라는 것은, 우리가 말씀을 통해 예수님을 체험한다는 뜻이다.

믿음은 이론이 아니라, 실체이며 체험이다.

하나님의 말씀을 읽을 때마다 우리는 살아 계신 주님을 만날 수 있다.

우리 가운데 거하신 예수님

요한복음 1장 14절을 다시 보면, 말씀이신 예수님이 육체를 입으시고 '우리 가운데 거하셨다'고 했다. 여기서 '거하셨다'(dwelt)란 말은 '성막을 치고 거했다'(tabernacled)라는 말과 같은 의미다.

이스라엘 백성이 40년 광야 생활을 할 때 그들 진영의 한가운데는 항상 하나님의 성막이 있었다. 성막 안에는 하나님의 말씀인 십계명이 보관되어 있었고, 그 안에서 제사장들이 항상 백성을 대표하여 하나님께 예배드렸다. 그러면 하나님의 영광이 항상 그 위에 머물러 있었다.

하나님 백성들의 생활은 항상 성막을 중심으로 이뤄졌다. 성막을 통해서 하나님 보혈의 은혜가, 하나님의 영광이 그들을 감싸 보호했다. 성막이 이동하면 그들도 함께 따라 이동했다.

예수님이 '우리 가운데 거하셨다'는 말은 예수님이 산 성막이 되어 우리 가운데 거하셨다는 말이다. 이 죄 많은 세상 한가운데에 거룩한 하나님께서 육체를 입으시고 성막이 되어서 사셨다. 우리의 피난처가 되어주시고, 우리의 소망이 되어주시며, 우리의 목자가 되어주시기 위해서 말이다. 그분이 바로 말씀이 성육신 되신 예수 그리스도이시다.

구약의 광야 시절, 이스라엘 백성들은 어딜 가든지 성막을 중심으로

각 지파가 장막을 쳤다. 믿는 사람들의 삶 중심에는 예수님을 모셔야 한다. 가정도 예수님의 말씀을 중심으로 세워져야 한다. 말씀을 통해 흘러나온 은혜가 가정을 살릴 것이다. 교회도 예수님의 말씀 중심으로 세워져야 한다. 예수님의 말씀 중심으로 세워지는 공동체는 외부의 공격으로부터도 보호받지만, 내부의 분열도 막으며 서로 하나가 될 수 있다.

예수님이 중심이 되면 세대 차도 극복할 수 있다. 지역감정도, 배운 자와 배우지 못한 자의 거리도 극복할 수 있다. 그때, 우리는 비로소 세상의 사귐과는 전혀 다른 차원의 사귐으로 들어가는 것이다.

우리 안에서 역사하시는 말씀

말씀이신 예수님은 우리 안에서 역사하며 우리를 변화시켜가신다.

그들을 진리로 거룩하게 하옵소서 아버지의 말씀은 진리니이다 요 17:17

'거룩하게 한다'는 것은 세상과 다르게 한다는 것, 구별되게 한다는 뜻이다. 교회는 세상과 달라야 한다. 하나님의 사람은 세상 사람과 뭔가 달라야 한다. 무엇이 교회를 세상과 다르게 하는가? 무엇이 교회를 교회답게 하는가? 그것은 예수님의 말씀이다.

말씀이 내 삶에 살아 역사하면 죄를 이길 힘이 생긴다. 하지만 우리가 죄 속에 젖으면 말씀으로부터 멀어지게 되고, 그러면 즉시 영적 전투력을 상실하게 된다. 그것은 곧 죽음과도 같다.

거룩하게 변화함

예수님의 말씀은 사람의 인생을 거룩하게 변화시킨다. 우리가 구원받은 뒤에도 계속 살아서 꿈틀대는 우리의 옛사람이 주님의 말씀으로 정결해진다. 우리의 지성을 변화시키고, 감정을 정화해나간다. 그래서 세상과 전혀 다른 거룩한 생각과 인격, 언어와 습관을 지닌 사람들로 만들어지는 것이다. 우리 각자의 삶 속에 말씀의 불이 지속적으로 불타면, 우리는 거룩해질 것이고, 그 뒤에는 반드시 부흥을 체험할 것이다.

어떤 사람은 신앙을 너무 추상적으로 생각하고, 자신이 정말 구원받았는지 아닌지 계속 의심한다. 자신이 정말 하나님의 자녀가 되었는지에 대해서도 끊임없이 의심한다. 그러나 만약 우리가 자기도 모르게 하나님의 말씀을 행하고 있다면 하나님의 자녀가 된 것이 확실하다. 만약 우리가 하나님을 더 깊이 예배하기를 원하고, 이웃을 사랑하고, 가난한 자를 돌보고, 하나님의 일을 기쁜 마음으로 하고 있다면 우리는 하나님이 기뻐하시는 자녀이다. 결코 자기 열심만으로는 지속해서 하나님의 말씀대로 살지 못하기 때문이다.

> 누구든지 그의 말씀을 지키는 자는 하나님의 사랑이 참으로 그 속에서 온전하게 되었나니 이로써 우리가 그의 안에 있는 줄을 아노라 요일 2:5

여기서 '말씀을 지킨다'라고 할 때 '지킨다'는 '계속해서 말씀대로 산다'를 뜻한다. 주신 말씀대로 계속 살다 보면 그것이 삶의 습관으로 굳어버린다. 이렇게 할 수 있는 것은 예수님이 우리 안에 계시기 때문이다.

말씀이 성육신 되신 예수님은 우리 안에 계시면서 우리를 통해 생각하시고, 움직이시고, 계속해서 말씀하신다. 구원받은 자와 예수님 사이에는 깊은 교제가 있고, 영적 커뮤니케이션이 항상 살아 있다.

예수님을 따라 살아감

말씀을 통하여 예수님과 항상 교제하는 사람은 자기도 모르게 예수님이 사시던 대로 살아가게 된다.

그의 안에 산다고 하는 자는 그가 행하시는 대로 자기도 행할지니라 요일 2:6

예수님이 이 땅에 계셨을 때 어떤 일들을 행하셨는가? 하나님께 늘 기도하셨다. 자기 자신을 늘 하나님 뜻에 바치셨다. 다른 이들에게 하나님의 이야기를 들려주셨다. 가난하고 병든 사람들을 돌봐주셨다.

하나님의 자녀 된 우리 안에는 말씀이 살아 역사하며, 그로 인해 우리는 자기도 모르게 예수님처럼 사는 사람들이 된다. 말씀이 성육신 되신 예수님은 우리 안에 거하시면서 가만히 계시지 않는다. 그분은 말씀을 통해 우리 인생에 개입하시고 우리를 다스리신다. 말씀을 거부하는 것은 예수님의 다스림을 거부하는 것이며, 그렇게 되면 인생은 파탄이 난다.

구약의 여호수아서에는 계속되는 승리의 기록들로 가득 차 있다. 꿈에 그리던 약속의 땅을 쓱쓱 정복해나가는, 꿈이 현실이 되는 신나는 기적의 드라마다. 그러나 여호수아서 다음의 사사기는 이와 정반대로 이스라엘 전체가 무법천지로 바뀐다. 폭력과 음란과 우상숭배가 가득 찼고, 그 결과로 이스라엘은 수많은 이방 침략자들의 말발굽에 짓밟혔다. 무엇이 문제였는가? 여호수아의 죽음이다.

여호수아의 히브리 이름은 '예슈아'로 예수님의 히브리어 이름과 같다. 여호수아는 구약성경에서 말씀이 성육신 되신 예수 그리스도를 상징했다. 여호수아가 죽었다 함은 하나님의 말씀이 그 땅에서 사라졌다는 뜻이다. 그래서 사사기 끝에 보면 "그때에 이스라엘에 왕이 없으므로 사람이 각기 자기의 소견에 옳은 대로 행하였더라"(삿 21:25)라는 말씀이 나온다.

우리 인생에서 하나님 말씀이 사라지면, 우리는 삶의 방향성을 잃는다. 우리를 이끌고 나가는 거룩한 표준, 확실한 리더십이 없어진다. 그 다음부터 우리 인생은 무법천지다. 우리의 죄성과 욕구가 하자는 대로 막 살게 된다. 그리고 그 결과는 방황과 파멸이다.

1960년대 초, 미국의 존 F. 케네디 대통령 재임 시, 미국 공립학교에서 성경 읽기와 기도 시간이 다 폐지되었다. 미국 전역의 공립학교에서 말씀의 공식 채널을 끊어버린 것이다. 그 뒤 40년 만에 미국 청소년들은 어떻게 되었는가? 미국 중고등학교의 학력 수준은 엄청나게 하락했고, 십 대들의 집단폭력과 마약, 가출, 성적 문란의 범죄는 천문학적으로 급증했다. 말씀을 몰아내버리면 우리 인생과 우리 사회에 어둠의 물결이 지배하는 것을 막을 수가 없다.

주의 말씀은 내 발에 등이요 내 길에 빛이니이다 시 119:105

하나님의 말씀은 우리 인생의 방향이요, 우리가 따라갈 리더십이다. 그러기 때문에 우리는 끊임없이 말씀을 묵상해야 하고, 말씀을 기준으로 인생을 조정해가야 한다.

영적 전쟁에서 승리케 하는 말씀

요한복음과 요한일서에서 예수님을 성육신 된 말씀이라고 선포했던 요한이 요한계시록에서는 좀 다른 맥락에서 예수님을 말씀이라고 선포한다.

또 그가 피 뿌린 옷을 입었으니 그 이름은 하나님의 말씀이라 칭하더라 계 19:13

여기서 '피 뿌린 옷'의 피는 십자가에서 주님이 흘리셨던 피가 아니라, 말씀이신 예수님이 어둠의 권세들을 무찌르고 묻히신 적들의 피다. 비유하건대, 개선장군의 갑옷에 묻은 적군들의 피다. 말씀이신 예수님은 영적 전쟁의 최후 승리자이시다.

에베소서 6장에 나오는 하나님의 전신 갑주에서 유일한 공격무기인 칼은 성령의 검, 곧 말씀의 검이었다. 그것이 요한계시록에서는 최후 심판의 때에 악한 마귀의 권세들을 무너뜨리는 예리한 검으로 소개된다. 말씀으로 세상을 창조하시고, 말씀으로 세상을 다스리셨던 주님이, 이제 말씀으로 세상 권세를 멸망시키시는 것이다. 주님이 입으신 옷에 원수들의 피가 묻어 있는 것은 주님이 말씀의 검으로 원수들을 무찌르셨기 때문이다.

이것은 비단 마지막 심판 날에만 해당하는 원리가 아니다. 주님의 신부 된 교회는 마지막이 가까워질수록 더욱 하나님의 말씀을 가까이해야 한다. 그래야 우리에게 주신 말씀의 검이 날카롭게 벼려져 어둠의 군대를 물리칠 수 있다.

마지막 때가 가까울수록 주님의 손에 쓰임 받는 교회가 되려면 말씀 충만해야 한다. 하나님의 자녀들이 담대하게 하나님의 말씀을 선포하면 마귀들이 비명을 지르며 쫓겨나간다. 특히, 당신의 자녀를 향해 말씀을 계속 선포하라. 자녀들을 누르고 있던 어둠의 영들이 비명을 지르며 떠나갈 것이다. 그리고 우리 자신을 향해 말씀을 선포하라. 자신을 누르고 있던 어둠의 영들이 떠나갈 것이다.

말씀은 성령의 검이면서 또한 거룩한 빛이다. 세상의 어두움을, 악의 세력의 실체를 낱낱이 드러낸다. 우리 안에 있는 은밀한 죄들을 다 드러낸다. 드러난 죄와 악한 것들은 혼비백산하여 다 도망치게 되어 있다. 그래서 살아 있는 말씀을 들으면 아프지만, 동시에 속이 시원하다. 말씀이 선포되면 생명이 임하고, 능력이 임한다. 말씀을 통해 예수님이 내 안에서 역사하시기 때문이다.

따라서 하나님의 자녀는 말씀을 먹어야 살아나게 되어 있다. 폭력의 칼은 쓸수록 무뎌지지만, 말씀의 검은 사용할수록 날카로워진다. 우리가 항상 말씀을 듣고, 묵상하고, 말씀에 순종할 때, 예수님은 우리를 통해 어둠의 세력을 무섭게 무찔러버리신다.

말씀에 그렇게 능력이 있기 때문에 마귀는 우리가 말씀 받는 것을 극도로 싫어하고 핍박한다.

> 내가 아버지의 말씀을 그들에게 주었사오매 세상이 그들을 미워하였사오니 이는 내가 세상에 속하지 아니함같이 그들도 세상에 속하지 아니함으로 인함이니이다 요 17:14

여기 보면 예수님이 우리에게 말씀을 주셨기 때문에 세상이 '우리를 미워한다'라고 했다. 원어로 풀어보면, 세상은 제자들을 미워하기로 작정하고 덤벼든다는 것이다. 언제부터, 왜? 예수님이 우리에게 '아버지의 말씀을 주셨기 때문'이다. 다시 말해, 하나님의 말씀을 받았기 때문이다.

하나님의 말씀을 가졌기 때문에 우리는 사탄의 공격 대상이 된다. 말씀을 통해서 우리는 하늘의 기쁨을 특권으로 받기도 하지만, 동시에 세상의 공격대상이 되기도 한다.

하나님의 자녀들은 세상이 주는 영광과 물질을 통해 살아가는 것이 아니라, 말씀을 통해 생명과 힘을 공급받고 살아간다. 하나님의 자녀가 말씀에 의지하고, 세상에 의지하지 않는 바로 그 점을 세상은 싫어하는 것이다. 자기에게 의지하지 않는다는 것은 자기 맘대로 부릴 수 없다는 뜻이기 때문이다.

우리는 세상이 주는 돈과 명예와 인기를 먹고 사는 존재가 아니다. 하나님 말씀을 먹고 사는 존재다. 그러니까 세상은 우리가 싫다. 실은 우리가 두려운 것이다.

말씀을 가졌다는 것은 교회와 세상의 가장 큰 차이점이다. 사탄은 성도 수가 많은 교회를 두려워하는 게 아니라 말씀 충만한 교회를 두려워한다. 사탄은 건물이 큰 교회, 프로그램 많은 교회를 두려워하는 게 아니라, 한 사람 한 사람 말씀으로 충만한 교회를 두려워한다.

영어 철자로는 공교롭게도 딱 한 자 다르지만 '말씀'(WORD)과 '세상'(WORLD)은 상반관계이다. 교회가 말씀으로 충만하면 할수록 더 영적이 되고, 말씀을 멀리하면 할수록 더 세상적이 된다.

말씀은 하나님의 맞춤형 선물

앞에서 살펴본 요한복음 17장 14절을 다시 보면, 예수님은 "내가 아버지의 말씀을 그들에게(우리에게) 주었사오매"라고 하셨다. 말씀은 예수님이 우리에게 주시는 최고의 선물이다. 사람은 말 따로, 행동 따로일 수 있다. 하지만 예수님의 말씀은 곧 현실이 된다.

말씀을 주실 때 예수님은 자기 자신을 주시는 것이다. 말씀은 단순한 정보가 아니라 예수님의 임재 그 자체이다. 내 인생 고비 고비마다 꼭 필요한 하나님의 능력과 축복들이 그때그때 주님이 주시는 말씀을 통해서 온다. 내 필요를 아시고 주시는 맞춤형 말씀을 통해 예수님은 능력과 지혜와 위로와 사랑과 소망을 부어주신다.

이런 경험 해본 적 있는가? 수많은 사람이 참석한 큰 집회인데도, 그날 전해지는 하나님의 말씀이 마치 맞춤 양복을 맞추어주시듯 현재 내 인생에 너무나 필요한, 너무나 개인적이고 친절하고 정확하게 다가오는 느낌 말이다. 분명히 수많은 사람이 같이 말씀을 듣고 있는데도, 마치 하나님이 내게만 전화를 걸어서 특별 메시지를 주시는 것 같다.

그런데 진짜로 그렇다. 4차원적 세계에 거하시는 하나님께서 성령의 신비한 역사로 수천 년 전에 쓰인 그 말씀으로 21세기를 사는 오늘의 내게 가장 필요한 편지를 보내주신 것이다.

말씀이신 예수님은 우리 인생의 처지에 가장 적합한 맞춤형 은혜로 오신다. 그래서 우리는 아브라함의 하나님, 야곱의 하나님, 요셉의 하나님을 각각 따로 부르는 것이다. 아브라함의 하나님은 약속을 지키시는 하나님이시며, 야곱의 하나님은 우리의 부족함을 참고 기다려주시는 인내의 하나님이시며, 요셉의 하나님은 꿈을 이뤄주시는 하나님이시고, 모세의 하나님은 구원의 하나님이시며, 여호수아의 하나님은 승리의 하나님이시다.

어떤 절망적인 상황 가운데서도 말씀을 주시면
우리는 말씀을 붙잡고 다시 살아날 수 있다.
말씀이 성육신 되신 주님이 역사하시기 때문이다.

나는 성도들의 간증 듣는 것을 참 좋아하는데, 그 간증들 속에서 각각 다른 하나님의 모습들을 보기 때문이다. 똑같은 말씀인데, 각자의 상황과 성격에 따라서 너무나 다양한 은혜를 준다.

다른 사람에겐 그냥 스쳐 지나가는 말씀이라도 어떤 사람에겐 핵폭탄보다 강한 위력으로 받아들여지는 경우가 있다. 11년 전에, 부교역자로 오래 섬기던 교회를 갑자기 떠나 개척하게 되었을 때, 너무나 큰 두려움이 몰려왔다. 그때 하나님이 내게 주신 예레미야서 29장 11절 말씀을 아직도 잊을 수가 없다.

"여호와의 말씀이니라 너희를 향한 나의 생각을 내가 아나니 평안이요 재앙이 아니니라 너희에게 미래와 희망을 주는 것이니라."

다른 사람들에게는 몰라도 그때 그 말씀이 내 안의 모든 두려움과 불안감을 씻어내고 평안함과 담대함을 주었다. 또 목회하면서 정말 죽을 것 같은 큰 위기가 몰려왔을 때 주님이 주셨던 시편 118장 17절의 말씀도 나는 잊을 수 없다.

"내가 죽지 않고 살아서 여호와께서 하시는 일을 선포하리로다."

이 말씀을 수없이 묵상하고 선포하면서 그 죽음 같은 위기를 뚫고 나올 수 있었다. 그야말로 나의 '인생 말씀'이었다. 주님이 내 옆에 바로 와 계셔서 내 눈물을 닦아주시고 내 손을 붙들어주시는 것을 느끼게 해준 살아 있는 말씀이었다.

하나님께서는 태초에 말씀으로 세상을 창조하셨다. 그리고 말씀으로 세상을 운영하셨다. 하나님의 말씀은 떨어지는 그 즉시 현실이 되었다. 하나님이 말씀하시면 홍해가 갈라졌고, 하나님이 말씀하시면 광야에서 샘이 솟아올랐고, 하나님이 말씀하시면 마른 뼈들이 살아나 붙어서 거대한 군대가 되었다.

예수님이 말씀하실 때 물이 변하여 포도주가 됐고, 죽은 나사로가 살아났다. 하나님의 말씀이 임할 때는 무에서 유가 창조되었고, 회복과 부흥과 기적이 일어났다. 어떤 절망적인 상황 가운데서도 말씀을 주시면 우리는 말씀을 붙잡고 다시 살아날 수 있다. 말씀이 성육신 되신 주님이 역사하시기 때문이다.

세상의 말을 너무 많이 들으면 우리는 낙담하게 되고 불안해진다. 그러나 예수님의 말씀을 들으면 신비하게도 마음에 평안과 담대함이 생긴다. 우리가 다 말씀을 통해 주님의 임재를 새롭게 체험하고 세상을 이길 수 있는 영적 파워를 받기를 축원한다.

주여, 우리에게 은혜를 주옵소서!

말씀이 육체를 입으신 예수님을 고백할 때,
우리는 예수님이 태초부터 계셨던 창조주 하나님이심을 믿습니다.
그 말씀이 성육신하여 우리와 함께 계셨고,
지금도 우리 안에서 살아 역사하시는 줄 믿습니다.
말씀이신 주님이 우리를 영적 전쟁에서 승리케 하십니다.
우리 각자에게 때에 맞는 말씀의 은혜로 우리를 살리시니
감사하고 또 감사합니다.

12

CHAPTER

✳
평강의 왕

사 9:6

이는 한 아기가 우리에게 났고 한 아들을 우리에게 주신 바 되었는데 그의 어깨에는 정사를 메었고 그의 이름은 기묘자라, 모사라, 전능하신 하나님이라, 영존하시는 아버지라, 평강의 왕이라 할 것임이라

요 14:25-27

내가 아직 너희와 함께 있어서 이 말을 너희에게 하였거니와 보혜사 곧 아버지께서 내 이름으로 보내실 성령 그가 너희에게 모든 것을 가르치고 내가 너희에게 말한 모든 것을 생각나게 하리라 평안을 너희에게 끼치노니 곧 나의 평안을 너희에게 주노라 내가 너희에게 주는 것은 세상이 주는 것과 같지 아니하니라 너희는 마음에 근심하지도 말고 두려워하지도 말라

전쟁의 연속

성경이 언급하는 예수님의 또 다른 중요한 이름은 '평강의 왕'(The Prince of Peace)이다. 이 이름이 소중하게 느껴지는 까닭은 세상을 장악하고 있는 어둠의 권세가 전쟁의 영이기 때문이다. 그래서 그런지 세상 모든 사람이 간절히 평화를 원한다고 말은 하면서도, 자신도 모르게 파괴하고 마는 것이 평화가 아닌가 싶다.

인류의 역사는 한마디로 전쟁의 역사라고 해도 과언이 아닐 정도로, 크고 작은 전쟁으로 이뤄진 피의 역사다. 부족과 부족이 싸우고, 민족과 민족이 싸우고, 종교와 종교가 싸우며, 한 이익집단이 다른 이익집단과 무섭게 싸워왔다. 전쟁이 일어나면 그 전쟁의 무서운 폐해는 정작 전쟁을 일으킨 사람들이 아닌 힘없는 백성들에게 고스란히 떨어진다. 서로 죽고 죽이고, 가족이 뿔뿔이 흩어지고, 평생 피땀 흘려 모은 재산과 논밭이 잿더미로 변하는 끔찍한 일들이 벌어지는데, 모두 상대편에게 책임을 전가하는 것이 전쟁이다.

시대가 바뀌어도 전쟁은 어떤 형태로든 계속되는 것 같다. 냉전 시기에는 공산주의가 사라지면 지구상에 평화가 올 줄 알았다. 그런데 동유럽 공산주의가 몰락한 90년대 초부터는 이라크, 이스라엘, 보스니아, 르

완다가 다 피의 전쟁으로 하루도 바람 잘 날이 없었다. 뉴밀레니엄 시대 시작과 함께 세계 최강대국 미국의 한복판에서 터진 9.11 테러는 세상에서 안전한 곳은 없다는 것을 모두에게 알려주었다. 후세인이나 카다피 같은 중동의 독재자들이 몰락하는 아랍의 봄이 오고 나서 중동에 평화가 오나 싶더니 무서운 ISIS나 탈레반 같은 새로운 테러 그룹들이 사람들을 공포에 떨게 한다.

사람들은 나름대로 평화를 가져보려고 많이 노력해왔다. 유럽에서는 '사람들이 서로 싸우는 이유는 배우지 못해서 그런 것'이라고 생각하여 르네상스나 계몽주의를 통하여 사람들에게 공부를 잔뜩 시켰다. 그랬더니 20세기에는 가장 많이 배운 서구 유럽의 문명국들이 가장 잔혹한 1차 세계대전을 일으켰다.

그러자 사람들은 교육이 해결책이 아니면 '서로 대화가 없어서 그런가 보다. 대화의 장을 만들자'는 결론을 내렸다. 그래서 1차 세계대전이 끝난 후, 미국의 우드로 윌슨 대통령의 제안으로 나라들이 모여서 평화를 논하는 '국제연맹'(League of Nations)이 만들어졌다. 그러나 강대국들의 이익 다툼으로 흐지부지되었고, 얼마 못 가서 2차 세계대전이 또 터졌다. 2차 세계대전 후엔 국제연합(UN)을 만들었지만, 그래도 한국전, 월남전, 중동전 등의 크고 작은 전쟁들이 끊임없이 터졌고, 요즘 UN은 거의 유명무실하다고 해도 과언이 아닐 정도로 그 위상이 약하다.

국가 간의 전쟁이 아니라도 같은 나라 안에서도 지방과 지방, 마을과 마을끼리의 대립이 있고, 가진 자와 못 가진 자, 보수와 진보, 신세대와 기성세대, 남편과 아내, 부모와 자식, 시어머니와 며느리 간의 첨예한 갈

등과 다툼들이 끝없이 일어나고 있다. "사는 게 전쟁"이란 말이 괜히 나온 게 아니다. 총과 칼로만 싸우는 게 아니다. 정치인들은 파당을 지어 싸우고, 기업들은 서로 경쟁하고 흡수합병하며 전쟁처럼 싸운다. 스포츠 선수들도, 예술인들도 모두 서로 견제하며 싸운다.

당신은 어떤가? 당신은 주위 모든 사람과 완벽한 평화를 유지하며 지난 몇 달간 살아왔다고 자부할 수 있는가? 다들 한두 번쯤 누군가와는 대립하고, 다투고, 불편한 관계에 빠진 적이 있을 것이다. 그만큼 서로 평화하는 것은 어렵다.

겉모양새만 자꾸 바꾼다고 평화를 얻을 수 있는 게 아니다. 그것은 진통제를 먹어서 암을 고치겠다는 것과 같다. 병은 그 뿌리, 즉 그 근본을 치료해야만 한다. 평화를 제대로 이해하기 위해서는 무엇이 전쟁의 근본 원인인가를 아는 것이 중요하다.

전쟁은 마음에서 시작된다

성경은 모든 전쟁의 원인은 바로 인간의 마음에서 비롯된다고 지적한다. 핵폭탄이 문제가 아니라, 그 핵폭탄을 다른 인간에게 사용하는 인간의 죄성이 문제라는 것이다. 총칼 들고 싸우기 전에 우리는 이미 마음으로 서로에게 총칼을 들었다.

너희 중에 싸움이 어디로부터 다툼이 어디로부터 나느냐 너희 지체 중에서 싸우는 정욕으로부터 나는 것이 아니냐 약 4:1

여기서 '정욕'이라고 번역된 헬라어 원어는 인간의 이기적인 욕망을 말한다. 아담과 하와가 선악과를 따먹는 죄를 범한 이유는 그것을 먹고 하나님과 같이 되려는 뒤틀린 욕망 때문이었다.

죄가 무엇인가? 그것은 이기적인 자기 중심주의다. 무엇이 옳고 그르냐의 문제를 따지는 게 아니라, '이게 나한테 좋은 일이냐?'를 가장 먼저 따지는 게 인간이다. 남이야 어찌 되든 자기밖에 모르는 사람들끼리 모여 살면, 항상 전쟁일 수밖에 없다. 좋은 건 내가 남보다 먼저 더 많이 가져야 하는데, 그런 사람들이 둘만 모여도 전쟁이다. 나보다 더 뛰어난 사람, 더 가진 사람들은 다 적이고 경쟁상대다.

요한복음 14장 27절에서 예수님은 "나의 평안을 너희에게 주노라 내가 너희에게 주는 것은 세상이 주는 것과 같지 아니하니라"라고 말씀하셨다. 이 말씀에 따르면, 세상도 우리에게 평안을 준다. 그런데 불안한 가짜 평안이다.

앞에서 언급한 UN 같은 국제기구도 세상이 만든 평화의 도구다. 남북정상회담처럼 지도자들끼리 서로 대화하여 불안한 평화를 가져보려고도 한다. 그러나 대화로 평화가 이루어질까? 하나의 죄인과 또 하나의 죄인이 마주 앉으면 두 명의 죄인이 되는데?

두둑한 은행 잔고도 세상이 주는 평화일 수 있다. 돈이 있으면 하와이 같은 휴양지에 가서 바닷가의 야자나무 아래서 시원한 음료수를 마시며 안정을 취할 수도 있다. 그러나 몸은 하와이에 있을지라도 마음은 두고 온 일 걱정, 회사 걱정하느라 평안이 없다.

세상이 주는 평화는 금방 바닥을 드러낸다. 세상 사람은 조금만 화가 나거나 상처를 입으면 금방 마음의 평화를 잃어버린다. 예수님이 주겠다고 약속하신 것은 세상이 주는 이런 가식적인 평안이 아니라 그 어떤 폭풍 같은 외부상황도 흔들 수 없는 하늘의 평화이다.

하나님과 평화해야 하나님의 평화를 가질 수 있다

히브리어로 평안을 '샬롬'(Shalom)이라고 하는데, 이것은 조용한 호숫가에 앉아 누리는 그런 평안함을 말하는 게 아니다. 단순히 서로 싸우지 않는 상태를 말하는 것도 아니다. 샬롬은 하나님의 백성들만이 누릴 수 있는, 하나님으로 인해 얻어지는 영적 충만함과 만족과 회복을 말하는 것이다. 샬롬은 하나님의 축복, 하나님의 동행하심, 삶의 구석구석 골고루 임하는 하나님의 임재를 의미한다.

태초에 에덴동산에서 인간은 완전한 샬롬(שלום, 평화)을 누렸다. 그런데 그 평화를 깨뜨린 것이 바로 죄였다. 사람의 죄는 하나님과 사람 사이를 갈라놓았다. 하나님과의 사이가 갈라지면서, 사람과 사람 사이도 전쟁이 되었다.

살롬은 하나님의 축복, 하나님의 동행하심,

삶의 구석구석 골고루 임하는 하나님의 임재를 의미한다.

한 몸처럼 서로를 사랑했던 아담과 하와는 죄를 지은 책임을 서로에게 떠넘기며 원망했다. 또 그들이 낳은 자식 가인은 형제 아벨을 쳐 죽였

다. 하나님과 싸우게 되니까 부부가 싸우고, 형제가 싸우게 된 것이다. 하나님과 담을 쌓은 뒤부터 사람과 사람 사이에는 미움과 불신과 다툼의 담이 쌓이게 되었다.

예루살렘(ירושלם)은 '살롬의 도시', 즉 '평화의 도시'란 뜻을 담고 있다. 그런데 그 이름과는 달리 예루살렘은 역사 속에서 끊임없는 전쟁과 약탈에 시달렸다. (왕부터 백성에 이르기까지) 예루살렘 사람들이 번영에 취해서 하나님을 버리고 우상숭배를 일삼으며 죄에 물든 생활을 했기 때문이다. 거룩하신 하나님과 죄에 물든 인간은 함께 갈 수 없었고, 하나님과의 관계가 무너지니까 예루살렘의 평화가 붕괴하였다. 성경은 하나님을 버린 악인에게는 결코 평화가 없을 것이라고 말한다.

그래서 하나님과 화목하는 것이 너무나 중요했다. 하나님과 화목하지 못하면 인간은 끊임없이 전쟁 같은 인생을 살 수밖에 없다. 자, 그런데 어떻게 하나님과 화목할 수 있는가? 구약시대에는 하나님께 예배할 때 화목제물이 반드시 필요했다. 죄 때문에 하나님과 우리 사이에 평화가 깨졌으니 평화를 회복하려면 죗값을 치를 제물이 필요했던 것이다. 신약시대에 이르러, 예수 그리스도께서 우리 모두의 죗값을 치를 화목제물이 되셔서 십자가에서 돌아가셨다. 그리고 하나님과 우리 사이에 막혀 있던 담을 무너뜨리셨다.

이제는 전에 멀리 있던 너희가 그리스도 예수 안에서 그리스도의 피로 가까워졌느니라 그는 우리의 화평이신지라 둘로 하나를 만드사 원수 된 것 곧 중간에 막힌 담을 자기 육체로 허시고 엡 2:13,14

십자가는 먼저 하나님과 우리 사이를 화평케 했고, 그 결과로 사람과 사람 사이를 화평케 했다.

죄인이란 자기 자신을 하나님으로 만들었기 때문에 하나님과 전쟁 상태에 있는 사람이다. 하나님과 다투는 사람은 세상 모든 사람과 다투며 산다. 구원받기 전의 우리가 그랬다. 그러나 하나님과 화목함으로 말미암아 이제 사람끼리도 근본적으로 화목할 수 있는 길이 열린 것이다. 즉, 사람끼리 서로 화평하기 위해서는 먼저 하나님과 화평해야 한다.

하나님과 화평하는 것은 예배가 회복되는 것이다. 가정이 늘 싸우고 다툼이 끊이지 않는다면, 아마 누군가의 예배가 무너져 있을 것이다. 서로 잘잘못 따지기 전에 각자 하나님과 화목해야 한다. 교회가 분열되고 싸운다면 누군가의 예배가 무너져 있을 것이다. 각자가 하나님 앞에 나가 회개하고 하나님과 화목해야 한다. 그러면 하나님께서 사람과 사람 사이의 관계도 화목하게 하실 것이다.

바울은 모든 목회 서신에서 "은혜와 평강이 있기를 원하노라"라는 말로 인사했다. 은혜와 평강, 바울은 이 순서를 한 번도 바꾸지 않았다. 은혜가 있어야 평강이 있다. 우리가 누리는 하나님의 평강은 예수님의 십자가 은혜가 있었기에 가능한 일이었기 때문이다.

죄인이란 자기 자신을 하나님으로 만들었기 때문에
하나님과 전쟁 상태에 있는 사람이다.

아직 십자가의 예수 그리스도를 믿지 않는 사람이 있다면 믿기로 결단하는 은혜가 있기 바란다. 또 믿지만 요즘 십자가의 은혜에서 멀어진 사람이 있다면 십자가 앞으로 바짝 가까이 다가오기 바란다. 그러면 전쟁 같은 우리 마음속에 하나님의 평안이 가득 임할 것이다.

하나님의 평화를 누리기 위해

그리스도의 평강이 너희 마음을 주장하게 하라 골 3:15

그리스도의 평강이 임하기 전, 우리는 마음에 참된 평화가 없는 사람들이었다. 그때, 우리 안에는 늘 불안과 불만과 갈등과 회의가 가득했다. 그러나 예수님을 구주로 영접한 뒤, 주님은 우리에게 하늘로부터 임하는 참된 평안을 주셨다. 그런데 거기까지는 주님의 책임이시고, 그다음에는 우리의 책임이 있다.

"그리스도의 평강이 너희 마음을 주장하게 하라"에서 '주장한다'는 '다스린다'(rule)는 말이다.

"Let the peace of Christ rule in your hearts"(NIV, 그리스도의 평강이 너희 마음을 다스리게 하라).

그리스도의 평강이 우리 마음을 다스리시도록 삶의 조종간을 내어드려야 한다. 그리스도께서 분명히 평강을 주셨는데, 그 평강이 내 영혼을 다스리게 하는 것은 나의 결단이라는 것이다.

사탄은 우리가 염려와 근심, 미워하는 마음과 분노의 마음을 갖게끔 자꾸 충동질해서 그리스도의 평강을 누리지 못하게 계속해서 방해한다. 그러니 우리는 이와 싸워 이겨야 한다. 우리는 삶의 순간순간 자신의 의지적 결단으로 주님의 다스림 밑으로 들어가야 한다.

그렇다면 어떻게 주님의 다스림 아래로 들어가서 주님의 평화를 누릴 수 있는가?

첫째, 기도해야 한다

하나님의 평화를 누리려면 기도해야 한다.

> 아무것도 염려하지 말고 다만 모든 일에 기도와 간구로, 너희 구할 것을 감사함으로 하나님께 아뢰라 그리하면 모든 지각에 뛰어난 하나님의 평강이 그리스도 예수 안에서 너희 마음과 생각을 지키시리라 빌 4:6,7

수영을 배울 때, 자기 몸의 힘을 빼고 부드럽게 물의 힘을 이용하는 법을 배우는 것이 첫걸음이다. 골프에서 드라이브 샷을 칠 때도 비거리를 늘리고 싶으면 힘을 빼고 치라고 한다. 마찬가지로, 마음의 불안과 염려를 이기는 방법은 하나님께 온전히 맡기는 것이다. 하나님께 맡기는 방법은 기도하는 것이다. 그러면 "하나님의 평강이 너희 마음과 생각을" 지킬 것이다.

우리의 삶이 불안하고 더러운 것은 우리의 감정과 생각이 복잡하고 더럽기 때문이다. 더럽고 복잡한 감정과 생각이 우리 안에 있으면 늘 불안하고, 만족이 없고, 기쁨이 없다. 그래서 하나님의 평강이 우리의 마음과 생각을 지켜주셔야 한다.

살아 있는 기도 생활을 하면 하나님의 평강이 우리의 마음과 생각을 지켜주신다. 염려가 많아지면 기도가 적어진다. 반대로 기도가 많아지면 염려가 줄어든다. 그리고 하나님의 평강이 내 안을 채운다. 기도하면 평강의 왕이신 주님이 하늘의 평안을 주신다.

기도하는 사람은 어떤 돌발상황이 터져도, 어떤 무서운 대적이 몰려와도, 어떤 사망의 음침한 골짜기를 통과할지라도 흔들리지 않는다. 하나님이 주시는 평안함이 그 안에 충만하기 때문이다.

세상에는 외적인 성공은 이루었지만 마음은 늘 불안하고 평안이 없는 사람들이 대부분이다. 그것은 반쪽짜리 성공에 불과하다. 아무리 돈이 많다 한들, 늘 마음이 불안하고 두렵다면 그 돈이 무슨 의미가 있는가? 아무리 높은 자리에 올랐다 한들, '누가 날 배신하진 않을까?' 하는 생각에 사람들 눈치만 보며 살아야 한다면 얼마나 불행한 삶인가?

진짜 성공은 어떤 상황 속에서도 내적인 담대함과 평안함을 갖는 것이다. 이는 내 마음에서 세상의 독이 빠지고 하나님의 임재로 채워짐을 의미한다. 예수님이 '세상이 주는 것 같지 않은 평강'을 주겠노라고 하신 요한복음 14장 말씀은 주님이 십자가 죽음을 앞두고 계셨을 때 주신 것이다. 그런 극한 상황 속에서도 예수님의 내면에는 평안이 가득했다.

우리도 기도하면 그 평안을 누릴 수 있다. 기도하면 두려움과 불안감, 슬픔이 떠나고 담대함과 평안함이 마음에 가득 찬다. 우리가 기도할 때 하나님께서는 우리 안에 있는 세상이 준 상처들을 치유하시고, 다시 일어날 수 있는 새 힘을 부어주신다. 영혼이 다시 건강하게 회복되는 것이다. 그것이 기도를 통해 부어주시는 살롬의 축복이다.

둘째, 말씀으로 충만해야 한다

하나님의 평화를 누리려면 말씀으로 충만해야 한다.

> 내 거룩한 산 모든 곳에서 해 됨도 없고 상함도 없을 것이니 이는 물이 바다를 덮음같이 여호와를 아는 지식이 세상에 충만할 것임이니라 사 11:9

"해 됨도 없고 상함도 없을 것"이라는 말은 서로 미워하고 싸우기 때문에 오는 아픔이 없을 것이라는 뜻이다. 왜 "해 됨도 없고 상함도 없을 것"이라고 하는가? "여호와를 아는 지식"은 하나님의 말씀을 말한다. 즉, 물이 바다를 덮음같이 하나님의 말씀이 세상에 충만할 것이기 때문이다!

불교, 힌두교, 이슬람, 무속신앙 등 하나님을 거역하는 잘못된 신앙이 세계 곳곳에 넘쳐난다. 허무주의나 쾌락주의 같은 잘못된 사상도 너무 많다. 그러나 그날이 되면 물에 덮인 바다처럼 모두 하나님 말씀의 통치 안에 완전히 압도될 것이다. 그리고 다툼과 전쟁이 없는 완전한 평화의 시대가 열릴 것이다.

물고기가 물속에서만 생명을 유지하듯이, 하나님나라의 모든 피조물도 오직 하나님의 말씀 속에서 그 생명을 유지할 것이다. 앞 장에서 우리는 예수님은 말씀이 성육신 되신 분이시며, 따라서 말씀은 단순한 정보가 아닌 예수님의 임재 그 자체임을 배웠다. 말씀을 주실 때 하나님 자신을 주시는 것이다. 말씀이신 하나님께서 말씀으로 직접 다스리시고, 그 말씀에 하나님의 백성들은 자발적으로 순종하게 된다. 그때 비로소 우리는 서로 간에 완전한 화평을 이루게 된다.

우리가 세상의 뉴스를 종일 보고 듣고, 세상의 사람들하고만 계속 대화한다면 세상의 영이 우리 마음을 장악할 것이다. 세상의 영은 미움과 다툼과 거짓과 폭력과 음란과 욕심과 두려움의 영이다. 거기에 노출되어 있는 내 마음이 어찌 평안할 수 있겠는가?

그래서 우리는 의식적으로 하루에 가장 집중력이 좋은 시간을 하나님의 말씀을 듣고 읽는 일에 투자해야 한다. 예수님은 말씀을 통하여 임재하시기 때문에, 말씀을 흡수하는 만큼 평강의 왕이신 예수님이 우리 마음을 기경하시고 치유하실 것이다. 그때 비로소 우리는 하나님의 평화를 누릴 수 있다.

셋째, 우상을 제거해야 한다

하나님의 평안을 누리려면 내 안의 우상, 그리고 내 주위의 우상을 제거해야 한다.

구약성경 역대하 14장에 보면 아사 왕이라는 인물이 나온다. 성경은 "여호와께서 아사에게 평안을 주셨으므로"(대하 14:6) 그 땅이 평안했다고 말한다. 그가 다스리던 작은 나라 유다는 지정학적으로 수많은 강대국과 국경을 마주하고 있었기에 항상 크고 작은 전쟁 위협에 시달렸다. 그러나 아사 왕이 다스리던 10년 동안은 하나님께서 완전한 평안

을 주셔서 전쟁이 없었다. 아사 왕은 그 놀라운 평안의 비밀을 이렇게
말한다.

> 아사가 일찍이 유다 사람에게 이르되 우리가 우리 하나님 여호와를 찾았으므로
> 이 땅이 아직 우리 앞에 있나니 우리가 이 성읍들을 건축하고 그 주위에 성곽과
> 망대와 문과 빗장을 만들자 우리가 주를 찾았으므로(we sought him) 주께서
> 우리 사방에 평안을 주셨느니라 하고 이에 그들이 성읍을 형통하게 건축하였더
> 라 대하 14:7

여기서 '주를 찾았다'는 말은 전심으로 하나님만 예배하고, 하나님이
기뻐하시지 않는 것들을 과감히 버렸다는 말이다. 아사 왕은 재임 초기
부터 우상숭배를 유다 땅에서 몰아냈다. 그는 증조부 솔로몬 왕 말년
에 시작되어 그 이후로 계속 이어진 우상숭배와 이교적 풍습을 완전히
없앴다.

이것이 결코 쉽지는 않았다. 우상 아세라를 섬기는 것을 온 나라에 퍼
뜨린 사람이 바로 아사 왕을 키워준 할머니였기 때문이다. 그러나 아사
왕은 자신을 키워준 할머니인 태후를 폐위시키면서까지 우상숭배 척결
을 단행했다. 보통 강하게 결심하고 밀어붙인 게 아니었다.

영적인 헌신은 때로 나와 가장 가까운 인간관계까지 희생하게 한다.
우상숭배하는 할머니가 손주 아사 왕에게 안 좋은 영향을 끼치려 했을
텐데, 아사 왕은 그런 열악한 가정환경 속에서도 기적같이 하나님을 향
한 믿음을 지켰고, 그 믿음대로 나라에서 우상 신들을 깨끗이 청소했다

(그 과정에서 할머니까지 폐위시키는 아픔도 감수했다). 그랬더니 하나님께서 온 나라에 평안을 주셨다.

우리 삶 속에 아직 방치된 우상이 있는가? 하나님 이상으로 사랑하고 집착하는 것, 하나님께 드리는 것 이상의 마음과 시간과 재물을 바치고 있는 것이 다 우상일 수 있다. 돈도 우상일 수 있고, 부동산도 우상일 수 있고, TV나 스마트폰도 우상일 수 있다. 일도 우상일 수 있으며, 취미생활도 지나치면 우상일 수 있다.

잠잠히 기도하며 하나님의 임재를 방해하는 우상들을 하나씩 삶에서 제거하라. 하나님의 평안이 우리 가운데 임할 것이다.

기드온의 여호와 살롬 예배

구약성경에서 "여호와 살롬"(평강의 하나님)이라는 이름이 처음 나오는 맥락은 참으로 의외다. 그것은 이스라엘에 왕이 없어서 각자 자기 소견대로 행하던 사사 시대 때, 기드온이라는 사사를 통해서였다. 당시, 이스라엘은 하나님을 불순종하고 우상숭배를 한 까닭에 사람들은 도덕적으로 타락하고, 나라 안에서는 전쟁과 각종 질병과 재앙이 끊임없이 일어나서 하루하루가 혼란스럽고 불안했다.

특히 기드온의 시대에는 미디안 부족이라는 무서운 대적의 침략이 이스라엘 전체를 공포에 떨게 했는데, 그들은 메뚜기 떼같이 많은 대군이었다고 했다. 하나님께서는 이스라엘을 구원할 사사로 기드온을 택하시고, 그에게 나타나서서 '큰 용사'(Mighty Warrior)라고 하셨다.

그러나 기드온은 아무리 봐도, 어디를 봐도 큰 용사가 아니었다. 그는 므낫세 지파의 작은 집안의 사람이었고, 그저 외세의 침략에 두려워서 살아남으려 애쓰던 보통 사람이었다. 그런 그를 하나님이 택하셔서 이스라엘에서 전쟁을 몰아내고 평화를 가져오게 할 지도자로 세우셨다.

이제 미디안 침략군과 큰 전쟁을 치러야 하는 기드온은 하나님께 제단을 쌓고 예배를 드린다. 이 예배가 바로 살롬의 예배였다.

기드온이 여호와를 위하여 거기서 제단을 쌓고 그것을 여호와 살롬이라 하였더라 삿 6:24

아이러니하게도 살롬의 하나님을 선포한 기드온은 그때부터 전쟁을 시작한다. 먼저 내부의 적과 전쟁을 치른다. 그는 자기 집에 있는 바엘과 아세라 우상들을 다 부숴버렸다. 우상을 제거해야 평안이 오기 때문이다. 미디안을 물리치고 이스라엘에 평화를 가져오기 전에, 기드온은 먼저 마음에서부터 마귀를 몰아내고 하나님의 평화를 체험해야 했다.

그러고 나서 기드온은 외부의 적들과 전쟁을 시작한다. 백성들을 이끌고 출전한 기드온은 미디안 대군을 상대로 기적 같은 승리를 거두며 이스라엘에 평화를 가져온다.

기드온의 스토리를 통해서 우리는 진정한 하나님의 살롬이 무엇인가를 배운다. 그것은 주변 상황을 초월한다. 모든 것이 불안하고 어지러웠던 시대, 그리고 미디안 대군의 무서운 침략이 온 땅을 공포로 몰아넣고 있는 힘든 상황에서도 우리는 예배를 회복하여 하나님의 살롬을 누릴 수 있다.

하나님의 샬롬을 회복하면 큰 능력을 얻는다. 그래서 기드온처럼 출신이 미천하고 능력도 출중하지 않으며 마음마저 약한 사람도 '큰 용사'로 쓰임 받을 수 있다. 주변 환경이 아무리 어지러워도 하나님의 평강을 가진 사람은 침착하고 담대하다. 내면이 안정되어 있다. 기드온의 여호와 샬롬 예배는 인생의 폭풍 속에서 평화를 누릴 수 있는 비결은 하나님의 임재임을 알려준다.

우리가 세상 환경을 제어할 수는 없지만, 환경에 어떻게 반응하는가는 결정할 수 있다. 우리는 주님과 깊이 교제함으로 하늘의 평화를 내려받을 수 있다. 기드온이 국가적, 개인적 위기 상황 속에서 여호와 샬롬을 체험했듯이, 우리도 개인적, 국가적 위기 상황 속에서 오히려 여호와 샬롬을 체험할 수 있다.

상황은 아직 전쟁 중이었는데 하나님께서 기드온에게 먼저 샬롬의 예배를 드리게 하시니까, 곧 실제로 샬롬이 그 땅에 임했다. 샬롬의 예배자가 하나님의 큰 용사가 되어 샬롬을 위협하는 악한 군대를 무찔렀기 때문이다. 기드온이 만난 샬롬의 하나님은 기드온이 문제로부터 도피하지 않고, 오히려 문제와 맞서 승리함으로써 샬롬을 누리게 하셨다.

역설적인 표현이지만, 진정한 영적 평강은 영적 전쟁을 통해 얻어진다. 하나님의 샬롬을 망가뜨린 것은 죄였고, 그 죄 뒤에는 마귀가 있다. 하나님의 샬롬은 마귀의 세력과 싸워서 이김으로써 얻어지는 것이다. 평강의 왕이신 예수님이 십자가에서 마귀의 세력과 싸워 승리하셨기에, 우리가 하나님의 샬롬을 누릴 수 있다.

지금도 우리는 영적 전쟁 중이다. 그 어디보다 주님의 평안이 가득해야 할 교회도 자칫 잘못하여 시험이 들면 전쟁터로 변할 수도 있다. 그러니 말씀과 기도로 무장하고 영적으로 깨어 있어야 한다. 예배가 죽고 기도가 식어버린 가정이나 교회는 전쟁터로 변할 수 있다. 그러나 우리가 예수 이름으로 담대히 나아가 승리할 때 우리는 우리 자신과 가정과 교회의 영적 평강을 지킬 수 있다.

평강의 왕을 전쟁 같은 현실 속으로 초대하라

평강은 환경이 만들어주는 것이 아니라 평강의 왕이 임하면서 주시는 것이다.

> 지극히 높은 곳에서는 하나님께 영광이요 땅에서는 하나님이 기뻐하신 사람들 중에 평화로다 눅 2:14

이것은 아기 예수님 탄생하시던 날 밤, 하늘에 있는 천사들의 찬송이었다. 이 땅의 모든 유명한 왕들은 다 전쟁의 왕들이다. 광개토대왕, 알렉산더, 줄리어스 시저, 칭기즈칸 등 하나같이 다 수많은 사람의 피를 흘려 영웅이 되고, 왕국을 세운 사람들이다. 그러나 남의 피를 흘려서 이룩한 왕국, 남의 가슴에 못을 박고 한을 심어서 만든 평안은 결코 오래가지 못한다.

우리 예수님은 남의 피가 아닌 자신의 피를 흘려 우리를 구원하셨다.

그리고 사라지지 않는 영원한 나라의 백성으로 만들어주셨다. 우리 예수님은 평강의 왕이시다. 주님이 오시는 곳에 진정한 평화가 임한다.

주님 다시 오실 때까지 이 전쟁과 다툼의 세상 현실은 계속될 것이다. 그러나 평화와 왕이신 예수님을 영접한 사람들, 그리고 그 예수님과 날마다 교제하는 사람들의 마음에는 하늘의 평화가 있을 것이다. 세상은 이 평화를 알지 못한다. 아무나 이 평안을 누릴 수 있는 게 아니다. 마음속에 예수님을 모신 사람들만이 이 평화를 누릴 수 있다.

기적은 문제에서 빨리 탈출하는 게 아니라,

하나님께서 그 문제를 어떻게 축복으로 바꾸시는지에 달렸다.

크리스천은 주변 상황이 좋아서, 혹은 힘든 일이 없어서 평안한 것이 아니다. 평강의 주님을 마음속에 모시고 있기 때문에 평안한 것이다. 요한복음 14장에서 예수님은 "나의 평안을 너희에게 주노라"라고 하셨다. 주님의 평안을 원한다면 평안의 주님과 끊임없이 동행해야 한다. 우리의 힘든 현실 속으로 끊임없이 평강의 왕 주님을 초대해 들여야 한다.

우리는 보통 힘든 상황이 닥치면 '하나님, 빨리 제가 여기서 벗어나게 해주십시오'라고 기도한다. 전혀 예상치 못했던 경제적인 어려움이 닥치거나, 믿었던 자식이 사고를 치고 속을 썩일 때, 혹은 몸에 뜻하지 않은 병이 생겨서 고통스러운 치료 과정에 들어갈 때, 정말 간절하게 '이 어려움에서 빨리 벗어나게 해달라'고 기도한다.

그런 기도가 잘못되었다는 얘기는 아니다. 하지만 어떤 어려움에서 빨리 벗어나게 해달라고 기도하기 전에, 그 어려움 속으로 하나님을 초대해 들여야 한다. 평강의 왕이신 주님을 전쟁 같은 내 어려움 속으로 초대하는 것이다.

몇 년 전, 내가 섬기던 교회가 아주 힘든 시기를 지날 때 나는 결사적으로 주님 앞에 엎드려 울면서 기도했다. 주님은 폭풍 가운데 함께해주시면서 설명할 수 없는 하늘의 평화를 누리게 해주셨다. 그리고 주님의 때에 폭풍이 물러가게 하시더니 교회는 이전보다 더욱 은혜롭고 강하게 부흥했고, 내 믿음과 지혜도 훨씬 강해졌다.

기적은 문제에서 빨리 탈출하는 게 아니라, 하나님께서 그 문제를 어떻게 축복으로 바꾸시는지에 달렸다. 그러니 지금 우리가 처한 모든 힘든 상황, 전쟁같이 고통스러운 상황 속으로 평강의 왕이신 주님을 초대하는 기도를 해보라.

지금 병실에 누워서 투병 중이라면 "주님, 이 병실로 임재해주십시오"라고 기도해보라. 평강의 주님이 병든 나의 육체 위에, 나를 치료하는 의사와 간호사 위에, 병원 전체에 임재해달라고 기도해보라. 직장에서 동료들과 관계가 힘들다면 "주님, 직장에서 제 인간관계가 너무 헝클어졌습니다. 오해가 너무 쌓였습니다. 인간적인 대화로는 해결할 수 없으니 평강의 왕이신 주님이 임재해주시옵소서"라고 기도해보라. 면접 보는 직장마다 떨어져서 절망하고 있는 사람이 있다면, 평강의 하나님을 자신의 인생으로 초대해보라.

내가 빠져 있는 구렁텅이에서 하나님이 나를 빨리 빼내주시는 것보다 훨씬 놀라운 기적이, 하나님이 나의 구렁텅이 안으로 들어오셔서 역사하심으로 일어난다. 환난 중에 있는 우리에게 평강의 주님이 설명할 수 없는 위로와 은혜와 능력을 주실 것이다. 그래서 아직 고난이 끝나지는 않았지만, 감사가 있고 눈물이 있고 기쁨이 있다.

우리 인생의 모든 전쟁을 혼자 힘으로 다 싸울 필요가 없다. 항상 불안하고, 긴장하고, 지치고, 밤에 잠 못 이룰 필요가 없다. 그것은 우리가 고난에서 빨리 탈출하려고만 했지, 평강의 주님을 고난 속으로 초대해 들이지 않았기 때문이다.

내가 빠져 있는 구렁텅이에서

하나님이 나를 빨리 빼내주시는 것보다 훨씬 놀라운 기적이,

하나님이 나의 구렁텅이 안으로 들어오셔서 역사하심으로 일어난다.

평강의 왕이신 주님은 우리의 초대를 기다리신다. 주님은 고난 속에 있는 우리에게 오셔서 상황을 변화시키기 전에 우리 자신을 먼저 변화시키신다. 정결하게 하시고, 믿음이 커지고 인격이 성숙하게 하신다. 그래서 정금같이 연단되어 고난에서 나오게 하셔서, 귀한 하나님의 역사에 우리를 사용해주실 것이다.

—
평강의 왕이신 예수님이
전쟁으로 물든 우리의 역사를 치유하시는
유일한 구원자이심을 믿습니다.
우리의 죄로 인하여 우리는 하나님과 원수가 되었고
서로 간에 원수가 되었는데
주님의 십자가 죽음으로
하나님과도, 사람과도 화목하게 되었습니다.
우리 안의 우상을 제거하고 영적 전쟁에 승리함으로써
하나님의 살롬을 누리게 인도하옵소서.
전쟁 같은 우리 삶의 현실 속으로
평강의 주님께서 임하여주옵소서.

13

위대한
대제사장

히 4:14-16

그러므로 우리에게 큰 대제사장이 계시니 승천하신 이 곧 하나님의 아들 예수시라 우리가 믿는 도리를 굳게 잡을지어다 우리에게 있는 대제사장은 우리의 연약함을 동정하지 못하실 이가 아니요 모든 일에 우리와 똑같이 시험을 받으신 이로되 죄는 없으시니라 그러므로 우리는 긍휼하심을 받고 때를 따라 돕는 은혜를 얻기 위하여 은혜의 보좌 앞에 담대히 나아갈 것이니라

히 5:1-10

대제사장마다 사람 가운데서 택한 자이므로 하나님께 속한 일에 사람을 위하여 예물과 속죄하는 제사를 드리게 하나니 그가 무식하고 미혹된 자를 능히 용납할 수 있는 것은 자기도 연약에 휩싸여 있음이라 그러므로 백성을 위하여 속죄제를 드림과 같이 또한 자신을 위하여도 드리는 것이 마땅하니라 이 존귀는 아무도 스스로 취하지 못하고 오직 아론과 같이 하나님의 부르심을 받은 자라야 할 것이니라 또한 이와 같이 그리스도께서 대제사장 되심도 스스로 영광을 취하심이 아니요 오직 말씀하신 이가 그에게 이르시되 너는 내 아들이니 내가 오늘 너를 낳았다 하셨고 또한 이와 같이 다른 데서 말씀하시되 네가 영원히 멜기세덱의 반차를 따르는 제사장이라 하셨으니 그는 육체에 계실 때에 자기를 죽음에서 능히 구원하실 이에게 심한 통곡과 눈물로 간구와 소원을 올렸고 그의 경건하심으로 말미암아 들으심을 얻었느니라 그가 아들이시면서도 받으신 고난으로 순종함을 배워서 온전하게 되셨은즉 자기에게 순종하는 모든 자에게 영원한 구원의 근원이 되시고 하나님께 멜기세덱의 반차를 따른 대제사장이라 칭하심을 받으셨느니라

히브리서의 기록 배경

예수님을 '위대한 대제사장'이란 이름으로 언급한 신약성경은 히브리서가 유일하다. 따라서 우리는 먼저 히브리서가 어떤 배경에서 쓰였는지를 알아볼 필요가 있다.

히브리서는 A.D. 64년경, 로마 황제 네로가 그리스도인들을 무시무시하게 박해하던 시절에 쓰인 책이다. 이 박해로 초대교회의 두 큰 지도자 베드로와 바울을 비롯한 수많은 그리스도인이 붙잡혀서 온갖 처참한 방법으로 죽어갔다. 그래서 히브리서 기자는 히브리서를 통해 고난 가운데 있는 성도들이 낙담하거나 포기하지 않고 믿음의 선한 싸움을 끝까지 다 싸울 수 있도록 격려한다.

히브리서가 기록된 또 하나의 중요한 목적은, 막 복음을 듣고 개종한 유대인 크리스천들이 박해가 무서워서 다시 유대교로 돌아가는 것을 막기 위함이었다. 당시 기독교는 로마의 핍박을 받고 있었지만, 유대교는 로마 정부의 공식 승인을 받은 상태여서 직접적인 박해를 받지 않았다.

유대인들은 오히려 기독교를 유대교의 이단이라 하여 로마 당국에 기독교인들을 고발까지 했다. 그리고 기독교로 개종한 형제들을 끊임없이 핍박하고 회유하려 했다. 또 그리스도의 복음에 대한 믿음만을 강조하는 기독교와는 대조적으로 유대교는 구약시대부터 계속되어온 희생 제사와 율법 준수라는 외형적 종교 형태를 유지하고 있어서 사람들에게 훨씬 안정감을 주었다.

이런저런 이유로 당시 믿음이 어린 유대인 신자 중에는 다시 유대교로 돌아가려는 이들이 많았고, 이것은 안 그래도 핍박으로 흔들리는 교회 전체에 위기를 가져왔다. 그래서 히브리서 기자는 예수 그리스도께서 모든 구약의 제사와 율법의 완성임을 강조한다.

구약의 대제사장은 어떤 존재였는가?

구약의 예배에는 반드시 하나님과 사람 사이에 중재자 역할을 할 제사장이 필요했다. 제사장은 백성을 대표하여 하나님 앞에 나아가서 죄 용서를 구하는 중보 사역을 했다. 그 제사장들을 대표하는 사람이 대제사장이다. 대제사장의 중요한 직무 중 하나는 일 년에 한 번, 속죄일에 지성소에 들어가 자신과 이스라엘 온 백성의 죄를 속하는 속죄 사역을 하는 것이었다.

히브리서 5장은 대제사장의 자격에 대해서 이렇게 다루고 있다.

대제사장마다 사람 가운데서 택한 자이므로 하나님께 속한 일에 사람을 위하여 예물과 속죄하는 제사를 드리게 하나니 그가 무식하고 미혹된 자를 능히 용납할 수 있는 것은 자기도 연약에 휩싸여 있음이라 그러므로 백성을 위하여 속죄제를 드림과 같이 또한 자신을 위하여도 드리는 것이 마땅하니라 히 5:1-3

대제사장의 첫 번째 자격은 "사람 가운데서 택한 자"여야 한다는 것이다. 즉, 자신도 죄를 짓고 무너지기 잘하는 연약한 인간이기 때문에, 다른 "무식하고 미혹된 자"(영적 무지로 말미암아 죄의 노예가 되어 자꾸 무너지는 자)들을 이해하고 사랑할 수 있는 자여야 한다는 것이다. 그래서 일년에 한 번 백성을 위하여 속죄제를 드릴 때 대제사장은 먼저 '자신을 위하여도' 속죄제를 드린다.

하나님의 섭리가 참으로 놀랍지 않은가? 하나님은 하나님과 사람의 중재자로 천사를 세우지 않으시고, 죄 많은 사람 중에 하나를 세우셨다. 그 이유는 사람만이 사람의 사정을 가장 잘 이해하기 때문이다. 결혼해서 자식을 키우면서 속도 끓여 보고, 병에도 걸려 보고, 친구에게 배신도 당해보고, 인생의 여러 기쁨과 슬픔을 겪어본 사람만이 다른 이들의 기쁨과 슬픔도 가장 잘 이해할 것이기 때문이다.

'너도 그런 연약한 인간 중 하나이므로 대제사장이라고 해서 교만하게 다른 사람의 죄를 정죄하고 다른 사람들 위에 군림하지 말라'는 것이다. 너도 하나님의 용서를 받아야 할 연약한 죄인임을 깨달아, 백성들의 연약함을 이해하고 그들을 위해서 눈물로 중보해주라는 것이다.

생각해보니, 목회자는 이런 대제사장의 마음을 품어야 하는 것 같다. 설교 준비를 할 때, 나는 먼저 나 자신에게 주일에 내가 설교할 내용을 설교해본다. 내가 먼저 이 말씀으로 심령이 부서져서 회개할 것은 회개하게 해달라고 기도한다. 나 자신이 먼저 죄 용서와 은혜를 체험하게 해달라고 기도한다.

말씀은 설교자를 통해서 성도들에게 흘러간다. 설교하는 내가 먼저 은혜받고 변하지 않으면 내 설교가 무슨 힘이 있겠는가? 성도들이 잘못한 이야기를 들을 때도 '내 안에는 그런 연약함이 없나' 살피며, 정죄하기보다는 이해하고 바르게 회복하게 해주는 데 신경을 쓴다. 그것이 성경이 가르쳐주는 영적 지도자의 마음이다.

하지만 대제사장의 자격은 무엇보다도 하나님으로부터 온다.

> 이 존귀는 아무도 스스로 취하지 못하고 오직 아론과 같이 하나님의 부르심을 받은 자라야 할 것이니라 히 5:4

대제사장은 '존귀'(honorable)하다고 했다. 하나님이 입혀주시는 영적 권위가 있어서 사람들이 존경하고 따른다. 그러나 이것을 탐내서 자기가 하고 싶다고 임의로 대제사장이 될 수 있는 것이 아니다. 자기는 신앙도 좋고, 성경 지식도 있으니 이만하면 대제사장 할만하다고 주장해서 될 수 있는 것도 아니다. 어느 날 갑자기 대제사장이 하고 싶어져서 "저 오늘부터 대제사장 할래요"라고 한다고 되는 게 아니다. 또 인기 투표를 해서 당선된 사람에게 "너 오늘부터 우리 대제사장 해라"라고 되는 것도 아니다.

대제사장은 오직 하나님의 부르심이 있어야 한다. 하나님이 모세의 형 아론을 부르셔서 대제사장으로 세우셨다. 하나님이 아론을 세우신 이래로 대제사장직은 아론 자손인 레위인들만이 이어받을 수 있었다.

하나님이 영적 지도자를 세울 때는 인간이 알지 못하는 하나님의 기준이 있다. 레위인 제사장들 중에서 죄짓고 부적격한 사람들이 간혹 나왔는데, 그들은 하나님께서 직접 죽이시든가 제사장 자리에서 내리셨다. 그러나 제사장의 선택은 전적으로 하나님의 주권이었다. 그러므로 전지전능하신 하나님의 선택, 하나님의 기름 부으심을 우리는 인정하고 존중해드려야 한다. 대제사장에게 순종하는 것은 그가 아니라 그를 세우신 하나님을 존경하고 따르는 것이다.

> 또한 이와 같이 그리스도께서 대제사장 되심도 스스로 영광을 취하심이 아니요 오직 말씀하신 이가 그에게 이르시되 너는 내 아들이니 내가 오늘 너를 낳았다 하셨고 히 5:5

대제사장의 두 가지 자격요건은 자신도 육체를 입은 연약한 인간일 것과 하나님의 부르심을 입은 자여야 한다는 것이었다. 인간의 육체를 입고 오신 예수님은 이 두 가지 자격요건을 다 충족하셨다. 그러면서도 예수님은 하나님이셨기에 지금껏 존재했던 수많은 구약의 대제사장들과는 비교할 수 없는 탁월한 존재셨다. 하나님은 예수님에게 "너는 내 아들이니 내가 오늘 너를 낳았다"라고 하셨다. 예수님은 흠 없으신 하나님의 아들이셨다.

아론의 자손인 레위인 출신의 수많은 인간 대제사장들이 있었다. 그들은 모두 자신들도 죄 사함을 받아야 하는 불완전한 존재들, 아담의 후예들이었다. 그러나 예수 그리스도는 죄가 전혀 없으신 하나님의 아들이시기 때문에, 예수님을 대제사장으로 세우신 하나님의 부르심은 다른 이들을 향한 부르심과는 차원이 다르다.

그러므로 우리에게 큰 대제사장이 계시니 승천하신 이 곧 하나님의 아들 예수시라 우리가 믿는 도리를 굳게 잡을지어다 히 4:14

여기서 "승천하신 이 곧 하나님의 아들 예수"께서 '우리의 큰 대제사장이 되신다' 함은 예수님의 대제사장 직무 수행이 이 땅에서가 아닌 하늘에서 이뤄지고 있음을 나타낸다. 주님은 이미 하늘로 돌아가셨고, 하나님 아버지 보좌 우편에 앉아 계신다.

예수님이 오시기 전, 구약시대의 대제사장은 매년 속죄일마다 자신의 죄와 온 백성의 죄에 대해 속죄하기 위해 하나님께 희생제물과 소제물을 바쳐 제사를 지냈다. 우리의 참 대제사장이신 예수님도 인간의 모든 죄를 대속하기 위해 속죄예물을 드려야 했다. 그런데 예수님이 드린 속죄제물은 바로 자기 자신이었다.

구약시대에는 한 사람의 죄를 위해 한 마리의 속죄양을 드렸는데, 그것도 매년 죄를 지을 때마다 새로운 제물을 드려야 했다. 구약시대의 속죄 제사가 잘못되었다는 게 아니라, 그런 식으로 속죄 제사를 해서는 온 세상의 양들을 다 죽여도 모자랄 것이고, 그것이 끝없이 계속되어야 하므로 너무나 지치고 힘든 일이었다.

구약시대에 따르면 짐승 한 마리로는 한 사람의 죄만 용서가 된다. 그러나 그리스도께서는 단 한 번의 십자가 죽음으로 모든 사람의 과거, 현재, 미래의 죄에 대해 속죄하셨다. 예수님의 보혈이 그만큼 귀한 가치가 있었기 때문이다. 예수님의 보혈로 드린 제사는 양들을 잡아서 드린 구약시대 제사의 완성품이었다.

구약시대 때 제사장들은 특정 장소에 설치된 성막에서 하나님을 섬기며, 백성들의 죄에 대해 속죄하는 제사를 지냈다. 구약 율법 시대에는 장소가 중요했다. 하나님을 만나려면 반드시 이 성소에서, 장막으로 와서, 특별한 절차와 예법을 갖추어 제사를 지내야 했다. 정해진 성소나 장막이 아닌 다른 데서 예배를 드리면 우상숭배가 되었다.

그러나 승천하신 주님은 이 땅이 아닌 하늘에 장막을 세우신다. 하늘의 참 장막은 사람의 손이 아닌 주님의 손으로 직접 세우신다. 우리는 예수 그리스도를 통해 직접 그 하늘의 장막으로 나가서 하나님을 예배할 수 있다. 그러므로 이제 교회는 어떤 특정 장소가 아니다.

주중에 전혀 다른 목적으로 쓰이던 일반 건물에서 예배를 드려도 하나님이 우리를 만나주신다. 보이지 않는 하늘 장막을 통해 하나님께 가는 길이 열려 있기 때문이다. 내가 어디에 있든 24시간 하나님의 임재하심 가운데 있을 수 있고, 하나님의 놀라운 은혜를 맛보고 경험하며 살수 있다는 것이다.

인간 제사장들은 불완전하고 연약해서 다른 사람들을 온전히 도울 수 없었지만, 예수님은 우리를 능히 도우실 수 있는 완전한 하나님이시다. 인간 제사장들은 늙고 수명이 다하여 죽고 나면 더는 그 사명을 감당할 수 없지만, 영원하신 예수님은 영원토록 그 사명을 감당하실 수 있지만, 우리는 예수님을 통해 언제든지 은혜의 보좌 앞으로 나갈 수 있다.

멜기세덱의 반차를 따른 대제사장

하나님께 멜기세덱의 반차를 따른 대제사장이라 칭하심을 받으셨느니라 히 5:10

여기서 예수님은 하나님께 "멜기세덱의 반차를 따른 대제사장"(high priest in the order of Melchizedek)이라 칭하심을 받으셨다고 했다. 예수님은 육신적으로는 유대 가문인데 어떻게 레위 지파만이 될 수 있는 대제사장이 되실 수가 있는가? 그 답변이 바로 이것이다. 예수님은 구약 시대의 대제사장 가문인 레위의 반차를 따르는 것이 아니라 멜기세덱의 반차를 따른 대제사장이셨다.

그렇다면 도대체 멜기세덱은 누구인가?

이 멜기세덱은 살렘 왕이요 지극히 높으신 하나님의 제사장이라 여러 왕을 쳐서 죽이고 돌아오는 아브라함을 만나 복을 빈 자라 아브라함이 모든 것의 십분의 일을 그에게 나누어 주니라 그 이름을 해석하면 먼저는 의의 왕이요, 그 다음은 살렘 왕이니 곧 평강의 왕이요 아버지도 없고 어머니도 없고 족보도 없고 시작한 날도 없고 생명의 끝도 없어 하나님의 아들과 닮아서 항상 제사장으로 있느니라 히 7:1-3

멜기세덱은 정말 신비한 인물이다. 부모가 없고 족보가 없다. 시작도 없고 끝도 없는 사람. 그리고 하나님의 아들과 같은 제사장이었다. 멜기세덱은 구약성경에 나타난 예수 그리스도의 예표이다.

창세기 14장에 보면 믿음의 조상 아브라함이 전쟁에서 승리하고 돌아오면서 살렘 왕 멜기세덱에게 십일조를 바치며 경배한다. 구약성경에서 예수님의 예표인 멜기세덱이 모세의 율법이 주어지기 훨씬 전에, 믿음의 조상 아브라함의 경배를 받은 인물이었다는 사실이 중요하다. 즉, 대제사장이신 예수 그리스도는 모든 구약의 율법과 제사장 위에 계신 존귀한 분이시다. 온 인류의 죄를 대속하는 만왕의 왕이신 것이다.

멜기세덱은 승전하고 돌아오는 아브라함을 맞아주며 축복하고 격려한다. 그는 구약에서 예수님의 예표인 대제사장이기에, 승전하고 돌아오는 아브라함을 하나님의 이름으로 축복할 권리가 있는 것이다. 그래서 그는 아브라함의 십일조를 받을 수 있는 사람인 것이다. 아브라함은 멜기세덱이란 사람에게 십일조를 드린 것이 아니라 하나님께 드린 것이다.

이때, 멜기세덱이 아브라함에게 해주는 것을 보면 예수님이 우리를 맞아주시고 축복하시는 것과 흡사하다. 멜기세덱은 떡과 포도주를 가지고 나와 전쟁에서 지친 아브라함 일행에게 새로운 힘을 불어넣어 준다. 예수님은 세상에서 하나님의 사람으로 열심히 사느라고 지친 우리 육신의 필요를 채우신다.

멜기세덱의 빵과 포도주는 전쟁에 지친 아브라함 일행에게 새 힘을 북돋아주었다. 멜기세덱의 반차를 따른 대제사장이신 예수님은 어둠의 권세와 영적 전쟁을 치르느라 지친 우리를 치유하시고 하늘의 새 힘을 불어넣어 주신다. 아브라함은 이제 힘을 회복하고 다음 전투를 싸울 준비가 되었다.

많은 사람이 지난 전투에서 완전히 회복되지 못한 채로 지친 몸과 마음으로 그다음 전투로 간다. 그러니까 자주 패배하고 낙담한다. 그러나 우리의 대제사장 되신 예수께서는 지친 우리를 쉬게 하시고, 새 힘을 불어넣어 주기를 원하신다.

멜기세덱의 반차로 오신 대제사장 예수님은 우리에게도 아브라함이 누렸던 축복을 주신다. 예수님을 통해 우리는 세상에서 지친 몸과 마음을 회복하고 새로운 힘을 받아 다시 세상 속으로 나간다. 멜기세덱의 반차를 따르는 대제사장 예수 그리스도께서는 우리의 삶이 흔들리지 않도록 우리의 버팀목이 되어주신다.

> 우리가 이 소망을 가지고 있는 것은 영혼의 닻 같아서 튼튼하고 견고하여 휘장 안에 들어가나니 그리로 앞서 가신 예수께서 멜기세덱의 반차를 따라 영원히 대제사장이 되어 우리를 위하여 들어가셨느니라 히 6:19,20

뱃사람들에게 배의 닻은 너무나 중요한 것이다. 아무리 비바람과 파도가 거세어도 닻이 튼튼하게 내려져 있으면 배가 그 자리에 계속해서 버티고 있을 수 있다.

대제사장이신 예수께서 우리 영혼의 닻이 되셔서 인생의 그 어떤 비바람도 우리를 무너뜨리지 못하게 붙들어주신다. 직장 생활이 힘들고, 가정에 위기가 오고, 몸과 마음이 병들면서 인생이 이리 흔들리고 저리 흔들릴 때, 예수님을 꽉 붙들고 있으면 이겨낼 수 있다. 거기에 소망이 있다.

앞에서 언급했듯이 큰 핍박 가운데서 기록된 히브리서는 유대인 크리스천 중에서 유대교로 다시 돌아가려는 성도들, 그리고 구약 율법 시대의 종교의식에 비해 신약의 복음이 열등하다고 생각하는 유대인 크리스천들의 마음을 다잡아주기 위해 쓰인 책이다.

그래서 유독 히브리서에는 구약 율법의 시대와 신약 복음의 시대가 서로 대립하는 것이 아니고, 연결선에 있다는 것을 강조한다. 오늘날도 구약과 신약을 자꾸 대립시켜서 생각하는 사람들이 있는데, 예수 그리스도라는 하나의 맥이 신구약성경 속에 흐르고 있음을 알아야 한다. 유대인들의 믿음의 조상 아브라함을 축복하신 분이 예수 그리스도이심을 강조하는 것도 바로 그 이유이다.

우리의 대제사장 되신 예수께서는 지친 우리를 쉬게 하시고,
새 힘을 불어넣어 주기를 원하신다.

구약시대의 율법과 제사는 잘못된 것이 아니고 낡은 것이다. 쓸모없다고 폐기할 것이 아니라 업그레이드되어야 한다. 하나님은 예수 그리스도의 새 언약이 주어지기 전에 맛보기와 모형으로 율법과 제사를 주셔서 구약시대를 버티게 하셨다. 새 언약을 기대하게 하기 위해 주신 것이다. 구약의 제사장들도 오실 대제사장 예수 그리스도의 모형이자 광고판으로, 오실 그분을 기대케 하기 위해 주셨다. 양들을 희생제물로 드리는 제사도 영원한 어린양 예수 그리스도의 십자가 보혈을 상징하기 위해 주신 것이다.

> 대제사장 예수 그리스도께서는 우리의 삶이 흔들리지 않도록
> 우리의 버팀목이 되어주신다.

그러나 이제 모든 언약의 완성이신 예수님이 우리의 대제사장이 되신다. 우리의 영원한 대제사장 되신 예수 그리스도를 통해 우리는 언제 어디서나 담대하게 하나님 보좌 앞으로 나갈 수 있게 되었다. 구체적으로 적용한다면 내가 사무를 보는 책상에서도, 부엌에서 설거지하면서도 하나님을 경험하고 그분의 임재를 경험할 수 있다. 히브리서는 이것을 인식하며 살자고 권면하고 있다.

위대한 대제사장 예수 그리스도께서 하시는 일

첫째, 시험을 이기도록 도와주신다

우리에게 있는 대제사장은 우리의 연약함을 동정하지 못하실 이가 아니요 모든 일에 우리와 똑같이 시험을 받으신 이로되 죄는 없으시니라 히 4:15

예수님은 이 땅에서 인간의 육체를 입고 사시면서 우리가 겪는 삶의 모든 아픔을 다 겪어보셨다. 가난해서 느끼는 설움, 학벌이 변변치 못해서, 혹은 뒷배경이 없어서 느끼는 설움이 어떤 것인지, 병 들고 실직하는

절망감이 어떤 것인지, 주변 사람들에게 인정받지 못하고 비판받거나 배신당하는 기분이 어떤 것인지 다 겪어보셨다.

그래서 주님은 그 누구보다 우리의 연약함을 알고 우리의 아픔을 이해해주신다. 그래서 우리는 주님께 나아가 고난 속에서 느끼는 아픔과 상처를 마음껏 토해낼 수 있다. 우리를 이해할 수도 없고, 이해하지도 않으려는 사람들로 인해 괴로워하지 말라. 대제사장이신 예수님이면 충분하다. 그분께 나아가라!

'우리의 연약함을 동정하신다'에서 '동정한다'의 원어적 의미는 단순히 남의 약함과 아픔에 공감한다는 것을 뛰어넘어, 이를 극복할 도움을 주실 준비가 되어 있다는 것을 뜻한다. 인간은 인간을 위로할 수는 있지만 구원할 수는 없다. 그러나 예수님은 다르시다.

예수님은 우리의 약함과 고통을 누구보다 잘 이해해주시지만, 동시에 우리를 그 약함 너머 승리로 이끄실 수 있다. 그분은 우리의 눈물을 닦아 주시면서 다시 일어나 재기할 수 있게 하신다. 우리에게 힐링을 주시면서 또한 승리를 주시는 분이다.

특히, 예수님은 하나님의 사람이 겪는 영적 시험을 직접 겪어보셨다. 예수님이 공생애를 시작하실 때를 기억하는가? 먼저 예수님은 요단강에서 하늘 문이 열리고 성령이 비둘기같이 임하며 하늘 아버지가 축복해주시는 거룩한 체험을 하셨다. 그리고 40일을 기도하신 후에 시험을 받으셨는데, 누가복음 4장에 보면 "성령에게 이끌리시며" 시험을 받으셨다고 되어 있다. 성령께서 함께하셔서서 힘주신 시험이며, 성령께서 뜻이 있으셔서서 돌파하게 하신 시험이다.

영적 시험은 꼭 우리가 뭘 잘못해서 받는 게 아니다. 만약 그렇다면 왜 예수님도 시험을 받으셨겠는가? '예배 잘 드리고 기도 열심히 했고 은혜받았는데 왜 시험이 오나?'라고 생각하지 마라. 예수님도 요단강에서 성령 체험하시고, 기도 열심히 하시고, 시험을 받으셨다.

시험은 오히려 기회다. 시험을 이겨내어 마귀의 권세를 사전에 제압함으로써 앞으로의 사역 여정에 승리를 확보하기 위함이다. '성령에게 이끌리어 시험을 받았다' 함은 마귀가 공격하기 전에 하나님께서 마귀를 공격하셨다는 뜻이다. 그래서 마귀가 화들짝 놀라서 이때까지 인간들에게 했던 공격을 모아서 예수님을 시험한 것이다.

예수님이 그때 받으신 첫 번째 시험은 돌을 명하여 떡이 되게 하라는 시험이었다. 이 말은 '하나님을 이용해서 너의 필요를 채워라!'이다. 사탄은 우리가 가장 약할 때 그 약점을 치고 들어온다.

지금 예수님은 40일 동안 금식하신 상태다. 배부른 사람에겐 떡 이야기를 아무리 해봐야 소용없다. 그러나 배고픈 사람은 다르다. 3일만 굶으면 흰 쌀밥 얘기만 해도 군침이 돈다. 지금 예수님은 몹시 굶주리셨기 때문에 당연히 떡 얘기만 해도 군침이 도셨을 것이다. 바로 그때, 마귀는 예수님에게 하나님의 능력을 자기 자신을 위해서 사용하라고 유혹했다.

살면서 제일 화급한 문제가 먹고사는 문제다. 돈 때문에 자존심 상하고 마음이 까맣게 타들어 갈 정도로 힘든 경험을 한 적이 다 있지 않은가? 할 수만 있다면 돌을 떡으로 변하게 하고 싶은 마음으로 그런 기도를 수없이 할 정도로 물질 문제로 시험 드는 성도들이 많다. 그럴 때마다 그것은 우리 주님이 먼저 겪어보시고 돌파하신 시험임을 기억하라.

하나님이 눈에 보이는 물질의 축복을 잠시 우리에게 허락하지 않으신다고 해서 그걸로 하나님의 사랑을 의심하면 안 된다. "사람이 떡으로만 살 것이 아니요 하나님의 입으로부터 나오는 모든 말씀으로 살 것이라"(마 4:4)라고 하신 주님의 말씀을 붙잡고, 그 시험을 이겨내라! 그러면 주님의 임재를 체험할 것이요, 기적 같은 하늘의 만나를 받을 것이다.

마귀는 또 예수님을 높은 곳으로 데려가서 순식간에 천하만국을 보여주면서 자신에게 예배하면 이것을 다 주겠다고 했다. 빠르고 확실한 성공에 대한 유혹은 무섭다. 우리는 인스턴트 문화, 스피드 시대에 살고 있다. 뭐든지 순식간에 해치우고 싶어 한다. 성공도, 승리도, 사랑도 다 빠르게 이루고 싶어 한다.

마귀는 빨리 성공하려는 우리의 그 심성을 너무나 잘 알고 있다. 그는 우리에게 하나님의 나라를 이루는 '지름길'을 제공하려고 한다. 하나님이 약속한 것보다 더 좋은 것을, 하나님이 약속한 것보다 더 빠른 방법으로 주겠다는 것이다. 고난을 포기하고, 십자가를 포기하고 영리하게 살라는 것이다.

기도의 자리는 결코 외로운 자리가 아니다.

그 자리는 은혜의 보좌로 나가는 자리다.

우리를 기다리시는 대제사장이신 주님이 우리를 만나주시는 자리이며,

우리를 위해 준비하신 은혜를 한량없이 공급해주시는 축복의 자리다.

그러나 예수님은 마귀의 제안을 거절하셨다. 자기에게 주어진 사명의 자리를 함부로 떠나지 않으셨다. 하나님의 일을 할 때 세상의 방법으로 하지 않는다. 느리고 힘들다 해도 하나님의 방법으로, 하나님의 타이밍에 따라 섬긴다. 그래서 예수님은 그 험한 십자가의 길을 택하셨다. 안 그래도 예수님은 아버지로부터 천하만국의 모든 권세와 영광을 다 받으실 것이다. 단, 십자가를 통해서 받으실 것이다.

이렇듯, 우리가 시험받는 것처럼 우리의 대제사장이신 예수님도 시험을 받으셨지만, 그분은 기도로, 말씀으로 모든 시험을 이기셨다. 따라서 주님은 우리도 시험을 이길 수 있도록 도우신다. 그러므로 우리가 시험을 당하면서도 기도로 예수님의 도움을 구하지 않는다면 우리는 진정한 신앙인이 아니다.

기도하지 않는다는 것은 자기 힘으로 문제를 해결하겠다는 교만이다. 예수님은 시험을 당하실 때마다 기도하셨다. 시험이 심각하면 기도도 심각하게 세게 해야 한다. 주님이 시험을 받으시는 중에 기도하셨다면 연약한 우리는 얼마나 더 기도해야 할까?

기도의 자리는 결코 외로운 자리가 아니다. 그 자리는 은혜의 보좌로 나가는 자리다. 우리를 기다리시는 대제사장이신 주님이 우리를 만나주시는 자리이며, 우리를 위해 준비하신 은혜를 한량없이 공급해주시는 축복의 자리다. 주님 안에서 우리의 연약함이 가려지고 주 은혜로 우리가 강한 용사로 무장되는 은총의 자리다. 그러므로 어떤 상황에서든 기도의 무릎을 꿇고 복과 은혜의 자리로 나와야 한다.

둘째, 때에 따라 돕는 은혜를 주신다

그러므로 우리는 긍휼하심을 받고 때를 따라(in our time of need) 돕는 은혜를
얻기 위하여 은혜의 보좌 앞에 담대히 나아갈 것이니라 히 4:16

여기서 '때를 따라'란 표현의 원어적 의미는 우리가 간절히 도움이 필
요할 정확한 때를 말한다. 하나님의 은혜가 정확한 타이밍에 주어진다
는 것을 성경이 말하고 있는 것이 놀랍지 않은가? 꼭 필요할 순간에 얻
는 도움, 그보다 더 감사한 일은 없다. 우리가 하나님 앞에 나아갈 때
그런 은혜를 얻는다는 것은 참 놀라운 일이다.

기도 안 하는 사람들은 그냥 우연의 일치라고 말할 수도 있고, 노력
한 결과라고 말할 수도 있다. 그러나 다른 순간에 일어날 수도 있었던
그 일이 왜 하필 우리가 간절히 기도할 때 일어났는지, 하나님의 은혜의
응답이라는 말밖에는 설명할 길이 없다. 하나님께서는 하나님의 자녀에
게 어느 때에 무엇이 꼭 있어야 하는지 잘 아신다. 그것을 믿기에 우리는
은혜의 보좌 앞으로 담대히 나아간다.

"은혜의 보좌 앞에 담대히 나아갈 것"에서 '담대히'라는 말은 '거침없
이, 주눅 들거나 어려워하지 않고 자신 있게'라는 의미를 담고 있다. 우리
가 감히 만군의 여호와 하나님 앞에 그렇게 나갈 수 있는 것은 바로 중보
자이신 대제사장 예수 그리스도를 통하기 때문이다. 이런 특권을 우리가
낭비하지 않고 항상 누려야 한다. 그래서 쉬지 않고 기도해야 한다.

셋째, 우리를 위해 중보기도하신다

대제사장은 백성과 하나님 사이를 중보하는 자다. 그래서 그의 중요한 사명은 백성들을 위해 지속하여 중보기도하는 것이었다. 예수님이 이 땅에 계셨을 때부터 우리를 위한 주님의 중보기도는 너무나 간절했다.

> 그는 육체에 계실 때에 자기를 죽음에서 능히 구원하실 이에게 심한 통곡과 눈물로 간구와 소원을 올렸고 그의 경건하심으로 말미암아 들으심을 얻었느니라
>
> 히 5:7

예수님은 이 땅에 계셨을 때 '심한 통곡과 눈물로 간구와 소원을 올렸다'고 했다. 이것은 예수님이 십자가에서 돌아가시기 전날 밤 겟세마네 동산에서 드리셨던 간절한 기도를 표현한 것이다. 주님의 피와 땀을 짜냈던 겟세마네의 그 기도가 얼마나 처절한 것이었는지를 알 수 있다. 인류의 죄를 감당할 대제사장으로서 이 잔을 받아야 할 것은 알지만 솔직히 너무 마음이 힘드셨다.

겟세마네 기도 직후에 주님은 체포되셨다. 그러나 기도로 인하여 십자가를 감당할 수 있는 능력을 받으셨다. 하나님은 아들이신 예수님을 "죽음에서 능히 구원하실" 수 있는 분이셨다. 그러나 그렇게 하지 않으셨다. 예수님을 사랑하지 않으셨기 때문이 아니다. 아들의 십자가 보혈만이 우리의 죄를 사할 수 있기 때문이다. 그 십자가 영광을 위해서 아들의 십자가 고통을 가슴 찢어지는 마음으로 바라보신 것이다.

대제사장이 된다는 것은 칭찬받고 대접받는 것이 아니다. 고난과 핍

박을 온몸으로 받아내며 기도로 자신을 넘어서는 것이다. 양들을 위하여 피와 땀을 뿌려서 중보기도하는 것이다. 나는 목사로서 우리 성도들을 위하여 이런 주님의 마음을 품은 대제사장의 기도를 제대로 못 하고 있는 것이다. 너무 부끄럽다. 초대교회 성도들이 당한 고난과 핍박의 만분의 일도 안 당하면서도 너무 쉽게 힘들다, 어렵다고 생각한다. 그 또한 부끄럽다.

히브리서는 예수 믿는다는 이유만으로 세상에서 핍박당하고 있는 성도들을 격려하는 책이다. 하나님의 일을 하다가 하나님을 위해 받는 고난은 우리를 정결하게 하고, 성숙하게 한다. 더욱 겸손하게 하고, 더욱 기도하게 한다. 온전히 하나님을 신뢰하게 하고, 하나님의 영광과 능력을 드러내게 한다. 우리 모두 주님의 심정으로 거룩한 고난을 잘 이겨내는 사람들이 되자!

구약의 대제사장은 하나님 앞에 나올 때 항상 가슴에 흉배를 차고 나왔다. 그 흉배에는 이스라엘 열두 지파를 상징하는 보석들이 박혀 있었다. 대제사장은 그 보석들을 하나하나 만지면서 열두 지파의 이름을 부르며 하나님께 중보기도했다. 열두 지파의 이름뿐 아니라 지파들이 각각 처한 독특한 사정을 주님께 아뢰며 기도했다.

지금도 우리의 영원한 대제사장이신 예수님이 하늘 보좌 앞에서 그렇게 우리 이름을 부르면서 기도하고 계실 것이다.

그러므로 자기를 힘입어 하나님께 나아가는 자들을 온전히 구원하실 수 있으니 이는 그가 항상 살아 계셔서 그들을 위하여 간구하심이라 히 7:25

기도를 많이 하는 사람의 중보기도도 엄청 강력한데, 보배로우신 주님의 중보기도는 얼마나 강하겠는가! 우리는 연약하고 부족하지만, 주님의 그 강력한 중보기도의 힘으로 살고 있다.

예수님의 중보기도의 힘을 누리려면 우리 또한 항상 기도의 삶을 살아야 한다. 내가 서 있는 곳 어디서나 하나님을 예배하며 살아야 한다. 그러면 우리의 대제사장이신 예수님의 임재로 충만해질 것이다. 그러면 두려움이 없다. 하나님이 사랑하시는 아들 예수님이 우리의 대제사장으로서 예배하는 우리 손을 잡고 먼저 아버지 앞으로 가주시기에 우리는 담대히 하나님 앞에 가서 언제든 예배할 수 있다.

—

우리의 위대한 대제사장 되신 주님을 부를 때,
모든 제사와 율법이 주님을 통해 완성됨에 감사드립니다.
멜기세덱의 반차를 따르는 대제사장 예수 그리스도께서
우리 삶의 흔들리지 않는 버팀목이 되어주심을 믿습니다.
모든 시험에서 우리를 지키시고, 때에 따라 돕는 은혜를 주시며,
지금도 우리를 위하여 중보하시는 예수님으로 인하여
오늘도 우리가 승리하며 살고 있음을 믿습니다.

14

포도나무

요 15:1-16

나는 참포도나무요 내 아버지는 농부라 무릇 내게 붙어 있어 열매를 맺지 아니하는 가지는 아버지께서 그것을 제거해 버리시고 무릇 열매를 맺는 가지는 더 열매를 맺게 하려 하여 그것을 깨끗하게 하시느니라 너희는 내가 일러준 말로 이미 깨끗하여졌으니 내 안에 거하라 나도 너희 안에 거하리라 가지가 포도나무에 붙어 있지 아니하면 스스로 열매를 맺을 수 없음같이 너희도 내 안에 있지 아니하면 그러하리라 나는 포도나무요 너희는 가지라 그가 내 안에, 내가 그 안에 거하면 사람이 열매를 많이 맺나니 나를 떠나서는 너희가 아무것도 할 수 없음이라 사람이 내 안에 거하지 아니하면 가지처럼 밖에 버려져 마르나니 사람들이 그것을 모아다가 불에 던져 사르느니라 너희가 내 안에 거하고 내 말이 너희 안에 거하면 무엇이든지 원하는 대로 구하라 그리하면 이루리라 너희가 열매를 많이 맺으면 내 아버지께서 영광을 받으실 것이요 너희는 내 제자가 되리라 아버지께서 나를 사랑하신 것같이 나도 너희를 사랑하였으니 나의 사랑 안에 거하라 내가 아버지의 계명을 지켜 그의 사랑 안에 거하는 것같이 너희도 내 계명을 지키면 내 사랑 안에 거하리라 내가 이것을 너희에게 이름은 내 기쁨이 너희 안에 있어 너희 기쁨을 충만하게 하려 함이라 내 계명은 곧 내가 너희를 사랑한 것같이 너희도 서로 사랑하라 하는 이것이니라 사람이 친구를 위하여 자기 목숨을 버리면 이보다 더 큰 사랑이 없나니 너희는 내가 명하는 대로 행하면 곧 나의 친구라 이제부터는 너희를 종이라 하지 아니하리니 종은 주인이 하는 것을 알지 못함이라 너희를 친구라 하였노니 내가 내 아버지께 들은 것을 다 너희에게 알게 하였음이라 너희가 나를 택한 것이 아니요 내가 너희를 택하여 세웠나니 이는 너희로 가서 열매를 맺게 하고 또 너희 열매가 항상 있게 하여 내 이름으로 아버지께 무엇을 구하든지 다 받게 하려 함이라

참포도나무

지금까지는 성경에서 직접 언급된 예수님의 이름을 다루었는데, 이번 장의 주제인 '포도나무'의 경우는 예수님의 이름이라기보다는 예수님이 자신을 가리켜 "나는 참포도나무"라고 비유하신 것이다.

예수님의 비유 중 가장 유명한 포도나무의 비유는 예수님이 십자가 죽음을 앞두고 겟세마네 동산으로 가는 중에 제자들에게 주신 말씀이다. 즉, 예수님이 돌아가시기 직전에 제자들에게 들려주신 말씀으로, 이 비유는 예수님이 하늘나라로 가신 뒤 앞으로 이 땅에서 살아갈 제자들이 가슴에 새겨야 할 중요한 메시지를 담고 있었다.

> 나는 참포도나무요 내 아버지는 농부라(I am the true vine, and my Father is the gardener) 요 15:1

농업과 목축업 중심이었던 당시 문화권에서 제자들은 포도나무가 무엇인지 잘 알고 있었다. 팔레스타인의 포도나무는 실제로 땅에서 자라는 나무인데 사람의 허리 정도 높이까지 자란다고 한다.

구약성경에서 포도나무는 이스라엘을 상징하는 대표적인 식물이다.

구약의 이스라엘 백성들은 하나님의 기대와는 달리 좋은 포도나무 열매를 맺지 못하는 불량한 포도나무가 되기 일쑤였다. 하지만 예수께서는 자신을 참포도나무에 비유하심으로써, 불순종과 타락의 모습을 보였던 이스라엘과는 다른 새 이스라엘의 모범을 보여주셨다.

예수님을 이 땅에 보내신 하나님 아버지는 포도나무를 재배하는 농부시요, 예수님은 자신이 바로 아버지가 심으신 그 포도나무라고 하신다. 그리고 우리는 포도나무의 가지다(가지는 열매가 달리는 부분이기 때문에 농부의 노력이 집중되는 곳이다).

약 20여 년 전에 나는 브루스 윌킨슨(Bruce Wilkinson) 박사가 저술한 《포도나무의 비밀》(Secrets of the Vine)이란 책을 읽었는데, 그 책은 내게 이 포도나무의 비유 본문을 완전히 새로운 각도에서 보게 해주었다. 이 장의 메시지에 담긴 핵심적 내용은 윌킨슨 박사의 책에 빚진 것이 많다.

열매 맺는 삶의 중요성

본문 전체에서 나타나는 핵심이기도 하지만, 포도나무의 존재 의미는 열매 맺는 데 있다. 포도나무는 나무라고는 하지만 실은 포도 넝쿨이다. 볼품없고 재목으로 쓰기에 턱없이 부족한 나무다. 그렇다고 땔감으로 쓸만한 나무도 못 된다. 썩혀 거름으로 쓸 수 있는 나무도 아니다.

포도나무는 오직 열매를 위해 존재하는 나무이다. 그래서 예수님은 6절에서 열매 맺지 못하는 포도나무 가지는 찍어 불에 태울 수밖에 없다고 말씀하신 것이다. 우리를 구원하신 하나님께서는 우리가 열매 맺는 삶을 사는 데 지대한 관심을 가지신다.

그렇다면 주님이 말씀하신 '열매'란 무엇일까? 성경학자들은 열매를 크게 외적 열매와 내적 열매로 나눈다. 내적 열매는 우리 성품의 변화를 말하는데, 곧 예수님의 성품처럼 변하는 것이다. 이것은 갈라디아서에서 성령의 열매로 소개된다.

> 오직 성령의 열매는 사랑과 희락과 화평과 오래 참음과 자비와 양선과 충성과 온유와 절제니 이 같은 것을 금지할 법이 없느니라 갈 5:22,23

사람들은 직업이나 외모, 학벌이나 재력같이 겉으로 드러난 모습들에 주목한다. 그러나 하나님은 무엇보다 우리의 속사람을 보신다. 우리 안에 예수님을 닮은 인품이 영글어져 가는 것을 정말 귀한 열매로 보신다. 성경 공부나 교리 공부 많이 하고, 방언하고, 은사가 많아도, 예수님 닮은 인품의 변화가 없다면 뭔가 잘못된 것이다. 모든 영적 훈련은 인격의 변화를 가져와야 한다.

내적인 열매 외에 외적인 열매가 있다. 외적인 열매는 우리가 영적으로 선한 영향력을 끼친 사람들을 말한다. 우리가 복음을 전하여 구원받은 사람들, 신앙이 차갑게 식었거나 영적 정체 상태에 빠져 있다가 우리를 통해 다시 살아난 사람들, 우리의 섬김과 보살핌으로 믿음이 다시 살아나고 영적으로 성장한 사람들이 다 여기에 해당한다. 성경은 "많은 사람을 옳은 데로 돌아오게 한 자는 별과 같이 영원토록 빛나리라"(단 12:3)

라고 전하며, 사람에게 선한 영향력을 끼치는 상이 클 것이라고 한다.

외적인 열매는 또한 우리가 예수님의 이름으로 행한 모든 사역들을 말한다. 주일학교에서 아이들을 가르치고, 찬양대에서 하나님을 찬양하고, 가난한 이웃을 섬기는 사역들, 정성껏 드린 헌금들도 다 여기에 포함된다. 우리는 하나님이 주신 재능과 재물과 시간을 써서 주님의 일을 해야 한다.

우리가 교회뿐 아니라 직장에서도 예수님의 마음으로 최선을 다해 일해서 세상을 더 아름답게 만들었다면 그 또한 주님이 기뻐하시는 열매일 것이다. 코로나19 사태 때 최전선이었던 대구동산병원을 비롯한 여러 곳에서 혹독한 여건 속에서도 묵묵히 최선을 다한 의료진들 가운데 크리스천들이 많다. 세상 속에서 그들의 희생적인 섬김은 다 주님이 기뻐하시는 열매들이다.

직장에서 동료나 고객들이, 또 아파트에서 우리 이웃들이 우리를 보고 "예수 믿는 사람은 저렇게 훌륭하구나"라고 할 때 우리는 주님이 기뻐하시는 열매를 맺어드린 것이다. 우리가 포도나무이신 주님에게 붙어 있을 때 그런 풍성한 열매를 맺어야 한다. 그런 열매들을 통하여 이 땅에 하나님의 나라가 확장되기 때문이다. 그래서 우리 한 사람 한 사람이 하나님이 기대하신 만큼 열매를 맺는 것이 중요하고, 그렇지 못할 때, 농부이신 하나님이 나서신다.

징계 - 열매 맺지 못하는 가지를 다루시는 법

무릇 내게 붙어 있어 열매를 맺지 아니하는 가지는 아버지께서 그것을 제거해버리시고 요 15:2

얼핏 보면 이 말씀은 마치 열매 맺지 아니하는 가지(사람)는 농부이신 하나님께서 '제거해버린다', 즉 '구원을 빼앗아 가버리신다'라는 뜻으로 해석될 수 있다. 그러나 이 구절에서 우리는 '내게 붙어 있는 가지'(every branch in me)라는 부분에 주목해야 한다.

영어성경에는 'in me'라고 되어 있는데, 즉 '내 안에' 있는 가지란 뜻이다. 예수 안에 있다는 것은 이미 구원받은 성도를 뜻한다. 그리고 성경은 한 번 구원받은 성도는 결코 그 구원을 잃어버릴 수 없음을 가르친다. 그러므로 이 구절은 구원과 관계된 의미는 아니다. 하지만 구원받은 성도라 할지라도 한동안 열매를 맺지 못할 경우가 있는데, 하나님께서는 그를 버리지 않으시고 열매 맺도록 도와주신다. 이 구절은 바로 그 이야기를 하고 있다.

이 부분의 원어를 살펴보면 영어성경의 'cut off'나 우리말 성경의 '제거해버리다'는 조금 정확하지 않은 해석이다. 여기서 '제거해버리다'로 번역된 헬라어는 '아이로'(airo)인데, 이는 '들어 올리다' 혹은 '집어 올리다'란 의미가 있다. 이 말은 포도나무 가지를 들어 올리기 위해 그 위로 상체를 굽히는 농부의 모습을 연상시킨다.

여기서 우리가 꼭 알아두어야 할 이스라엘 포도나무의 특성은 밑줄기에서 나온 많은 수의 가느다란 가지들이 기어 올라가며 자란다는 점이다. 포도나무의 가지는 급속히 자라 일 년에 2미터에서 4미터까지 자란다. 그러나 포도나무의 가지는 지나치게 약해서 무거운 포도 열매가 그 가지에 매달릴 수가 없다. 그래서 이스라엘에서는 막대기에 포도나무 가지를 묶어두기도 하지만, 전통적인 재배 방법은 포도나무 가지를 땅바닥에 그대로 놓아 퍼져나가게 하는 것이다. 그것은 이스라엘 여름철의 뜨거운 태양 열기 속에서 밤새 내린 이슬의 습기를 좀 더 오랫동안 유지하기 위함이기도 하다.

하지만 또 포도나무 가지들이 밑으로 처져 땅 위를 기며 자라는 것을 계속해서 방치해두면 문제가 생긴다. 잎들이 먼지에 뒤덮이거나 비가 오면 진흙이 묻고 곰팡이가 피어 열매 맺지 못하는 쓸모없는 가지가 되기 때문이다. 이때 농부는 물이 가득 담긴 양동이를 가지고 와서 그런 가지들을 찾아 들어 올린 다음 잘 씻어준다. 그리고 울타리 주위에 매주거나 그 위에 묶어준다. 그러면 곧 무성하게 잘 자라서 실한 열매를 맺는다고 한다. '들어 올리다'는 뜻의 헬라어 '아이로'는 바로 이때 쓰이는 표현이다.

농부이신 하나님은 땅에 떨어진 포도나무 가지들을 흙 속에 내버려두거나 던져버리지 않으신다. 오히려 그 가지를 들어 올려 깨끗이 닦아주시고, 다시 무성하게 자랄 수 있게 도와주신다.

죄는 포도 잎사귀를 덮는 먼지나 곰팡이와도 같다. 공기와 빛을 차단하므로 가지는 시들어가고 열매를 맺을 수 없게 된다. 예수 믿고 구원받긴 했지만, 죄에 빠져 회개하지 않고 살아가는 성도가 바로 그렇다. 그래서 농부이신 하나님께서 가지를 들어 올리시고 씻어주시는 작업을 하시는데, 이것을 성경은 '징계'(discipline)라고 부른다.

징계의 수위

우리의 죄의 크기와 태도의 변화에 따라 하나님께서 징계의 수위를 조절하신다. 처음에는 말로 꾸짖으신다. 설교 말씀을 통해서, 그날 읽은 성경 말씀을 통해서, 혹은 주변의 영적으로 성숙한 지인들을 통해서 하나님의 경고가 올 수 있다. 부하의 아내 밧세바와 간음하고 이를 은폐하기 위해 부하를 죽였던 다윗 왕에게는 하나님의 선지자 나단이 와서 무섭게 꾸짖었다. 다윗은 이때 즉각 회개하고 무릎 꿇었다. 그래서 하나님께서 그때부터 사태를 수습하셨다.

하지만 하나님이 말씀으로 꾸짖으셨는데도 못 알아들으면, 징계의 수위를 좀 높여서 채찍질을 하신다. 평안하던 인생에 갑자기 힘든 상황들이 닥치는 것이다. 망할 수 없는 사업이 망하고, 믿었던 사람이 갑자기 배신하고, 갑자기 건강에 이상이 온다거나 하는 일들이 생긴다.

물론 이런 일들이 다 징계라는 것은 아니다. 하지만 하나님께서는 우리가 경고를 잘 듣지 않을 때, 필요하다면 우리가 회개하게 하시려고 점차 더 고통스러운 방법을 사용하실 수도 있다. 이스라엘 백성들은 수많은 선지자의 경고를 무시했기에 나라에 흉년이 들고, 전염병이 돌고, 나중에는 외세의 침략으로 나라가 망해서 포로로 끌려가게 되었다.

예수님의 보혈로 구원받는 자는 반드시 열매 맺는 삶을 살아야 한다. 그러나 죄에 빠져 영적 능력을 상실하여 열매 맺지 못하는 삶을 사는 상태가 계속된다면, 하나님께서 반드시 우리의 삶에 징계로 개입하실 것이다. 하나님은 작은 그릇, 못난 그릇은 사용하실 수 있어도 더러운 그릇은 사용하실 수 없다. 징계는 하나님이 참으실 수 없는 더러움, 우리 안에 남아 있는 죄를 제거하는 과정이다. 징계를 거쳐 깨끗해져야 승리할 수 있다. 아이성 전투에서 대패한 여호수아의 군대는 하나님 앞에 엎드린 가운데 말씀에 불순종한 아간을 제거하고 나서야 다시 승리할 수 있었다.

징계에 담긴 사랑

또한 하나님은 사랑하는 자녀만을 징계하신다.

너는 사람이 그 아들을 징계함같이 네 하나님 여호와께서 너를 징계하시는 줄 마음에 생각하고 신 8:5

징계받는 아들도 힘들지만, 징계하는 아버지의 마음도 아프다. 남이라면 굳이 그럴 필요도 없다. 그러나 사랑하는 아들이기 때문에 징계해야 하는 것이 아버지다. 이 사실을 알아야 징계받을 때 하나님께 분노하거나 섭섭해하지 않는다.

징계는 파괴적인 삶의 습관을 지닌 사람이 더 큰 재앙으로 가지 않도록 초기에 고쳐주는 것이다. 《하나님을 경험하는 삶》의 저자 헨리 블랙가비(Henry Blackaby) 목사님이 목회자로서 집례한 첫 번째 장례식은 슬프게도 열 살도 안 된 어린 소녀였다. 그 소녀를 처음 만났을 때 소녀는 너무나 활발해서 사방으로 뛰는 용수철 같았다고 한다. 차들이 오가는 집 앞 큰길로도 팍팍 뛰어나가곤 해서 지켜보는 사람들이 다 가슴이 조마조마했는데, 정작 그 부모는 "우리 애가 참 활발하지요" 하고 웃기만 하더란다.

얼마 지나지 않아 그 활발한 소녀는 여느 때처럼 집 앞 큰길로 팍 뛰쳐나갔는데, 달려오던 자동차에 부딪혀 즉사하고 말았다. 만약 어린 딸이 차가 오가는 길거리로 함부로 뛰어나가는 것을 부모가 '귀엽다 귀엽다'라고만 할 게 아니라 위험하니 그러지 못하도록 초기에 확실하게 징계했더라면 그런 비극은 일어나지 않았을 수도 있었다. 잘못된 길을 가는 자녀를 초기에 제대로 징계하지 않으면 그 대가는 생각보다 엄청난 것이 될 수 있다.

하나님의 징계는 정확한 목적이 있다. 하나님이 기뻐하시지 않는 죄악된 생각과 태도, 행동과 결정들, 습관들을 하나님께서 다루신다. 우리가 빨리 징계의 목적을 깨닫고 회개하기만 한다면, 징계의 기간은 짧아질 것이다. 하나님은 단 일 초라도 우리가 불필요하게 고통받는 것을 원치 않으신다. 빨리 징계의 목적을 알고 죄를 버리는 것이 중요하다.

하나님의 징계는 절제력이 있다. 어렸을 때 폭력적인 부모 밑에서 자란 사람들은 하나님 아버지의 징계도 그럴 것이라고 생각해서 징계라는 말만 나와도 지레 겁먹는 경향이 있다. 그러나 하나님 아버지는 이 땅의 그 어떤 불완전한 아버지와도 다르신 분이다.

그들은 잠시 자기의 뜻대로 우리를 징계하였거니와 오직 하나님은 우리의 유익

을 위하여 그의 거룩하심에 참여하게 하시느니라 히 12:10

하나님은 사랑이시며, 한없이 지혜로우시다. 그분은 격한 분노에 사로잡히거나 자신의 이기적 욕망 때문에 우리를 함부로 징계하지 않으신다.

가지치기 - 열매를 조금밖에 맺지 못하는 가지를 다루시는 법
요한복음 15장 2절을 다시 읽어보자.

무릇 열매를 맺는 가지는 더 열매를 맺게 하려 하여 그것을 깨끗하게 하시느니라
요 15:2

포도나무 가지가 열매를 맺고 있긴 하지만, 하나님이 원하시는 것만큼 못 맺고 있을 때가 있다. 그러나 하나님은 '그 정도면 됐다'라고 하지 않으시고, 우리를 다듬어서서 더 풍성한 열매를 맺게 하신다. 이때 사용하시는 하나님의 방법은 결코 우리가 좋아하는 방법은 아니다. 그것은 과감하게 가지를 잘라내고 쳐내서 작아지게 만드는 가지치기다.

원예 전문가들에 의하면 무성하게 잘 자라는 포도나무의 성향 때문에 해마다 상당히 많은 가지치기를 해주어야 한다고 한다. 그러지 않으면 포도나무 덩굴이 너무 빽빽해져서 열매가 달려야 하는 부분까지 햇빛이 닿을 수 없기 때문이다. 또한 영양분이 너무 여러 군데로 분산되어 자잘

한 열매들만 잔뜩 맺힐 뿐 풍성한 열매가 맺히지 못한다.

　가지치기를 해주지 않으면 포도나무는 더 많은 열매를 맺기보다는 더 무성하게 퍼져 나가려고만 할 것이다. 멀리서 보면 멋있고 아름다워 보이지만, 가까이 다가가 보면 보기와는 달리 빈약한 과실을 맺고 있기 때문에 실망한다. 그래서 농부는 아무리 화려해 보여도 불필요하게 뻗어 나온 가지들을 과감하게 쳐주는 것이다.

　가지치기를 다르게 표현하면 삶의 우선순위를 심플하게 재정립하는 것이다. 매일 많은 중요한 일들이 우리를 바쁘게 한다. 그 일들이 나쁜 일은 아니지만, 우리의 영적 집중력을 흐트러뜨려서 정작 하나님을 위한 최고의 일을 하려 할 때 100퍼센트 힘을 발휘하지 못할 수가 있다. 60배, 100배의 열매를 낼 수 있는 사람이 30배밖에 열매를 내지 못하는 안타까운 상황이 된다. 그래서 하나님께서는 열매의 극대화를 위해서 이것저것 하느라고 부산한 우리 삶의 어떤 부분들을 베어내신다.

　기억할 것은 가지치기와 징계는 다르다는 점이다. 징계는 죄 때문에 아무 열매도 맺지 못하는 성도에게 행해지는 것이다. 하지만 가지치기는 이미 열매를 맺고 있지만, 이것저것 다 잘하려고 하다가 집중력이 떨어져 최대한의 열매를 맺지 못하는 자에게 행해지는 것이다. 즉, 징계가 죄에 관련된 것이라면, 가지치기는 자아(ego)에 관한 것이다. 가지치기 당할 때는, 꼭 죄는 아니더라도, 괜찮은 것들이라 해도 영적 집중력에 방해가 된다면 내려놓게 하신다. 징계를 당할 때는 회개해야 하지만, 가지치기 당할 때는 내려놓아야 한다. 내가 꽉 잡고 있는 이것저것을 모두 내려놓고 하나님께 맡겨야 한다. 하나님께서 정리할 것 다 정리하시고 돌려주시는 것들만 잡고 다시 시작하면 된다.

　징계와 가지치기를 분별하지 못하면 하나님에 대해 계속 화가 나게 되고, 낙담에 빠져서 죄를 짓게 되기도 한다. 그러면 가지치기를 당하다가 다시 징계를 당하는 상황이 생기기도 한다. 그래서 우리는 징계와 가지치기를 잘 분별해야 한다.

　먼저 조용히 기도하면서 '주님, 혹시 제 삶에 주님이 기뻐하시지 않는 중요한 죄가 있나요? 제가 모르는 죄가 있다면 알려주십시오'라고 기도하라. 만약 징계라면 하나님께서 조용히, 그러나 확실하게 알려주실 것이다. 그때는 회개하면 된다. 그러나 죄에 대한 징계가 아니라 어지러운 삶을 정리하는 가지치기라면, 회개가 아니라 내려놓음을 해야 한다. '하나님, 제가 무엇을 내려놓기를 원하십니까?'라고 물어야 한다. 이런 과정을 몇 번 경험해보면 징계와 가지치기를 구분하는 영적 분별력이 조금씩 생긴다.

징계가 죄에 관련된 것이라면, 가지치기는 자아에 관한 것이다.
징계를 당할 때는 회개해야 하지만, 가지치기 당할 때는 내려놓아야 한다.

　가지치기는 믿음의 여정에 평생 계속되는 것이다. 오히려 믿음이 더 성숙해지고, 더 중요한 직분을 맡을수록 가지치기의 강도가 세질 수 있다. 포도나무가 나이가 들면 들수록 농부는 가지치기를 더 열심히 해준다고 한다. 포도나무는 매년 자랄수록 열매 맺을 수 있는 능력이 좋아지는데, 이를 위해서는 더 열심히 가지치기해주어야지 그렇지 않으면 가지가

약해져서 열매를 실하게 맺지 못한다고 한다.

성숙한 가지들이 가장 강도 높게 가지치기를 당하는 것은, 그만큼 열매 맺는 능력이 크기에, 잔가지로 힘이 분산되지 않고 최대한 많은 열매를 맺게 하기 위해서다. 마찬가지로, 신앙의 연수가 오래되고 믿음이 자랄수록 우리는 주님의 가지치기를 더 세게 당한다. 목회를 시작한 지 30년이 넘어 오십 대 중반의 목사가 된 지금, 나는 그 어느 때보다 하나님의 가지치기를 많이 경험하고 있다. 그로 인해 내 말과 행동, 생각과 습관이 간결하게 정리되고 있는 것을 느낀다.

가지치기 초기 과정에서 하나님은 우리의 여러 가지 부산한 활동들과 우선순위를 정리하신다. 그다음 단계에서는 우리의 가치관과 정체성을 정리하신다. 가치관은 '내게 가장 중요한 것이 무엇인가'의 문제다. 우리는 하나님이 가장 중요하다고 말하지만, 실은 하나님 이상으로 중요하게 여기며 집착하는 것들이 있는데, 하나님께서 바로 그것을 다루신다.

정체성은 '나는 누구인가'의 문제다. 야곱은 평생 자기 이름대로 '남을 속이는 사람'으로 살았지만, 하나님의 수많은 연단의 손길을 거치면서 야곱이 아닌 이스라엘, 즉 '하나님이 통치하신다'로 정체성이 바뀌었다. 이렇게 우리의 가치관과 정체성을 개조하는 성숙한 가지치기를 가리켜, 성경은 '믿음의 시련'(약 1:3,4)이라고 부르기도 한다. 믿음의 영웅들은 모두 오랜 세월 믿음의 시련을 통해서 연단된 사람들이다. 예외는 없다.

오랜 세월 미국에서 가장 영향력 있는 설교자 중에 하나로 꼽혀온 댈러스 지역의 T. D. 제이크스 목사는 농부가 포도 열매들을 완전히 부수고 으깨서 포도주를 만든다는 점을 주목한다. 포도나무의 비유에서는 포도 열매를 맺는 것까지만 다루지만, 그 포도 열매들을 농부는 주로 포도주 만드는 데 쓴다는 점을 기억해야 한다. 포도 열매로 포도주를 만들 때는 열매들을 완전히 부수고 빻는 '크러싱'(crushing) 과정 없이는 최고의 포도주가 될 수 없다는 것이다.

많은 성도가 하나님의 약속(promise)에 집중하지만, 성경은 약속이 이뤄지는 과정(process)도 중요하다고 말한다. 구약성경의 모세오경을 보면 출애굽기, 레위기, 민수기, 신명기 네 권의 책들이 다 약속의 땅에 들어가기 전에 거치는 광야 생활을 다룬 책이다.

하나님의 약속은 너무 귀하다. 그러나 그 약속을 받기 전에 우리는 그것들을 감당할 그릇으로 빚어져야 한다. 빚어지는 과정은 대부분 '크러싱'처럼 부서지는 일의 반복이다. 생각지도 못한 수많은 고난, 우리의 힘으로는 도저히 감당할 수 없는 시련을 믿음으로 견디면서 부서지고 또 부서진다. 그래서 완전히 즙이 될 때 포도주가 탄생한다.

가지치기의 영역

의사는 아파서 우는 아이의 몸 이곳저곳을 만지면서 "여기가 아파? 아니면 여기가 아파?"라고 묻는다. 하나님께서 우리에게 가지치기하실 때 특별히 고통을 느끼는 곳이 있다. 고통을 통해 하나님은 우리의 주의를 환기하기 위한 긴급신호를 보내신다. 그 불편한 느낌은 '여기를 주목하라'고 우리에게 말해준다.

가지치기를 통해서 하나님은 우리가 집요하게 추구해온 것들, 가장 사랑하고 포기하지 않으려고 발버둥치는 것들을 꾹꾹 누르신다. 정곡을 찔린 우리는 그때마다 "아! 그것만은 안 되는데" 하며 비명을 지르지만, 그것만은 안 된다는 그 집착이 문제다. 우리가 없이는 못 산다고 하는 것들을 내려놓게 하실 때, 처음엔 정말 힘들다. 그러나 그것은 우리를 짓밟고 해치려는 목적이 아니다. 하나님 보시기에 우리가 진정으로 필요로 하는 것을 마음껏 추구할 수 있도록 자유롭게 해주시는 것이다.

우리가 가진 돈과 재산도 가지치기의 영역이다. 동방의 부자 욥은 자신이 가진 모든 재물을 잃었다. 그러나 그는 "주신 이도 여호와시요 거두신 이도 여호와시오니"(욥 1:21)라고 고백하며 재물 잃어버린 것에 대하여 절망하지 않았다. 그때 영의 눈이 열렸다. 귀로만 듣던 하나님을 눈으로 뵙고 체험하게 되었다. 그리고 하나님께서는 모든 것의 두 배를 다시 회복시켜주셨다. 욥은 자신의 신앙이 좋다고 생각했었지만, 재물을 다 잃어버리는 과정에서 자신이 생각보다 돈을 중시했던 사람임을 알게 되었다. 그리고 고난을 통해서 완전히 하나님 중심 가치관으로 정리되었다.

나의 자존심을 상징하는 것들도 가지치기를 당할 것이다. 기드온에게는 미디안 침략 군대와 맞서 싸울 거대한 군대가 필요했다. 처음에 3만 2천 명이 넘는 병사들이 모였을 땐 우쭐했을 것이다. 그러나 하나님께서는 순식간에 3만 2천 명 중에 3만 1,700명을 집으로 돌려보내시고, 남은 병력을 300명으로 줄여버리셨다.

기드온은 하늘이 노래졌을 것이다. 자존심이 땅에 떨어졌다.

'이 군대를 가지고 어떻게 싸워? 체면도 안 서게 300명 군대의 대장이

라니, 너무 없어 보이잖아?'

그러나 기드온의 자존심이 무너질 때 하나님의 역사가 그에게서 시작되었다.

우리가 가장 사랑하는 사람들도 가지치기의 영역이다. 많은 경우 이것은 사랑이 아니라 집착이기 때문이다. 대흉년을 맞아 애굽에 곡식을 사러 갔던 아들들이 돌아와서 아버지 야곱에게 "막내 베냐민을 데려와야만 한답니다"라고 말했다. 야곱은 비명을 지르며 거절했다.

"베냐민은 절대 안 돼! 요셉도 죽었는데, 이제 유일하게 남은 라헬의 소생 베냐민이 없으면 나는 어떻게 살라고!"

그러나 야곱은 하나님을 믿고 베냐민을 내려놓아야만 했다. 그 포기로 야곱은 죽은 줄 알았던 요셉을 다시 만날 수 있었고, 요셉을 통해 베냐민도 다시 찾을 수 있었다. 야곱은 베냐민을 자기가 데리고 있어야 베냐민에게 가장 좋을 것으로 생각해서 그를 포기하지 못했었다. 그러나 실은 야곱 자신이 베냐민에 집착하고 있었기 때문에 문제가 힘들어진 것이다. 베냐민을 위해서가 아니라 야곱 자신을 위해서 베냐민을 곁에 두어야 했던 것이다.

그러나 오랜 고민 끝에 마침내 베냐민을 하나님께 맡기고 애굽으로 보냈을 때, 야곱에게 자유함이 왔다. 그것은 야곱 자신뿐 아니라 가족 전체가 요셉을 만나 새로운 축복의 시즌으로 가는 전환점이 되었다. 성숙한 성도에게 주는 가지치기, 믿음의 시련은 그런 것이다. 가장 아픈 곳을 건드리는데, 그것이 나의 병든 가치관이기 때문이다. 힘들더라고 감사하며 내려놓으면 하나님께서 놀라운 새날을 열어주신다. 포기한 것보다 훨씬 풍성한 은혜가 꼭 온다.

하나님께서 하시는 일을 알아야 한다는 우리의 알 권리를 포기하는 것도 가지치기 영역이다. 우리는 "왜 내게 이런 일이 일어나는가? 내 인생의 방향은 어디인가?"를 알 권리가 우리에게 있다고 생각한다. 이것을 당연한 권리라고 생각하는 것은 우리가 우리 인생의 주인이라고 생각하기 때문이다.

고난에 들어간 욥이 그런 질문들을 하면서 하나님께 섭섭한 마음을 토로했었다. 그러나 이것은 믿음의 삶이 아니다. 인생의 주인이 내가 아니라 주님이며, 우리 주님은 내 인생의 조종간을 주님 뜻대로 조종할 권한이 있으시다. 이것을 인정하는 것이 믿음의 삶이다. 주님은 나의 도움이 아니라 순종을 원하신다. 그런데 내 인생을 주도할 권리를 내려놓기가 쉽지 않다.

한 아버지가 어린 아들을 병원에 데려갔다. 의사가 주사를 놓으려 하자 어린 아들은 비명을 지르면서 아빠 품에 안긴다. 아빠는 난감하다.

'이 어린애에게 병든 몸에 페니실린이 필요하다는 것을 어찌 설명하지?'

그러나 아이는 눈을 질끈 감고 아빠를 더 세게 끌어안을 뿐이다.

우리도 인생에 힘든 일이 닥칠 때 '왜 이런 일이 제게 일어나죠? 얼마나 더 견뎌야 해요?'라며 울부짖는다. 하늘 아버지께서는 우리의 모든 두려움과 불안감을 내려놓고 아버지를 신뢰하고 아버지를 끌어안기를 원하신다.

'하나님, 어떤 일을 허락하셔도 괜찮습니다. 그저 제 손을 놓지 말고

끝까지 함께해주세요.'

　농부이신 하나님이 가지치기하실 때는 가지치기를 당하는 우리의 반응이 중요하다. 가지치기 당할 때 솔직히 많이 힘들다. 그때 우리는 불평하거나 반항하고, 타협하거나 도망칠 수 있다. 그러나 감사하며 그 과정을 견디면 하늘의 기쁨과 위로와 안식을 경험할 수 있다.

　가지치기의 고통은 지금 오지만, 그 열매는 나중에야 맛보게 된다. 그래서 우리는 소망으로 현재의 고통을 견뎌야 한다. 주변을 한번 둘러보라. 우리 주변에서 가장 열매를 많이 맺고, 가장 기쁨이 충만한 성도들이 누구인가? 아마 십중팔구 그들은 가장 가지치기를 많이 당한 사람들일 것이다. 그것도 감사와 기도로 그 시간을 잘 견뎌낸 사람들이다. 최고의 농부이신 주님의 가지치기는 실수가 없으시다.

내 안에 거하라 – 열매를 많이 맺고 있는 가지를 다루시는 법

내 안에 거하라 나도 너희 안에 거하리라 가지가 포도나무에 붙어 있지 아니하면 스스로 열매를 맺을 수 없음같이 너희도 내 안에 있지 아니하면 그러하리라 나는 포도나무요 너희는 가지라 그가 내 안에, 내가 그 안에 거하면 사람이 열매를 많이 맺나니 나를 떠나서는 너희가 아무것도 할 수 없음이라 요 15:4,5

　열매 맺지 못하는 가지는 징계하시고, 열매를 조금밖에 맺지 못하는 가지는 가지치기하시는 주님은, 열매를 많이 맺고 있는 가지도 다루신다. 4,5절은 바로 열매를 많이 맺고 있는 가지에 대해 말씀하시는 것이다. '열매를 많이 맺고 있는데 무슨 문제가 있는가?'라고 생각할 수 있다. 그러나 열매를 많이 맺고 있다고 해서 문제가 없는 것은 아니다.

열매를 많이 맺고 있긴 하지만, 이미 맺은 열매에 대해 감사함과 만족함이 줄어들기 쉽다. 그러면 영적 매너리즘에 빠지거나 탈진 상태에 빠지게 된다. 하나님을 위하여 더 많은 열매를 맺어드리고 싶은데, 영적 기쁨이 없으니 안타까운 마음도 뒤섞인다.

겉으로 드러나는 열매가 많은 목회자나 선교사 중에 의외로 내면에 탈진과 분노, 우울증이 쌓여 있는 분들이 많다. 그래서 주님은 이런 고뇌에 빠져 있는 가지에게 가장 중요한 돌파구를 주신다.

"내 안에 거하라(Abide in me, KJV) 나도 너희 안에 거하리라."

요한복음 15장에서 주님은 무려 열 번이나 "내 안에 거하라"는 말씀을 하신다. 십자가 죽음을 앞두고 계신 주님은 이후에 제자들이 거두게 될 엄청난 열매를, 세계 복음화의 열매를 미리 보고 계셨다. 그 많은 열매를 거두려면 영원한 능력의 근원이신 예수님 안에 거하는 길밖에 없다. 그래야 예수님의 무한한 능력이 그들에게 흘러나갈 것이기 때문이다. 제자들에게 주어진 사명이 엄청나게 컸기 때문에 그들에게는 엄청난 능력의 근원이신 예수님과의 관계가 가장 중요했다.

"내 안에 거하라"라는 주님의 말씀은 명령어다. 해도 되고 안 해도 되는 옵션이 아니다. 반드시 해야 하는, 날마다 쉬지 않고 해야 하는 명령이다. 죽고 사는 것이 여기에 달렸다. 징계와 가지치기 단계에서는 우리가 받아들이고 내려놓으면 된다. 그러나 '거하라'의 단계에서는 우리는 행동해야 한다. 의도적으로 시간을 내야 하고, 우선순위를 재조정해야 한다. 처음엔 어색할 것이다. 우리는 하나님의 일을 하는 데는 전문가가 되었지만, 하나님의 친구가 되는 데는 너무 어색하다.

당신이 이미 많은 열매를 거두고 있다면, 그러나 그 과정에서 영적으로 많이 지쳐 있고 지나친 책임감과 걱정에 시달린다면, 처음 사랑을 잃고 감사함이 사라졌다면, 포도나무 비유의 메시지는 당신을 위한 것이다. 우리는 신실한 하나님의 일꾼들이다. 그러나 어느 순간부터인가 하나님의 일을 하느라고 너무 바빠서 하나님과의 교제를 소홀히 하게 되었고, 그러면서 하나님의 일을 인간의 힘으로 자꾸 하다 보니 지치고 기쁨이 사라졌다.

"내 안에 거하라 나도 너희 안에 거하리라."

주님은 그분 안에 더 깊이 거하도록 우리를 초청하실 것이다. 여기서 '거한다'(abiding)는 말은 필요할 때만 가끔 들르는 것이 아니라, 주님 안에 깊이 머물러 있고, 주님께 항상 연결되어 있는 상태를 말한다. 즉, 예수님과 깊이 있고 지속해서 교제하는 것을 말한다. 항상 예수님을 찾고, 바라며, 목말라한다는 것이다. 주님만을 기다리며, 보고, 알고, 사랑하는 것이다. 주님의 음성을 귀 기울여 들으며, 느끼고, 반응하는 것이다. 하나님을 위해 일하는 것을 잠시 멈추고, 하나님과 함께하는 것을 단순히 즐거워하는 것이다. 하나님께 나를 맡기고, 내 가장 소중한 시간을 내어드리는 것이다.

사도행전 6장에 보면, 교회에 위기가 왔을 때 사도들은 우리가 "기도하는 일과 말씀 사역에 힘쓰리라"(행 6:4)라고 했다. 요한 웨슬리나 마르틴 루터 같은 교회사의 수많은 영적 거인들은 인생이나 사역의 위기가 왔을 때 항상 주님과 깊은 교제를 회복하는 것으로 문제를 해결했다.

우리의 주변 상황이 폭풍같이 힘들고 불안할수록, 몸과 마음이 지칠수록, 영적으로 시험에 들려 하면 할수록, 우리는 '주님 안으로' 더 깊이 들어가야 한다. 마귀는 인생이 힘들 때 자꾸 우리를 '주님 밖으로' 끌어내리려고 하는데, 우리는 마귀의 속삭임을 단호히 거절해야 한다. 힘들면 힘들수록 우리는 '주님 안으로' 들어가야 한다. 모든 문제는 주님 안에서 풀리기 시작하기 때문이다.

주님과 살아 있는 교제, 깊이 있는 교제를 습관화해야 한다. 그것은 성경을 읽고 기도하는 영적 훈련에서 시작된다. 그러면 차츰 살아 있고 자유롭고 풍성한 하나님과의 관계로 도약해간다.

그리고 경건의 시간이 깊어져야 한다. 성경을 읽을 때 지식으로 읽지 말고, 주님의 임재를 느끼면서 읽어야 한다. 주님은 말씀이 성육신 되신 분이다. 말씀을 주시는 것은 자기 자신을 주시는 것이다. 말씀을 통해 주님이 내게 오시는 것이다. 말씀을 통해 인격이신 주님과 교제하게 된다.

주님 안에 깊이 거하는 성도에게는 엄청난 특권이 주어지는데, 그것은 기도 응답이다.

> 너희가 내 안에 거하고 내 말이 너희 안에 거하면 무엇이든지 원하는 대로 구하라 그리하면 이루리라 요 15:7

주님과 날마다 깊이 교제하는 성도, 주님의 말씀대로 사는 성도의 생각은 주님의 생각과 동기화되어 있고, 주님의 마음과 동기화되어 있다. 그는 주님이 좋아하는 것을 좋아하고, 주님이 싫어하는 것을 싫어한다. 그러므로 그가 원하고 기도하는 것은 주님 뜻에 맞는 것이다. 그러니 당연히 기도 응답을 받을 수밖에. 그야말로 하늘 창고를 여는 만능열쇠를 가지고 사는 것이다.

> 주님과 살아 있는 교제, 깊이 있는 교제를 습관화해야 한다.
> 그것은 성경을 읽고 기도하는 영적 훈련에서 시작된다.

주님 안에 거하는 사람은 자기 힘으로 주의 일을 하려 하지 않고 항상 기도로 모든 문제를 해결한다. 그러니 어떤 힘든 일을 맡겨도 절망하거나 짜증 내지 않고 감사하며 여유 있게 감당하는 것이다. 그런 사람에게는 11절 말씀대로 주의 기쁨이 충만할 것이다.

> 내가 이것을 너희에게 이름은 내 기쁨이 너희 안에 있어 너희 기쁨을 충만하게
> 하려 함이라 요 15:11

우리의 포도나무 되시는 주님 안에 거할 때, 우리는 그 어떤 힘든 시련 가운데서도 일어나 승리할 수 있다.

一

우리가 포도나무이신 주님을 고백할 때,

열매 맺지 못하는 가지를 징계하시는

하나님의 마음을 믿습니다.

또한 열매를 조금밖에 맺지 못하는 가지를

믿음의 시련을 통해 가지치기하시는 주님의 손길을 믿습니다.

열매를 많이 맺는 가지들은

더욱 주님 안에 깊이 거하도록 초대하심을 믿습니다.

우리를 통해 풍성한 열매를 맺게 하시고,

주의 나라가 확장되게 하여주옵소서.

15

*

선한 목자

JESUS
CHRIST
LORD
IMMANUEL
THE LAMB
THE KING OF KINGS
SOVEREIGN
THE SON OF GOD
THE SON OF MAN
ALPHA AND OMEGA
THE WORD INCARNATE
THE PRINCE OF PEACE
THE GREAT HIGH PRIEST
THE VINE
THE GOOD SHEPHERD

요 10:7-18

그러므로 예수께서 다시 이르시되 내가 진실로 진실로 너희에게 말하노니 나는 양의 문이라 나보다 먼저 온 자는 다 절도요 강도니 양들이 듣지 아니하였느니라 내가 문이니 누구든지 나로 말미암아 들어가면 구원을 받고 또는 들어가며 나오며 꼴을 얻으리라 도둑이 오는 것은 도둑질하고 죽이고 멸망시키려는 것뿐이요 내가 온 것은 양으로 생명을 얻게 하고 더 풍성히 얻게 하려는 것이라 나는 선한 목자라 선한 목자는 양들을 위하여 목숨을 버리거니와 삯꾼은 목자가 아니요 양도 제 양이 아니라 이리가 오는 것을 보면 양을 버리고 달아나나니 이리가 양을 물어 가고 또 헤치느니라 달아나는 것은 그가 삯꾼인 까닭에 양을 돌보지 아니함이나 나는 선한 목자라 나는 내 양을 알고 양도 나를 아는 것이 아버지께서 나를 아시고 내가 아버지를 아는 것 같으니 나는 양을 위하여 목숨을 버리노라 또 이 우리에 들지 아니한 다른 양들이 내게 있어 내가 인도하여야 할 터이니 그들도 내 음성을 듣고 한 무리가 되어 한 목자에게 있으리라 내가 내 목숨을 버리는 것은 그것을 내가 다시 얻기 위함이니 이로 말미암아 아버지께서 나를 사랑하시느니라 이를 내게서 빼앗는 자가 있는 것이 아니라 내가 스스로 버리노라 나는 버릴 권세도 있고 다시 얻을 권세도 있으니 이 계명은 내 아버지에게서 받았노라 하시니라

나는 선한 목자라

이 장을 마지막으로 우리는 이 책의 대장정을 마무리하게 된다. 그동안 우리는 신앙생활 하면서 습관적으로 불러왔던 예수님의 수많은 이름 하나하나에 담긴 영적 의미가 얼마나 풍성한가를 이 책을 통해서 배우게 되었다.

예수, 그리스도, 주, 임마누엘, 어린양, 왕의 왕, 만유의 주재, 하나님의 아들, 인자, 알파와 오메가, 성육신 되신 말씀, 평강의 왕, 위대한 대제사장, 포도나무라는 이름들에 담긴 영적 의미를 평생 마음에 깊이 새기고 신앙생활을 하기 바란다. 인생이 힘들고 어려울 때마다 예수님의 이름을 부르고, 예수님의 이름을 묵상하고, 예수님의 이름으로 승리하기를 바란다.

'선한 목자' 또한 '포도나무'처럼 예수님이 자기 자신을 가리켜 '선한 목자'로 비유하신 말씀에서 비롯된 주제다. 신앙생활을 조금이라도 해본 성도라면 아마 '예수님이 목자이고 우리는 그분의 양'이라는 비유를 수도 없이 들어보았을 것이다. 그러나 너무 오래, 또 너무 자주 듣다 보니까 우리는 그에 익숙해져서 별다른 감흥 없이 받아들이는 경우가 많은 것 같다. 이제 예수님이 직접 설명해주신 선한 목자의 영적 의미에 대해 함께 살펴보기로 하자.

선한 목자, 양, 삯꾼 목자, 이리

나는 선한 목자라 선한 목자는 양들을 위하여 목숨을 버리거니와 삯꾼은 목자가
아니요 양도 제 양이 아니라 이리가 오는 것을 보면 양을 버리고 달아나나니 이
리가 양을 물어 가고 또 헤치느니라 요 10:11,12

본문 말씀의 핵심 주인공은 넷이다. 먼저 선한 목자가 있고, 양이 있
고, 양 떼를 기만하는 삯꾼 목자가 있고, 양 떼를 공격하려는 이리가 있
다. 그리고 무대에 양의 우리와 양의 문이 등장한다. 이를 이해하기 위해
서 2천 년 전 당시 문화적 배경 설명이 필요하다.

히브리인들은 원래 가축을 치는 유목민이었다. 그래서 예수님은 당시
이스라엘 사람들이 익숙해서 가장 잘 이해할 수 있는 선한 목자와 양을
비유로 드신 것이다. 먼저 양에 대해서 우리가 몇 가지 알아둘 것이 있
다. 교회에서 '어린 양'이라고 하면 보통 순결하고 깨끗하고 착한 동물
로만 생각한다(아름다운 성화에 나온 목자와 어린 양들의 그림에 너무 길든
탓이다). 그런데 실제로 이스라엘에 가서 양들을 보았더니, 양은 성화에
나오는 것처럼 하얀 백색의 깨끗한 동물과는 거리가 멀었다.

우선 아주 상당히 지저분했다. 거기다가 양은 원래 동물 중에서 가장
발걸음도 느리고, 시력도 나쁘고, 기억력도 안 좋다. 어느 정도인가 하

면 양 무리가 가다가 튀어나온 나무에 한 마리가 머리를 박으면 그다음 양들은 알아서 피해가야 할 텐데, 그다음 양들도 계속 지나면서 머리를 박는다.

스컹크는 자기를 보호하기 위해 독가스를 뿜고, 카멜레온은 자기 피부 색깔을 위장막으로 쓴다. 그러나 양들은 자기방어를 할 무기 하나 없는 형편없이 약한 존재다. 그래서 맹수의 가장 쉬운 사냥감이다.

그래서 양은 절대적으로 목자를 필요로 한다. 히브리어로 목자를 '로에'라고 하는데 이는 '목양한다'는 의미를 담고 있다. 목자의 존재 의미는 양 떼를 보살피는 데 있다. 앞으로 자세히 다루겠지만, 목양한다는 것은 양 떼를 먹이고, 지키고, 인도하는 것이다.

선한 목자는 모든 양의 이름을 알고 양에게 계속 말을 걸면서 그들을 인도한다. 양들은 자신들이 익숙한 목자의 음성 하나만 의지하고 움직인다. 사실 목자의 입장에서는 한두 마리도 아니고 수많은 양, 게다가 자기 앞가림도 전혀 못 하는 양들을 먹이고 지키며 인도하는 것이 보통 힘든 일이 아니다. 힘든 정도가 아니라 어떨 때는 자기 목숨을 걸어야 하는 일이기도 하다. 왜냐하면 이리 같은 사나운 맹수들이 호시탐탐 양 떼를 노리고 있기 때문이다.

오래전 나는 미국 알래스카 야생동물원에서 아주 근접한 거리에서 이리를 본 적이 있다. 시커먼 털에 독일의 세퍼드보다 덩치도 훨씬 크고 눈빛이나 이빨, 발톱이 날카롭고 무시무시하게 으르렁거리는 맹수였다. 그런 이리들이 떼를 지어 양 떼를 공격하러 온다고 생각해보라. 본문에서는 대표적인 맹수로 이리를 말했지만, 당시 유대 광야에는 사자와 곰도 양 떼를 공격했다고 전해진다. 그래서 목자들은 항상 날카로운 돌로 돌팔매질 연습을 했고, 막대기와 칼 등으로 무장하고 있었다고 한다.

양 떼를 노리는 건 맹수들만이 아니라, 도둑과 강도들도 있었다. 당시 유목민 사회에서 양 떼는 요즘의 돈이나 금 같은 가장 유용한 재산이었기 때문이다. 이 도둑과 강도들도 창칼로 중무장을 하고 다녔기 때문에, 목자는 이들의 공격에도 대비해야 했다.

그런데 본문에는 또 하나의 위협적인 존재가 등장하는데 그것은 '삯꾼 목자'였다. 양 떼의 규모가 클 경우, 주인은 목자 외에 파트타임으로 일하는 고용인을 따로 두었는데, 그가 바로 본문이 말하는 '삯꾼'이다. 한마디로 돈 받고 고용된, 계약직 목자다.

삯꾼 목자는, 목자는 목자인데 양들을 사랑해서가 아니라 돈 때문에 양을 치기 때문에 참된 목자라고 볼 수가 없다. 그들은 양들과의 인격적이며 친밀한 관계가 없다. 따라서 평소에는 잘 티가 나지 않지만, 맹수나 강도가 습격해오는 위기 상황이 벌어지면 참 목자와 삯군 목자의 반응은 하늘과 땅 차이다.

참 목자는 목숨을 걸고 양 떼를 지키기 위해 싸운다. 하지만 삯꾼 목자는 위험에 처했을 때 목숨을 걸고 양을 돌보지 않는다. 그들은 돈을 받고 잠시 목양하는 것이기 때문에 위기가 오면(가장 큰 위기는 이리 떼가 공격해오는 것이다), 살기 위해서 주저 없이 양을 버리고 달아난다. 그야말로 바람과 함께 사라지는 것이다. 목자가 보호해주지 않는 양은 이리에게 사정없이 잡아먹힌다. 실제로 목자가 양 떼를 지키기 위해 맹수와 싸우다가 목숨을 잃는 경우가 간혹 있었지만, 삯꾼이 그러했던 경우는 없었다고 한다.

이런 당시 정황을 이해하고 선한 목자 비유를 찬찬히 살펴보자.

삯꾼 목자와 이리를 경계하라

삯꾼은 목자가 아니요 양도 제 양이 아니라 이리가 오는 것을 보면 양을 버리고
달아나나니 이리가 양을 물어 가고 또 헤치느니라 요 10:12

양 떼가 경계해야 할 두 존재는 삯꾼 목자와 이리다. 삯꾼 목자는 백
성들의 지도자를 자처하면서도 그들을 잘못 인도한 당시 유대 종교 지
도자들을 가리킨다. 제대로 된 영적 리더십을 발휘해야 했던 유대 종교
지도자들은 영적 무지와 독선에 사로잡혀서 백성들을 제대로 인도하지
못하고 있었다. 참된 진리이신 예수님이 오셔서 생명의 말씀을 전하실
때도, 그들은 메시아 예수 그리스도를 못 알아보고 온갖 비난과 핍박
을 가했다. 예수님은 결국 이들에 의해서 십자가 죽음에까지 몰리게 되
셨다.

예수님이 요한복음 10장에서 선한 목자 메시지를 전하시던 즈음은 예
수님과 유대 종교 지도자들 간의 갈등이 극에 달해 가고 있던 때였다.

타인의 음성은 알지 못하는 고로 타인을 따르지 아니하고 도리어 도망하느니라
요 10:5

여기서 '타인'은 양 떼를 훔쳐 가려는 강도들이나 삯꾼 목자를 가리킨다. 선한 목자가 양 떼에게 계속 말을 하듯이, 이들도 양 떼에게 계속 말을 한다. 왜 그러는가? 양 떼를 유혹해서 훔쳐내어 팔려는 것이다. 그들은 악한 목적을 이루기 위해 온갖 달콤하고 거짓된 말을 다 동원해서 미혹할 것이다. 때로는 위협하고 두려움을 심기도 할 것이다.

당시 종교 지도자들은 온갖 율법의 부수 조항들을 만들어서 사람들을 정죄하고 억압함으로써, 하나님 아버지를 굉장히 무섭고 엄한 분으로만 인식시켰다. 그 결과, 백성들은 점점 하나님으로부터 멀어져갔고, 영적으로 혼미해져서 우상숭배와 죄에 더 빠지게 되었다.

백성들을 하나님의 말씀으로 잘 인도하고, 위로하고 가르치라고 세워 놓았던 종교 지도자들이 오히려 백성들을 하나님으로부터 멀어지게 했으니, 고양이에게 생선을 맡겨놓은 것과 진배없었다. 그래서 선한 목자이신 예수님은 이들을 삯꾼 목자라고 하여 무섭게 야단치셨다. 이들의 잘못된 리더십이 귀한 하나님의 백성들을 영적으로 파괴하고 있었기 때문이다.

그러므로 양 떼들은 어떻게든 삯꾼 목자를 분별하는 영적 분별력을 가져야 한다.

타인의 음성은 알지 못하는 고로 타인을 따르지 아니하고 도리어 도망하느니라
요 10:5

'타인의 음성은 알지 못한다'라는 것은 워낙 선한 목자의 음성에만 익

숙해져 있기 때문이다. 선한 목자의 음성을 듣고 또 들어서 제대로 알고 있는 양은 쉽게 삯꾼 목자를 따르지 않는다. 예수님의 진리를 제대로 깊이 알고 있는 양은 결코 거짓된 영적 지도자들에게 속지 않고 피한다. 영적 분별력을 가지는 방법은 진짜 목자이신 예수님의 진리로 확실히 무장하는 것이다.

8절에도 보면 거짓 목자의 음성을 "양들이 듣지 아니하였느니라"라고 했다. 양들은 늘 들어오던 음성을 지닌 자가 아닌 다른 사람이 접근하여 데리고 가려고 할 때 그 목소리가 다른 것을 알고는 놀라서 흩어진다고 한다. 선한 목자의 음성을 아는 양들은 거짓 목자의 음성에 반응하지 말고 피해야 한다. 그냥 피하면 방황하게 되니까 선한 목자이신 예수님께 피해야 한다.

이들 삯꾼 목자들을 뒤에서 조종하는 세력은 바로 양을 공격하는 이리 같은 맹수, 사탄 마귀다.

> 근신하라 깨어라 너희 대적 마귀가 우는 사자같이 두루 다니며 삼킬 자를 찾나니
>
> 벧전 5:8

하나님을 대적하는 마귀는 세상 권세를 장악한 자다. 우리는 하나님을 믿기 전 다 마귀의 권세 아래 있었다. 그러나 우리가 예수님을 믿고 구원받은 뒤부터 우리는 마귀 입장에서는 배신자가 되었고, 그로 인해 우리는 마귀의 공격목표 영순위가 되었다. 그래서 그리스도를 따르는 우리에게 영적 전쟁은 피할 수 없는 현실이 되었다. 각오하고 경계하는

수밖에 없다.

예나 지금이나 마귀의 핵심 전략은 두 가지인데, 하나는 자신의 세력 안에 있는 세상 사람들이 예수님 믿고 구원받는 것을 막는 것이고, 또 하나는 이미 하나님을 믿은 사람들을 타락시켜 더는 영적 영향력을 발휘하지 못하게 하는 것이다. 그래서 신실한 하나님의 백성들을 끊임없이 유혹하고, 죄짓게 하고, 시험 들게 하고, 서로 싸우게 하고, 게으르게 만들려고 한다.

이를 위해서 마귀가 가장 잘 쓰는 방법이 삯꾼 목자들을 앞세워서 하나님의 백성들을 멸망의 길로 인도하는 것이다. 앞에서 삯꾼 목자는 영적으로 분별하여 멀리하라고 했는데, 마귀를 대할 때는 담대히 맞서야 한다.

그러나 양이 태권도 좀 배운 뒤에 이리를 보고 "다 덤벼!"라면서 혼자 담대히 맞서는 것은 자살행위다. 양은 목자 옆에 서서 이리와 맞서야 한다. 성경은 우리 혼자 담대히 마귀와 맞서지 말고, 하나님을 꽉 붙잡고 믿음으로 맞서라고 말한다.

그런즉 너희는 하나님께 복종할지어다 마귀를 대적하라 그리하면 너희를 피하리라 약 4:7

선한 목자는 어떤 분이신가?

예수님이 "나는 선한 목자"라고 하신 요한복음 10장 본문은 구약의 평행 본문인 시편 23편 "여호와는 나의 목자"와 함께 놓고 보면 이해가 빠르다.

목자는 자기 생명을 바쳐 양 떼를 지키고 돌본다

그러므로 예수께서 다시 이르시되 내가 진실로 진실로 너희에게 말하노니 나는 양의 문이라 요 10:7

팔레스타인 들판 곳곳에는 양과 염소들을 몰아둘 수 있는 양 우리가 많았다. 양 떼를 데리고 풀이 있는 곳을 찾아 며칠씩 계속 이동하는 일이 많았던 만큼, 양 우리는 보통 목자들이 억센 가지 등으로 울타리를 세워 양들이 야숙할 수 있도록 만든 임시 우리였다. 필요에 따라서 돌을 울타리 옆에 쌓아 벽을 만들기도 했고, 비바람으로부터 보호하기 위해 지붕을 만들어 덮기도 했다. 날씨가 흐리거나 추운 밤에는 지붕과 벽이 있는 우리 안으로 양들을 모아 보호하였다. 양 우리는 별도로 문을 만들어 세우지 않았고, 보통 아치형의 출입구만을 만들었다.

여기서 '양의 문'은 정확히는 '양 우리의 문, 양들이 들어가는 문'이다. 양 우리에서 밤을 지낼 때 목자가 그 문 입구에 누워서 밤을 지새우며 양들을 지켰다. 목자는 자신의 몸으로 혹시 있을지 모를 침입자들을 원천 봉쇄한 것이다. 그래서 목자들은 자신을 가리켜 '양의 문'이라고 표현했다고 한다. 예수님은 자신을 '양의 문'이라고 하신다. 그것은 목자이신 예수님이 온몸으로 양 떼를 지키신다는 뜻이다.

예수님은 양 떼를 지키시기 위하여 자신의 생명까지 내어놓은 선한 목자이시다. 본문에서 예수님은 양떼를 위하여 생명을 바치는 선한 목자 이야기를 몇 번씩 하신다. 11절에서 "나는 선한 목자라 선한 목자는 양들을 위하여 목숨을 버리거니와"라고 하셨고 15절, 17절에서도 예수님은 같은 말씀을 하셨다. 특히, 17절에서는 "내가 내 목숨을 버리는 것은 그것을 내가 다시 얻기 위함이니"라고 하시는데, 그것은 예수님의 십자가 죽음과 부활을 예언하신 말씀이다.

9절에서는 "내가 문이니 누구든지 나로 말미암아 들어가면 구원을 받고 또는 들어가며 나오며 꼴을 얻으리라"라고 하셨는데, 여기서 '누구든지'라는 말은 구원의 문이 열린 문이란 뜻이다. 그 어떤 죄인도 예수님 앞으로 나오면 예수님을 통해 구원받을 수 있다. '나로 말미암아'는 우리를 위해 십자가 보혈을 흘리신 예수님만이 우리의 유일한 구원자 되신다는 뜻이다. 예수님은 자신의 생명으로 우리의 죗값을 치르셨다. 그것이 십자가 보혈의 은혜다.

예수님은 양 떼를 지키시기 위하여
자신의 생명까지 내어놓은 선한 목자이시다.

마귀는 십자가 보혈의 능력 앞에 무기력하며, 그래서 선한 목자이신 예수의 보혈로 감싸져 있는 우리를 건드리지 못하는 것이다.

목자는 양 떼를 누구보다도 잘 안다

나는 선한 목자라 나는 내 양을 알고 양도 나를 아는 것이 요 10:14

선한 목자가 양을 위해 목숨을 버릴 수 있는 이유가 여기에 나온다. 목자와 양들이 서로 알기 때문이다. '서로 안다'는 것은 예수님과 성도들 간의 친밀성을 뜻한다. 끈끈하고 진실한 인격적 신뢰 관계다.

시편 139편에 보면, 주님은 '모태에서 우리를 만드셨다'고 했다. 그래서 우리의 '앉고 일어섬을 아시고 멀리서도 우리의 생각을 아신다'고 했다. 마태복음에서 주님은 '우리가 구하기 전에 우리의 모든 필요를 아시며, 우리 머리털까지도 세신 바 되었다'라고 하셨다(마 6:8 ; 10:30). 세상에서도 잘 나가는 높은 사람이 우리를 알아주면 기분이 좋다. 그런데 만왕의 왕이신 주님이 우리를 이처럼 자세히 아시고 항상 챙겨주시니, 얼마나 마음 든든한 일인가!

문지기는 그를 위하여 문을 열고 양은 그의 음성을 듣나니 그가 자기 양의 이름을 각각 불러 인도하여 내느니라 요 10:3

양들이 빽빽하게 모여 우리에 들어갈 때도, 목자는 양 우리 출입구에 서서 양들의 이름을 하나하나 부르며 들어보냄으로써 낙오자가 없는가를 다시금 확인했다. 우리가 보기엔 다 그 양이 그 양인 것 같지만, 목자는 정확하게 모든 양의 차이점을 구별해낸다. 양들에 맞게 이름도 각각이다(흰 코, 긴 귀, 순둥이, 까만 입 등등).

선한 목자이신 주님은 나의 습성, 약점, 성격, 문제에 대해서 나 자신보다 더 소상히 아신다. 그래서 그분은 우리를 획일적이고도 성급하게 휘몰아가시지 않는다. 항상 인내하시면서 인격적으로 기다려주신다.

주님은 나를 세상 누구보다 잘 아시기 때문에 나를 가장 잘 인도하실 수 있다. 내 인생을 가로막고 있는 문제에 대한 가장 확실한 해답도 그분이 가장 잘 알고 계신다. 옆자리의 김 집사와 내가 다르기 때문에 김 집사를 인도하시는 방법과 나를 인도하시는 방법이 다르다. 내게 꼭 맞는 맞춤형 가이드로 나를 인도하신다.

우리는 나보다 나를 더 잘 아시는 주님을 믿고, 자꾸 옆 사람과 비교하지 말고, 주님의 나만을 위한 맞춤형 인도하심을 따라야 한다.

목자는 양 떼의 필요를 채우시며 인도하신다

그가 나를 푸른 풀밭에 누이시며 쉴 만한 물가로 인도하시는도다 시 23:2

원래 팔레스타인 땅은 목초지가 충분치 않아서 양들을 먹일 풀이 무성한 곳을 찾는 것이 목자들에겐 큰일이었다. 푸른 풀밭(green pastures)은 양들이 안심하고 먹을 풀이 있는 곳이다. 인생에서 가장 큰 걱정 중 하나가 '무엇을 먹고살 것인가'이다. 그런데 목자가 푸른 초장을 항상 찾아준다는 것은 내 먹고살 것을 내가 걱정하지 않아도 된다는 것이다. 목자 되신 주님을 의지하면 미래에 대한 두려움이 사라진다는 뜻이다.

'쉴 만한 물가'는 원어로 보면 '움직이지 않는 물(still water), 잔잔한 물가'를 의미한다. 원래 양은 수영을 못하기 때문에 흐르는 물에 대한 공포심이 있다. 그래서 목자는 흐르는 물을 막는 작은 둑을 쌓아 잔잔한 물가로 만들어서 양들에게 물을 마시게 한다. "야, 너는 어떻게 흐르는 물도 못 마시냐?"라고 목자는 양에게 짜증 내지 않는다. 그 약한 모습 그대로를 희생적으로 섬겨준다.

주님이 우리를 인도하시는 것도 이와 같다. 우리 개개인에게 꼭 맞는 푸른 풀밭과 쉴 만한 물가로 부드럽게 인도해주시는 것이다. 우리의 인생은 마치 전쟁터와 같다. 집이며 직장이며 다 너무 바삐 돌아가고, 곳곳에 위험이 도사리고 있다. 사방에 급류가 흐르고 있어서 목은 마른데 마실 엄두가 안 난다. 우리에겐 갈수록 숨 돌릴 수 있는 쉴 만한 물가가 절실히 필요하다. 이것은 선한 목자이신 주님만이 주실 수 있다.

내가 문이니 누구든지 나로 말미암아 들어가면 구원을 받고 또는 들어가며 나오며 꼴을 얻으리라 요 10:9

예수님의 십자가 은혜로 구원받은 사람은 이제 인생 모든 영역이 예수님의 은총을 받는다. (양의 문이신 예수님을 통해) 들어가고 나오며 꼴을 얻는다. '들어가고 나간다'는 것은 히브리적 표현으로 매일매일의 생활 전체를 뜻한다. '꼴을 얻는다'는 말은 예수로 말미암아 얻게 되는 하늘의 축복을 상징한다. 양 떼는 매일매일 목자이신 예수님을 통해서 하늘의 신령한 복과 은혜를 풍성히 누리게 될 것이다.

도둑이 오는 것은 도둑질하고 죽이고 멸망시키려는 것뿐이요 내가 온 것은 양으로 생명을 얻게 하고 더 풍성히 얻게 하려는 것이라 요 10:10

우리 인생 최고의 축복은 목자이신 예수님을 통해서만, 그분 안에 있을 때만 누릴 수 있다.

그런데 아직도 목자를 온전히 믿고 의지하기보다는 자신의 힘으로 인생을 책임져보겠다고 목자의 인도하심을 거절하는 경우가 있다. 하지만 그럴 경우에도 목자는 우리를 내버려두지 않고 반드시 목자의 인도하심에 복종하게 한다.

그가 나를 푸른 풀밭에 누이시며(He maketh me lie down in green pastures, KJV) 시 23:2

여기서 'make me'(반드시 ~하게끔 하다)라는 말은 강제성을 띤다. 직역하자면 '반드시 푸른 풀밭에 눕게끔 만드시며'라는 뜻이다. 양들이 잠시도 쉬지 않고 자기 마음대로 갈려고 천방지축이면 억지로라도 목자가 양 떼들을 멈추게 하고 푸른 풀밭에 눕게 한다.

우리는 쉬고 싶다고 하면서도 잘 쉬지 못한다. 계속해서 뭔가 하지 않으면 불안해서 견딜 수 없다. 그러나 우리는 목자이신 주님을 믿고 멈출 줄 알아야 하고, 안식할 줄 알아야 한다.

하나님께서는 우리가 더는 자기 자신의 힘만 믿고 나대지 않도록 우리의 힘이 완전히 빠져 버릴 수밖에 없는 상황을 허락하실 수도 있다. 그래서 기진맥진해서라도 털썩 푸른 초장에 주저앉게 만드신다.

쉴 줄을 모르는 우리 인생에 쉼표를 찍어주시고, 안식하고 새 힘을 얻게 하시는 주님! 혹시 하나님께서 힘을 빼며 나를 눕히고 계시다는 느낌이 든 적 있는가? 그렇다면 자기 자신의 계획과 몸부림을 포기하고 온전히 목자를 의지하는 법, 그 품 안에서 안식하는 법을 하나님이 가르쳐주고 계신 것이다.

우리의 형편과 처지가 어떻든, 예수님을 믿는 그 순간부터 우리는 혼자가 아니다. 주님이 우리의 인생을 인도하기 시작하신다. 자신이 우매하고 보잘것없다고 한탄하지 말라! 우리 모두 하나님나라를 건설하기 위한 귀한 도구들이다. 하나님께서 우리의 형편과 처지를 아시고, 그 자리에서, 그 위치에서 우리를 도우실 것이고, 일꾼으로 쓰실 것이다.

양 떼는 어떻게 선한 목자를 따라야 하는가?

예수님이 우리의 선한 목자가 되시고, 우리는 그분의 양이라는 것은 어떤 의미인가? 우리는 그분의 음성을 듣고 절대 순종해야 한다는 뜻이다. 고대 중동 지방에서는 왕을 가리켜서 목자로 표현하는 경우가 많았다. 목자는 가만히 앉아 있는 수동적인 사람이 아니고, 적극적으로 무리를 이끌고 가는 리더이다. 우리는 그분의 이끄심에 군말 않고 따라야 한다.

내가 어떤 목자를 따르기로 선택할 때, 그에게 나의 운명을 맡기는 것이다. 처칠을 선택한 영국 국민은 2차 대전에서 승리했고, 히틀러를 선택한 독일 국민은 나라가 잿더미가 되는 혹독한 대가를 치렀다. 어떤 리더를 택하는가에 따라서 인생 순간순간의 운명이 바뀐다.

학생이 스승을 선택하는 것은 학문적 리더를 택하는 것이며, 교인이 교회와 목회자를 택하는 것은 영적인 리더를 택하는 것이다. 우리는 인생에서 누군가를 목자, 즉 리더로 끊임없이 택하며 따라가고 있다(그것은 돈일 수도 있고, 명예일 수도 있고, 잘나가는 사람일 수도 있다).

인생에서 어떤 목자를 선택하여 따르느냐에 따라서 죽고 사는 것이 결정된다. 살려고 택한 목자가 오히려 인생 전체를 파멸로 몰고 갈 수도 있다.

다윗이 인생 말년에 쓴 시편 23편에서 그는 "여호와는 나의 목자"라고 고백했다. 다윗은 평생 하나님만을 목자로 모셨다. 그리고 양이 되어서 그의 음성을 듣고 순종하며 살았다. 다윗 자신도 장군이었고 왕이었지만, 그는 평생 하나님의 리더십에 순종하는 양의 위치를 잊지 않았다. 그랬기 때문에 자신을 짓누르는 엄청난 책임감으로부터도 해방될 수 있었다.

선한 목자는 강하다. 전쟁에 능한 분이다. 양들은 동물 중에서 가장 약하지만, 목자는 강한 전사들이어서 사자, 곰과도 맞붙어 이긴다. 그래서 똑똑한 양일수록 목자 곁에 바짝 붙어 있다.

우리도 주님께 바짝 붙어 있는 사람이 가장 강한 것이다. 당신은 지금 무엇을 가장 두려워하는가? 사업? 다른 어떤 사람? 결혼? 코로나바이러스 이후에 몰려올 경제 위기? 기도하는 사람, 예배하는 사람은 하나님 옆에 바짝 붙어 있는 사람이다. 어떤 어려움이 닥쳐도 하나님 옆에 바짝 붙어 있으면, 살아남을 수 있다. 아니, 살아남는 정도가 아니라 승리하게 될 것이다. 우리가 두려워하던 바로 그것이 오히려 우리를 두려워하게 될 것이다. 우리는 약하지만, 우리를 인도하시는 선한 목자가 세상에 있는 자보다 강하시기 때문이다.

주님의 양으로서 우리는 항상 겸손히 자기 약함을 인정해야 한다. 주님이 우리의 선한 목자가 되시려면 우리 자신을 주님의 양으로 인정해야 한다. 목자는 개나 늑대들을 치는 게 아니고 양을 친다. 자신을 양이라고 생각하지 않는 사람은 목자의 리더십을 온전히 따르지 못할 것이며, 목자로 인해 누릴 수 있는 축복도 제대로 누리지 못할 것이다.

가장 한심한 것이 자기가 힘세다고 생각하는 양이다. 가장 힘센 양도 늑대에게 걸리면 한 방에 쓰러진다. 양이 태권도 배운다고 해서 그를 두려워할 맹수는 없다. 자신이 한없이 약한데도 주제 파악 못 하고 강한 척하는 사람, 너무 고집 세고 억센 사람, 자존심이 너무 센 사람에게는 하나님이 말씀하실 수가 없다. 하나님의 인도하심을 받으려면 연하고 부드러운 심령을 가져야 한다.

자기 약함을 인정하는 겸손한 양은 자기 생각, 자기 고집을 앞세우지 않는다. 자신의 경험이나 지식, 인맥을 과신해서도 안 된다. 최선을 다하지만, 모든 상황 속에서 주님의 최종 결정을 기다려야 한다. 그러기 위해선 24시간 항상 목자에게 시선을 맞추고 있어야 한다. 목자의 음성에만 주파수를 맞추고 있어야 한다.

문지기는 그를 위하여 문을 열고 양은 그의 음성을 듣나니 그가 자기 양의 이름

양으로서 우리는 정말 예민한 영적 청각을 가져야 한다. 목자의 음성을 듣는 것이 양에겐 가장 중요한 일이다. 그러기 위해선 자기 말을 줄이고, 겸손히 침묵해야 한다. 목자의 음성은 침묵 속에서 들린다.

버릇없이 되는 대로 막사는 사람을 우린 힘들어한다. 자기 급하다고 하나님 앞에서 억지를 부리거나, 떼를 쓰거나, 명령하거나, 함부로 말하는 사람에게 하나님은 침묵하신다. 주님은 이미 모든 것을 아시므로, 그 앞에서 말을 줄여야 한다.

목자의 음성은 고통 중에 가장 선명하고 크게 들린다. 센 양은 목자가 마침내는 다리를 꺾어버린다. 그래 놓으면 자기 약함을 알고, 목자 곁에 언제나 꼭 붙어 있다. 너무 가진 게 많아 자기 잘난 줄 알고 주님을 떠나 있는 사람은 많은 경우 주님이 다리를 꺾어서 그분의 음성을 듣게 하신다. 그래서 우리 인생의 광야와 고통은 하나님이 우리의 마음을 낮추고 부드럽게 하시는 방법이다.

여호와는 나의 목자시니

시편 23편에서 다윗은 "여호와는 나의 목자시니"라고 했다. '여호와가 나의 목자이셨다'도 아니고, '여호와가 나의 목자 되실 것이다'도 아닌 여호와는 지금 나의 목자시다(The Lord is my shepherd), 즉 현재형이다. 다윗에게 하나님은 지금, 오늘, 현재, 이 순간의 살아 있는 목자셨다. 주님이 지금, 이 순간 우리의 목자이심을 믿길 바란다.

또한, 주님은 '나의' 목자이셨다. 즉, 다윗에게 하나님은 너무나 개인적이고 친근한 분이셨다. 믿음이 깊은 사람은 세상에서 하나님이 자기 자신만을 위해 존재하시는 것같이 느낀다. 하나님은 지금 바로 내 옆에서 역사하시는 분이며, 나와 특별한 친구가 되어주시는 분이다.

요한복음 10장을 훑어보면, 목자가 되신 예수님이 계속 주격으로 나오고, 양 떼인 우리는 주님이 하시는 대로 자신의 인생을 떠맡기는 완전한 수동태의 자세로 나오고 있다. 구약의 시편 23편도 마찬가지다. 시편 23편을 고백한 다윗은 장군이요, 왕이었다. 항상 명령을 내리고 주도하는 쪽이었지, 명령을 따르고 끌려가는 입장이 아니었다. 그러나 하나님 앞에서만은 달랐다. 그는 철저하게 한 마리 어린 양의 자세로 목자이신 주님의 인도를 받는다.

우리는 자꾸 인생을 우리 맘대로 할 수 있다고 생각한다. 그래서 기도하지 않고 스스로 인생의 모든 문제를 결정하고, 행동하고, 책임지고 싶어 한다. 그러나 신앙은 능동태가 아니고 수동태다. 믿음의 삶이란 하나님의 뜻을 거스르지 않고, 주님의 리더십이 물 흐르듯 내 삶 속에 흐르게 하는 것이다.

우리의 착각은 우리가 하나님을 위해 뭔가 위대한 일을 해드리려고 하는 것이다. 그래서 자꾸 무리수를 두다가 사고를 낸다. 나의 조급한 생각들을 다 내려놓으라. 그리고 선하신 목자인 예수님의 음성에 귀를 기울이라. 그분이 우리 인생을 이끌고 가실 수 있도록 주도권을 내어드리라.

> 믿음의 삶이란 하나님의 뜻을 거스르지 않고,
> 주님의 리더십이 물 흐르듯 내 삶 속에 흐르게 하는 것이다.

담임목사로서 나는 주님이 '나의 선한 목자'가 되신다는 사실이 얼마나 감사한지 모른다. 수천 명의 양 떼를 목양하는 담임목사로서 항상 '내가 제대로 잘하고 있나?'라는 의구심과 책임감에 잠 못 이루는 때가 많다. 그러나 나도 예수님의 한 마리 양일 뿐이라 생각하면, 주님이 성도들의 진짜 목자시라는 사실을 생각하면, 그 무거운 책임감에서 벗어날 수 있다. 교회 문제로 많이 고민하며 기도할 때도, 지금까지 우리를 이끌어오신 선한 목자가 주님이신데, 지금도 그리고 앞으로도 우리를 푸른 초장 잔잔한 물가로 이끄시지 않으시겠는가 하는 생각이 드니까, 더 불안하지 않다.

코로나 사태로 예배 참석 인원이 좌석의 20퍼센트 미만으로 제한된 채 1년 가까이 예배를 드리면서 교인들을 직접 만나지 못하니까, 이들이 제대로 믿음 안에 서 있나 걱정이 많이 되었다. 그러다 문득 지금이야말로 이들의 진짜 목자는 내가 아니라 예수님이시라는 사실을 담임목사인 나부터 믿어야 하는 때라는 생각이 들었다.

모든 혼란과 두려움은 자신을 자기 인생의 목자로 볼 때 오는 것이다. 주님이 나의 선한 목자이심을 인정하며 내게서 눈을 돌려 주를 보기 시작할 때, 우리는 평안함과 담대함을 갖게 될 것이다. 주님이 행하실 크고 놀라운 일들을 그때부터 보게 될 것이다.

—

선한 목자이신 주님이 항상 우리를 먹이시고, 인도하시며,

악한 마귀로부터 지키시는 분이심을 믿습니다.

자신의 생명을 던져 우리를 돌보시는

선한 목자 예수님의 사랑에 우리는 늘 감동합니다.

우리가 주님의 음성에 불순종하고 멀어질 때도

우리를 포기하지 않고 끝까지 바른길로 인도하는 주님이십니다.

주님이 우리의 목자 되시니 어떤 어려움 속에서도 불안하지 않습니다.

예수, 그 이름의 비밀을 사랑합니다

책 한 권을 새롭게 세상에 내놓을 때마다 늘 저의 마음속에 있는 고민은 '세상에 이렇게 책이 많은데 내가 거기다가 굳이 한 권을 더 얹어야 하나' 입니다. 아울러 '이제 스마트폰과 유튜브와 넷플릭스 같은 영상 매체에 매료된 사람들이 책을 많이 안 본다던데, 이 책이 얼마나 읽힐까' 하는 두려움도 있습니다. 그러나 그럼에도 불구하고 이 책만은 두렵고 떨리는 마음을 붙들고, 꼭 세상에 내어놓고 싶었습니다.

이 책은 가볍고 재미있게 읽을 수 있는 내용도 아니고, 따뜻한 감성 터치를 해주는 힐링의 책도 아닙니다. 어찌 보면 딱딱할 수도 있고, 그리 흥미 있는 내용이 아닐 수도 있습니다. 그러나 성도들조차 별생각 없이 쉽게 부르는 예수님의 이름들의 깊고 풍성한 의미를 정확히 아는 것은 어쩌면 우리의 신앙생활을 완전히 다른 차원으로 데려갈 수 있을 정도로 중요합니다.

예를 들어서, 많은 부모들이 아이들이 어릴 때는 주일학교를 잘 보내다가도 중고등학교에만 가면 '그래도 공부가 더 중요하지'라고 생각하며 아이들의 삶의 우선순위를 일단은 공부에 두게끔 몰아갑니다. 그러나 예수께서 아이들이 공부하고 있는 언어와 수학과 과학을 비롯한 모든 학문의 최고봉에 계시는 만유의 주재이심을 부모들이 확실히 안다면 어떻게 될까요? 주식투자를 하고 있다면 워런 버핏이나, 골프를 한다면 타이거 우즈같이 그 분야의 최고봉에게 사사 받는 것이 꿈 같은 행운일 것입니다. 그렇다면 모든 학문의 최고봉이신 하나님, 다니엘과 솔로몬에게 영감을 주신 그 만유의 주재가 예수님이심을 안다면, 그리고 진짜 아이들의 공부가 걱정이 된다면 아이들이 무엇보다 예수님을 가까이하게 할 것입니다.

또 항상 우리와 함께하시는 하나님을 뜻하는 임마누엘이란 예수님의 이름은 어떻습니까? 우리가 군대를 가거나, 유학이나 이민을 가거나, 새로운 직장으로 옮기거나 할 때 우리 마음에는 두려움과 외로움이 몰려옵니다. 그러나 우리가 임마누엘의 예수님을 부를 때, 우리가 어디를 가든지 주님이 함께 계신다는 사실을 확신하며 안심할 수 있습니다.

저도 어릴 때 미국으로 이민을 갔었고, 전학과 이사를 많이 다녀서 외로움이나 두려움과 항상 싸워야만 했습니다. 그러나 어디를 가든지 나와 함께하시는 임마누엘의 예수님을 붙들 때 결코 기죽지 않고 어깨를 펼 수 있었습니다.

이렇게 예수님의 이름 하나하나마다 우리가 처한 모든 상황에서 우리를 능히 도우실 수 있는 분임을 확신시켜줍니다. 그러니 신앙생활이 추상적이지 않고 구체적이고 실제적이 됩니다. 한 치 앞을 볼 수 없는 불안하고 힘든 시대에 우리가 붙들 수 있는 확실한 소망의 이름 예수. 그 이름의 비밀을 확실히 알고 사는 것은 인생 최고의 축복입니다.

전 세계가 코로나로 너무나 힘들고 갑갑한 시간을 보냈던 지난 1년 동안, 한국 교회를 비롯한 전 세계 성도들에게 가장 많이 불린 찬양 중 하나가 〈Way Maker〉라고 합니다. 제목 그대로 직역하면 '길을 만드시는 분'이라고 할 수 있습니다. 2020년 도브 어워즈에서 '올해의 노래'로 선정되기도 한 이 곡은, 아프리카 나이지리아의 찬양 사역자 시나치(Sinach)가 작곡한 것입니다. 시나치는 이 곡을 작곡할 때 '한국을 마음에 품으라'는 성령의 감동을 받았다고 합니다.

유튜브에서 이 찬양을 처음 들었을 때 저는 너무나 큰 은혜를 받았습니다. 그 후로 한국어로 번안된 찬양으로도 여러 번 들었는데, 몇 번이고 반복해서 들을 때마다 성령님의 임재를 체험했습니다. 교회에서 예배를 드릴 때도 자주 이 찬양을 함께 부르고 있습니다.

주 여기 함께하시네 나 경배해 나 경배해
이곳에 새 일 행하네 주 경배해 주 경배해

길을 만드시는 주 기적을 행하시네 그는 예수 나의 주
약속을 이루시는 주 어둠 속에 빛 되시네 그는 예수 나의 주

이유정 역

이 힘든 시기에 이 찬양이 전 세계 크리스천들의 폭발적인 사랑을 받은 이유가 무엇인지 정확히 알 수는 없습니다. 한 가지 제가 아는 것은, 이 찬양이 불안하고 혼란스러운 현실이 아닌 우리와 함께하시는 예수님에게 초점을 맞추고 있다는 것입니다. 우리가 보고 느낄 수 없어도, 주님이 우리를 위하여 길을 내시고 약속을 이루시기 위해 일하고 계심을 우리는 믿어야 합니다.

이 책에서 우리는 예수님의 15가지 다른 이름을 묵상했습니다. 그것은 우리가 평소 생각하던 것보다 훨씬 더 풍성하고 아름다우신 주님의 임재로 더 깊이 들어가자는 것입니다. 그것만이 이 힘든 시간을 이겨내고 승리할 수 있는 길이기 때문입니다.

예수, 그 이름의 비밀을 사랑합니다.

예수 이름의 비밀

초판 1쇄 발행   2021년 7월 12일

지은이   한홍

펴낸이   여진구
책임편집   이영주 기은혜 정선경
편집   최현수 안수경 김도연 최은정 김아진 정아혜
책임디자인   조은혜 마영애 | 노지현 조아라
기획 · 홍보   김영하
마케팅   김상순 강성민 허병용   마케팅지원   최영배 정나영
제작   조영석 정도봉   경영지원   김혜경 김경희

303비전성경암송학교 유니게과정   박정숙 최경식
이슬비전도학교 / 303비전성경암송학교 / 303비전꿈나무장학회   여운학

펴낸곳   규장

주소   06770 서울시 서초구 매헌로 16길 20(양재2동) 규장선교센터
전화   02)578-0003   팩스   02)578-7332
이메일   kyujang0691@gmail.com   홈페이지   www.kyujang.com
페이스북   facebook.com/kyujangbook   인스타그램   instagram.com/kyujang_com
카카오스토리   story.kakao.com/kyujangbook
등록일   1978.8.14. 제1-22

책값   뒤표지에 있습니다.
ISBN 979-11-6504-118-2 03230

규 | 장 | 수 | 칙

1. 기도로 기획하고 기도로 제작한다.
2. 오직 그리스도의 성품을 사모하는 독자가 원하고 필요로 하는 책만을 출판한다.
3. 한 활자 한 문장에 온 정성을 쏟는다.
4. 성실과 정확을 생명으로 삼고 일한다.
5. 긍정적이며 적극적인 신앙과 신행일치에의 안내자의 사명을 다한다.
6. 충고와 조언을 항상 감사로 경청한다.
7. 지상목표는 문서선교에 있다.

하나님을 사랑하는 자 곧 그의 뜻대로 부르심을 입은 자들에게는 모든 것이 合力하여 善을 이루느니라(롬 8:28)

규장은 문서를 통해 복음전파와 신앙교육에 주력하는 국제적 출판사들의
협의체인 복음주의출판협회(E.C.P.A:Evangelical Christian Publishers
Association)의 출판정신에 동참하는 회원(Associate Member)입니다.